○ 文化产业经典案例丛书

冲浪之歌

——上海电视的创业创新案例
（1958-1998）

孙泽敏 著

上海交通大学出版社
SHANGHAI JIAO TONG UNIVERSITY PRESS

内容提要

本书通过一个个有血有肉的鲜活故事，生动展示了中国改革开放的大背景下，上海电视创业创新和产业化运作的冲浪历程。讲述了上海电视台诞生，上海电视从新闻、广告冲破禁区，并策划了《国际瞭望》《60秒智力竞赛》《大世界》《大舞台》《纪录片编辑室》等一大批观众喜闻乐见的节目，通过持续深化改革、多种经营，向市场要效益，海纳百川、走向世界的历程。

图书在版编目（CIP）数据

冲浪之歌：上海电视的创业创新案例：1958—1998 /
孙泽敏著.—上海：上海交通大学出版社，2021.8
　　ISBN 978-7-313-25269-2

Ⅰ.①冲…　Ⅱ.①孙…　Ⅲ.①电视事业－产业发展－
上海－1958-1998　Ⅳ.①G229.275.1

中国版本图书馆CIP数据核字（2021）第159506号

冲浪之歌
——上海电视的创业创新案例（1958—1998）
CHONGLANG ZHIGE
——SHANGHAI DIANSHI DE CHUANGYE CHUANGXIN ANLI (1958—1998)

著　　者：孙泽敏			
出版发行：上海交通大学出版社		地　　址：上海市番禺路951号
邮政编码：200030		电　　话：021-64071208
印　　制：上海万卷印刷股份有限公司		经　　销：全国新华书店
开　　本：710mm×1000mm　1/16		印　　张：24
字　　数：334千字		插　　页：8
版　　次：2021年8月第1版		印　　次：2021年8月第1次印刷
书　　号：ISBN 978-7-313-25269-2		
定　　价：88.00元		

1958年10月1日，上海电视台开播后全体工作人员合影

建于1973年的原220米上海广播电视塔

1975年7月1日，上海电视台迁入南京西路

上海电视台

邓小平

邓小平(1979年5月1日)为上海电视台题词

1979年1月28日,最早的电视广告:
参桂养荣酒

冲破禁区摄制社会新闻的时政记者朱黔生

1984年,中国最早的电视综艺栏目《大世界》等诞生于上海

1986年12月10日诞生的上海电视节盛况空前

第5届上海电视节
THE FIFTH SHANGHAI TELEVISION FESTIVAL
1994.11.12—11.17

和平·友好·合作·交流
PEACE
FRIENDSHIP
COOPERATION
EXCHANGE

上海电视节海报

龚学平率团考察法国戛纳电视节

上海电视台发射塔原址

The Site of Shanghai TV Tower

原上海广播电视塔遗址

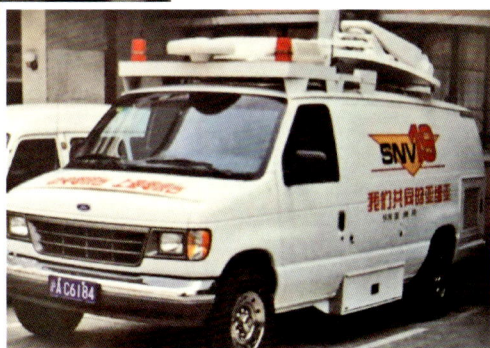

国外引进的电视转播车

东方电视台台标（时任中共中央总书记江泽民题词）

1987年5月，上海电视一、二台挂牌

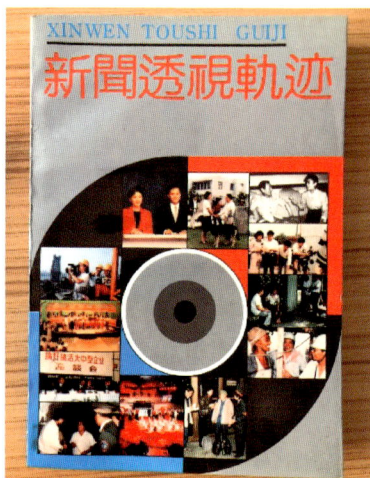

1987年7月《新闻透视》开播

译制片《姿三四郎》工作人员合影

《海外影视》合家欢

早期的电视剧拍摄中

电视剧《上海的早晨》剧照

电视台元老周济给新人讲解纪录片

1993年1月开播的《纪录片编辑室》栏目在摄制

上海东方电视台开播台址，暂用原上海电视台二台
——南京东路627号新永安大楼

1993年1月18日，东方电视台开播

1992年12月26日开播的上海有线电视台LOGO

稳定鼓劲
求实创新
江泽民
一九九三年九月廿二日

1993年9月22日，时任中共中央总书记江泽民给上海广电事业题词

1996年2月16日，影视合流——上海电视台、上海美影厂合并

转播正在进行中

自制的摄影高架车在拍摄大世界大舞台节目

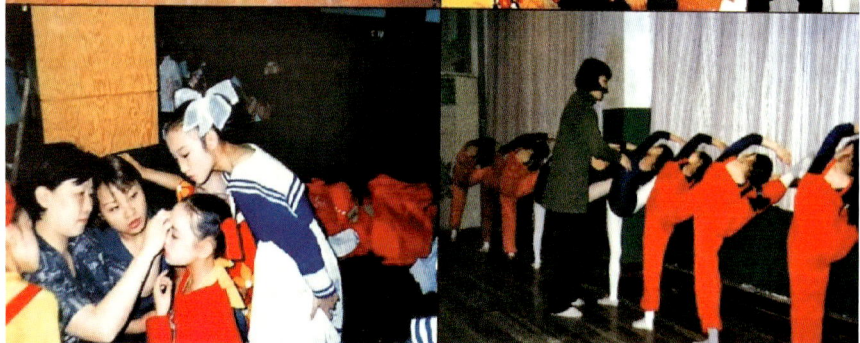

1985年6月1日成立的小荧星艺术团据说是沪上颜值最高的单位之一

上海卫星地球站

文广互动大楼

上视大厦外景与内景

上视大厦楼顶有个直升机停机坪

东方明珠广播电视塔和国际会议中心

广电大厦

广播大厦

东视大厦

总序一

[签名]

　　21世纪非同寻常,科技创新让经济展翅腾飞,文化产业的崛起更为我们的时代增添了无比瑰丽的色彩。

　　如今,文化产业在不少西方发达国家已经成为经济支柱产业,其经济产值及对社会文化的影响远远超过了传统产业,并且引发了"以知识为资本""以创意为核心"的根本性的经济发展新模式。人们认识到,文化艺术在金融资本支撑下,与高新科技相结合,可以成为支持和服务于持续发展的新型产业的强劲推动力。

　　我国在进入市场经济之后,随着人民生活水平的不断提高,对于文化娱乐的需求也随之增强,对文化产业所提供的产品与服务从质与量两个层面都提出更高的要求。这就为中国的文化产业发展提供了难得的机遇和发展空间。目前,我国的文化产业虽然起步较晚,但其发展的趋势却令人瞩目,已经成为我国经济结构调整的一个重要环节。

　　分析世界各国的文化创意产业发展途径,我们可以看到其核心是人才,尤其是创意人才和精通文化艺术的经营之道的人才。因此,我国文化产业人才的需求与培育被提到前所未有的重要地位。现在,全国高校文产专业如雨后春笋般出现和发展,但教学质量却存在不少问题。一是不少教师来自艺术、文学等专业,对于文化产业不甚了解,或知之甚少,根本没有运作经营的实践经验;二是文化产业专业常常设于艺术学院或其他学院,这些学院又往往只作为综合大学的点缀,对其建设不可能倾注足够的资源。正因为如此,教学一般都承袭传统方式的讲课，与实践环节脱离。三是生源不甚理想。四是缺少实习场所。凡此种种，使得我们培养出的人才，与实际要求差距较大。有鉴于此，我们认为，对于文产专业的人才培养，除了加强实习环节之外，至关重要的是教学内容与教学方式的优化，其中案例教学系统的建立与完善，对于缺乏实践经验的同学来说尤为重要。

案例教学始于美国哈佛大学，20世纪80年代开始传入我国工商管理专业的教学中。我认为文化产业管理专业的教育也应大力提倡案例教学。因此，对于案例的收集、整理与诠释应成为文化产业专业教学改革的重要一步。

可喜的是，在我国经济迅速发展的三十多年中，文化产业从初创、探索阶段至今，已经出现了不少成功的案例，从理念创新、集资改制、设施建设与运营管理，到产业化运行等均有精彩生动的案例。例如，上海第八届全国运动会超前的集资理念及其运行；上海东方明珠电视塔将单纯的发射塔综合建设成集发射、观光旅游、餐饮、娱乐等多功能于一身的经验；上海大剧院冲破阻力打破常规，以国际一流水平剧院为目标的建造与管理；民营的华谊兄弟传媒集团从电影业扩展到多元化娱乐领域，成为知名的上市企业；上海现代人剧社创办20余年，现在每年演出新、老剧目和场次已赶上甚至超过国有院团，社会声誉日隆，经济上也早已进入良性循环等。这些探索与实践从中国实际出发，提供了具有现实意义的运行模式，为发展具有中国特色的文化产（事）业提供了有益思路和宝贵经验。收集整理、总结分析和阐释国内这些成功的案例，让它们成为高等院校文化产业专业的教材或教学辅助材料，便是我们出版"文化产业经典案例丛书"的初衷。

以经典案例为范本，通过剖析具体而生动的经验，加以总结提高，是文产专业最行之有效的一种教学途径，有助于改变在讲课中空对空、从理论到理论的现象。一个成功案例的总结和推广，远胜于长篇大论的空洞说教。案例使学生对产业运作具有感性认识，获得对文化产品与服务的市场化运作和文化企事业经营管理的真知灼见，从而得以体会与了解实践的甘苦、实践的智慧和实践的力量。

经典案例以方案策划实践或项目运作为基础,研讨实践中出现的问题,阐释解决问题的方案,层层展开,诠释案例运行所处的政治、经济、文化、社会心理的背景,阐述与文化产业相关的观念、理论、模式,总结案例成功的因素及其过程。在教学中讲解这些案例,能让学习者切实地了解实践过程,各环节之间的关联,感受创业者、经营者勇于探索、敢于创新的勇气与睿智。案例教学中师生的课堂讨论,将启发莘莘学子的思考能力,拓展他们的思路和分析能力,有利于学生对理论知识的深入理解与融会贯通,提高学生创意思维和解决问题的能力。

实践永远比理论更加精彩。在新兴的文化产业中不断出现的新的思维方式、理念,新的商业模式、文化形式与新的产业形态,将持续地为典型案例的整理提供新的热点和内容,案例教学通过解析实践传递新时代的智慧,使我们不断地受到深刻的启迪,更新知识结构,增强对新知识的了解。

实践也是探索。我国文化产业正处于发展过程中,对于其间出现的诸多问题,如文化艺术与商业化产业化之间的双重关系,科技发展及应用对社会文化、社会习俗及心理所产生的影响,政策与法律对于市场的推动与限制作用等,至今尚未能进行深入的社会调查和理论研究。前瞻性和科学性的理论指导之缺乏束缚了我们的手脚,影响了文化产业的进一步发展,所以,案例不只对改进教学有益,也必将为研究机构提供重要的第一手的素材与独特的见解。

我们期待从事文化产业的有志之士积极与我们联系,为我们讲述实践探索中的心路历程及其感受、经验教训,让你们的实践具有更大的号召力和影响力,并融入知识传播和文化产业人才培养进程,使文化产业精英及其团队经营管理的经验成为教育的财富。

在如今经济全球化与全球文化多元共存的格局下,具备国际视野是走向全球化的必要条件。然而,借鉴也是一门学问。简单的模仿、生硬的搬用绝不可能实质性地提高我们的竞争力与影响力。由于我国的政治、经济、社会、文化和群体心理具有其自身的特点，因此，我们必须切合实际地借鉴他国的成功经验，以独特的视角精选引进、汇编一批对我们有借鉴意义的、具有特色的国际上的典型案例，为从事文化产业的人士，为培养创意人才的教育机构和研究机构提供一套实用性较强的案例教材和参考书，促进文化产业专业教育和人才培养逐渐成为一门完整的、开放的、发展的学问。

文化产（事）业领域多元宽广，犹如浩瀚的大海，深藏着无数的奇珍异宝。我们收集出版这些案例好比撷取大海中的一颗颗色彩斑斓的珍宝珠贝，如果能吸引你的目光，或能引起你的遐想和关注，为你所珍爱，那么，我们奉上"文化产业经典案例丛书"，也算尽了自己的一份心力。

那些年，我们追求卓越

新年伊始，流传着年轻人对历史文化的评价：百年中国求富强，文化站在路中央！

谁都明白：改革开放到了必须与文化携手共进的年代！否则，在新一轮的国家发展中，作为民族经济，无法真正挺起脊梁。

我们可以举千百个案例，说明文化的特殊和重要。

但我们很多文化发展战略，常被经济和其他利益染指、"绑架"、倾轧或瓦解……

党的十七届六中全会史无前例地把文化的大发展大繁荣，提到了国运兴衰的高度。党的十八大为进一步推进社会主义文化大发展大繁荣吹响号角——"一定要坚持社会主义先进文化前进方向，树立高度的文化自觉和文化自信，向着建设社会主义文化强国宏伟目标阔步前进。"

我们为之鼓舞：发展公共文化事业和文化产业写上了旗帜！

我们深知任重道远，还须上下求索。

为此，我们举学院乃至社会之力，创编了这套文化产业经典案例丛书，作为教材乃至教育文化建设的新奉献。

在这里，镌刻着一行行艰难困苦、拼搏前行的足迹，傲立起一座座享誉神州、驰名海外的文化地标（东方明珠电视塔、上海大剧院、东方绿舟青少年活动基地等），有令人刮目相看的一项项大型文化体育设施及赛事（八运会、八万人体育场、东亚运动会、万宝路足球赛等），有上海大舞台、上海艺博会、上海文艺院团改革，还有在传媒业和教育界缤纷绽放的盛大网络……所有这些，都彰显了上海城市的气派、上海文化的锦绣，也是人们喜爱上海的理由。

透过这一系列对上海文化产业开创性的宏大构建，从物理层面到心理层面的传奇巨变，我们看到的是人文精神的复兴和民族文化产业的蓬勃推进！

这不是对既往历史的一般性回眸，而是对上海文化产业经典价值的"回采"。所以，这里汇聚的不仅仅是历史风云，更可贵的是经验、理想和责任！

在创业经验、事业理想和敬业责任的交融中，我们先被震撼。我们怀着崇敬和感恩的心情，挥洒真实而简练的文笔，来描绘上海文化产业的瑰丽长卷，勾勒筚路蓝缕开创文产伟业的群芳谱，讴歌那文化产业领军人物的睿智、胆魄和一个个创建者的人格风采！

他们带领一支支团队，创写了一部部现代神话；

他们浇灌一片片心血，融汇成一簇簇产业之花。

流光荏苒，佳木成林。

上海的文产群雄，在浦江两岸、申城南北以大智慧、大手笔布局，市委市政府领导和创业先驱，全都孜孜以求，甘愿呕心沥血，志在建树一个个利在当代、功在千秋的文产大项目，让人感奋他们的远见与胸怀、创新与卓越。无数故事和细节，闪耀着思想光泽，至今令人震撼，启迪匪浅。团队成员披星戴月不计报酬，酷暑严寒抱病工作，一天工作十六七个小时。往往常年不歇，始终在第一线。这是何等卓越的表率！我们每个参与编写者，在采集史料时，曾试图诠释那些令人难以想象、难以计算、难以理解的奇迹背后的奥秘；在访问当年功臣时，又被他们不沾名、不钓誉的高尚情怀所折服。

今天的我们，已经沐浴着文化大发展大繁荣的浩荡春风。看上海文化的现代版图，风景这边独好！艺术院校的学子要走向社会，融入一支支创意管理团队，太需要有这些经典案例和理论分析，来鼓舞锐气、集聚智慧和毅力扬帆远航。年轻学子知道自己的校长当年曾经为上海文化产业耕耘,很想问津、"淘宝",学到真本领。我们就萌生创想,要编这套上海文化产业经典案例丛书,来满足教书育人的需要,让"老兵新传"有传人!

这些感怀,凝结成我们不倦、不懈地编辑丛书的驱动力。

这套书的创生过程,有经典传奇的鼓舞,有激情点亮的愿景,书里书外,着实能汇聚起精、气、神! 在进一步解放思想、改革开放的前提下,我们将充分认识龚学平校长所倡导的大文产理念和实践轨迹,增进对峥嵘岁月的历史解读力,迸发文化创意和文化自信力,再创跨世纪的新辉煌!

搁笔,等待您的开卷。凡是参加此书编创的人员都有一种荣幸和自豪感。

我们,站在巨人肩上。真诚讴歌一个时代的史诗和强音:那些年,我们追求卓越!

古人云:他山之石,可以攻玉。

丛书给我们"攻玉"的力量、信心和智慧。

习近平同志多次强调:要重温榜样和示范,成功的案例,给予我们的力量,不仅巨大,而且深远。

我们遵照而行,我们笃信这种力量的持久、广远。

我们出发了,用我们的文笔和当年的照片。

我们继续努力,继续追求卓越和创新,同时也盼望这套丛书贯穿着的进取精神能够在您那里得到延续!

希望我们的努力,也能被后继者编缀为富有启示意义的新书。这不是奢望,而是诚祈!

在这套书的编创过程中,我们得到了上海社会科学院文学所、上海文广集团、上海东方明珠(集团)股份(有限)公司、上海东方绿舟青少年活动基地、上海大剧院、上海东亚(集团)有限公司、文汇报、解放日报、上海电影集团、上海大学,以及上海市教委、上海市科委、上海市文广影视出版局、上海交通大学出版社等单位、部门的鼎力相助，我们深表感谢！

编书、出书的事，是平常、平静的。

但这套书，在平常中掀动着激越和豪情，在平静中牵引起人们许许多多难以平静的追忆和联想……

有些创业者，英年早逝；

有些奉献者，告老还乡；

但他们的音容笑貌、伟大精神，将和我们的文字和图片一起永驻，久久地播撒于我们的精神家园。

二〇一三年元月

代　序

俞璟璐

上海电视的昨天、今天和明天

在上海浦东耸立着一座东方明珠电视塔。它是上海的地标,但是在更深层的意义上,它是上海走向世界的一个文化符号,也是上海庆贺改革开放成就的一个标志性的纪念塔。今天,它与建成时一样,还在散发着青春,吸引着从四面八方来到上海的参观者。作为一个文化载体,它一直自傲地站在历史的高度上陈述着上海电视发展壮大的"中国故事"。解读上海电视的发展史,我们意识到支撑它的是时代、社会和人文三大支柱,让它擎起了改革开放的时代火炬;也理解了支撑它的是政治、经济和技术三大支柱,让它擎起了一座上海国际大都市的人文高峰。

《冲浪之歌》是孙泽敏教授以编事史和事件叙述相结合的方式,夹叙夹议写成的一部著作。它阐述了上海电视从20世纪50年代后期的初创到20世纪末互联网出现这一历史时期上海电视惊人的发展。

我之所以愿意接受《文化产业经典案例丛书》副主编戴平教授的邀请,写下这篇文字,是因为对于上海电视的创新创业,自己确实深有感触。我多次通读孙泽敏教授的稿件,为他所做的研究和认真写作的态度而感动。其中所述的许多事迹细节,都是我当年研究上海电视时所不了解或不清楚的,因此,这次研读使我进一步熟悉了上海电视和上海电视人为开拓电视新闻、电视文化,以及开创上海电视产业作出的奇迹般的贡献。

《冲浪之歌》记述了上海电视昨天和今天的发展历程。我的学长龚学平是1974年从部队复员至上海广播局的，1975年调至电视台工作。他说："当时，电视台只有一百多人，大家挤在南京东路'七重天'几个楼面上工作、学习、生活，使用的设备十分简陋、陈旧，电视节目也少得可怜，可以说，当时电视台在市民中没啥影响，在媒体界没啥地位。但是，今天我们走进电视台，眼前耸立的是一幢幢气势宏伟的大楼，走进机房看到的是一排排先进的机器设备，荧屏上呈现的是精彩纷呈的节目，令人目不暇接。电视已成为上海市民生活的必需品，今昔对比，真是天壤之别，感慨万千。这个变化，是上海电视几代人用智慧和辛勤劳动浇灌出来的，是大家用改革、开放、创新的激情干出来的。"

他还说："今天，已经进入了信息化时代，互联网技术飞速发展，融媒体、自媒体等新兴媒体风起云涌，人们获取信息的途径和快捷度，以及受众对电视的收视习惯和需求也发生了很大的变化，这给传统媒体带来了极大的挑战；同时，党中央近期也提出为了提高新闻舆论的传播力、引导力、影响力、公信力，要大力推动传播手段建设和创新，推进传统媒体和新兴媒体的深度融合。我认为，媒体融合对传统媒体来说是一场革命，也是一次难得的机遇。"我听了，深以为然。

一

20世纪70年代后期，我考上了复旦大学新闻系国际新闻专业的硕士研究生。在求学和实习中，了解了中国特色的新闻理论与实践。当时与上海电视台许多新闻人士和文艺编导都很熟悉，很钦佩他们的敬业精神。

20世纪80年代初期，我从美国访学后归来，由于有感于美国电视在政治、经济、文化和社会诸多方面巨大的影响力，决定对中国电视展开研究。我在校攻读研究生期间和毕业以后，一直对上海电视改革的领头人龚学平敬佩有加。他对于新闻的属性和报道的时效性、客观性及信息量的需求，更是了如指掌。1983年，我去上海电视台采访了他。近两个小时的采访让我震惊不已。当时他虽没有踏上过美国国土，但是，对电视对于社会各方面可能产生的影响，竟有十分精辟的认知，而且，他热情地介绍当时对电视新闻改革的具体措施，他大胆的创新精神给我留下了极为深刻的印象。

20世纪80年代后期，当我在美国华盛顿大学传播系攻读博士学位时，我选择了"处于转型时期的中国电视的迅猛发展，其结构与社会功能的变化"作为研究课题，其中以上海电视台作为主要案例。当时，我还在美国旧金山湾区一家由中国国务院侨办投资的文化艺术公司任职，因为该公司与中央电视台和许多省市级电视台都有直接的业务往来，所以我对中国电视媒体有了更多深入的了解。我论文写作的目的是想阐释中国电视在具有历史意义的十年转型期间，如何创新变革，何以超越了党报与广播，一跃而为占主导地位的大众传媒，并研究分析其结构与功能，阐述这一发展变化的主要原因。

在写作中，我发现单纯地运用西方的大众传播学的理论，无法全面深刻地阐释中国电视十年大变化的前因后果，中国电视所处的时代背景、政治气候、体制结构、经济条件、社会人文环境等都与其他国家以私营为主的大众传媒的发展环境不大一样。中国的新闻媒介的发展具有自身的特点，包括它的革命传统和浓厚的政治性。只有牢牢地抓住其起决定作用的政治因素，即党的总方针及相关政策，考察研究国策乃至具体相关政策的变化，才能抓住媒体变化的要害，找到解读中国特色的钥匙，解开改革风起云涌的成功之谜。新兴的电视媒介在特定的历史性转型期发展，即中国电视的大发展恰恰处于党和政府确立以经济发展为主，实现现代化的转型时期。

符合时代发展的政策或决策环境，是改革人士能大显身手施展才能的首要基础。改革开放的宏图大略，为社会开放、经济发展、市场化经营方方面面的探索、文化多元化的融合发展、大众娱乐的兴起、教育事业的再度振兴，营造了有利的形势与环境。这就是具有中国特点的电视行业成长壮大的土壤。

这篇论文完成于1989年5月10日。论文的主要研究成果,后来发表在美国出版的《中国的声音——政治与新闻的交互影响》(英文版)一书中,该书由密苏里大学新闻学院中国研究中心主任李金铨教授主编,并由哈佛大学费正清教授撰写了序言。费正清教授的主要贡献在于推动了以社会科学的视角研究当代中国,这也标志了美国的东亚研究脱离了以往的以人文视角注重文本的研究传统。在费正清教授退休后,哈佛大学东亚研究中心改名为费正清研究中心。

在完成研究后,我曾计划对20世纪90年代的中国电视令人瞩目的产业发展及其对社会各方面的巨大影响进行研究,但因故一直未能如愿。所以,如今能读到孙教授撰写的著作,格外高兴。他以电视人和作者的双重身份,在书中详尽地阐述了上海电视近三十年的创业创新成就。对20世纪90年代的产业发展、资本运作的成功案例,有许多生动、翔实的记录,又激起了我对这个问题的关注,并写下自己的感受和思考。

二

以前,大多数传播学研究者将分析的眼光放在传播过程本身,或传播过程中各个环节的微观研究上。解读上海电视的发展,应该以宏观与微观相结合的方法。宏观即是当时正处于变革中的中国政治、经济、社会、文化的大环境;微观则是上海电视作为大众传播媒体的创新发展、不断完善和壮大的进程。换言之,将上海电视视为处于变革大环境下的一个开放性的大众传播媒体,以此来阐释它如何能从弱小的媒体发展成一个功能完善的大众传播媒体系统;阐明它所处的大环境本身也在不断地改革、调整、优化,这就是影响与推动它作为媒体发展的大背景;然后,考察这两者之间彼此的交互作用情况。

在这个认知的框架下,再阐述微观层面的创新与革新,即作为传播各个环节的掌门人的作用（领导人、部门负责人、记者、编导、制片人等）和他们的主观能动性带来的变化。于是，我们可以清晰地看到，是时代的需求孕育了上海电视的发展，并赋予它中国特色和时代性；是上海电视富有创意的呼应，为满足时代和社会的需求，及时、勇敢地推进了新闻改革，拓展了新闻报道的领域与深度；也是它打造了灿烂电视文化娱乐的大舞台，满足了社会大众的需要，助推了大众文化的兴起；也是它敢为人先，打破陈规戒律，在全国第一个推出商品广告，逐步以市场化运营方式壮大自身的竞争力与影响力，造就了一个彰显时代性的具有中国特色和上海地方特点的大众传媒。

从上海电视总体发展的脉络来看，它创建于20世纪50年代，经历20世纪70年代末改革开放时期，从20世纪90年代进入产业发展时期。数十年间，上海电视从传承延安时期新闻媒体以党报为主的体制，到凭借改革开放之东风，在20世纪70年代后期开始一跃而成为首要的新闻媒体和大众传媒，并在市场经济进程中不断发展壮大。中国的电视改革是党的十一届三中全会以来中国改革开放大局中的一个重要组成部分。大力发展电视实际上获得了党内多数主管宣传媒体的领导人的共识。随着人民生活水平的提高，到1984年，上海已经有200多万台电视机，电视人口覆盖率达到90%以上，电视观众已经成为媒体最不可忽视的群体，电视作为真正的大众传媒的时机终于成熟了。

上海电视的改革之所以可圈可点，是因为作为一个大都市的地方台，在改革开放年代，很大程度上对于全中国的宣传媒体起到了引领性的作用。在具有传媒革新的胆略、决心、毅力和国际视野的领导人与一大批敢闯敢干的实力派从业人员努力下，一路走来，劈波斩浪，冲破了计划经济和先前的政治环境下所形成的体制模式与陈规戒律。另一方面，他们又在中央到地方的党政领导决策或指导下，深入改革，探索了新的发展路径，终于打造出一个富有中国特色与时代特征的大众传媒，成为闪烁着上海特色的新闻事业和文化传媒综合企事业集团。上海电视作为曾经对全国电视改革做出过重要贡献和具有深刻影响的地方台，它的发展源于整个社会的政治环境变革、经济发展、社会变革、技术革新和文化创新等诸多因素。

从自身来说，人才的专业化加上优胜劣汰的竞争机制，使上海电视一直保持着青春的活力。孙泽敏正是在20世纪80年代上海电视台"向社会招聘"时被录用的青年才俊，亲身投入了电视台的一系列改革。他满腔热情地对曾经参与这一历史过程的领导和同事们的开拓精神、奋斗精神和拼搏过程，认真地一一加以评述。他的记述和研究，使当年那些冲浪搏击者的回忆成为具有历史意义记录；而那些人一步一个脚印的探索，与艰难创新的历程，也成就了上海电视在中国大地上迅速崛起，成为名副其实的大众传媒。

值得一提的是，孙教授的采访和研究的对象不仅包括了当时胆识过人的领导人士，也包括了许许多多在新闻部、文艺部、技术部等采、编、播一线兢兢业业努力探索的工作人员。他在文中罗列了许多当年电视台工作人员的姓名，希望借助自己的笔，为整整一代上海电视人树碑立传，其情可叹可赞可敬。这些电视人怀有共同的理想，他们的抱负就是让中国电视更充实、更丰富、更健全，为观众们服务得更好。

在改革进程中，上海电视突破了原来计划经济体制的种种束缚，通过摸索实验，从体制机构到栏目内容、运营运作、人才引进、竞争上岗、薪酬分配等，进行了全方位的改革创新，从而使上海电视从一个弱小传媒，迅速发展成为影响力和吸引力远远超越传统报刊和广播的大众传媒，在政治宣传、新闻报道、信息传播、娱乐生活和普及科学知识等诸多方面，充分发挥了它强大的功能和社会影响力。

从传播学理论上分析，在社会变革时期，新兴的传播技术问世后，社会与个人的传播会发生多层面的变化，从传播模式、传播渠道、信息内容到社会效果都会产生相应的变化。从政治经济学角度看，政治与经济的互动，会对社会产生根本的影响。改革开放时期是中国政治、经济发生重大转型的特别时期，其政治与经济之间互为影响的情况尤为生动深刻，具有极大的历史意义。上海电视台之所以能在中国电视业发展中成为一个引跑者，并非偶然，是它凭借了天时、地利、人和，充分利用了中央和上海市领导鼓励支持探索性发展的优势，实现了异军突起，成为中国电视界中的一颗耀眼的明珠。

<h1 style="text-align:center">三</h1>

与不少省市电视台先从电视娱乐着手不同，上海电视的改革是从电视新闻起步的。1983年，首任广播电视部部长吴冷西曾提出，电视台是新闻宣传机构，它的主要任务是报道新闻。吴冷西曾担任新华社社长，对新闻报道具有格外的敏感度。他提出："新闻改革是电视改革的突破口。"上海电视台新闻部首先从电视新闻的特性与优势出发，从时效性和信息量着手，发出电视新闻改革的第一声。首先，他们让电视新闻及时在现场报导，在时效性上超越了报纸新闻与电台新闻；又充分发挥了电视的视觉优势，以新闻画面动态地充实了新闻的可视性、生动性和可信度；接着他们又大胆地拓展了媒体新闻报道范围，除了政治性新闻外，增加了经济新闻、社会新闻、突发新闻、批评报道、灾情报道等，大大增加信息量；更为重要的是，开辟了新闻评论栏目，提供新闻背景与深度分析，使得电视新闻比报纸新闻更胜一筹。比如，1987年7月开创的《新闻透视》栏目，是中国大陆第一个社会多视角的新闻评论类专栏，对人民群众关心的问题乃至疾苦，进行深度的追踪和透视，使新闻分析和背景报道成为电视新闻的热点。它的收视率从第一期起多年来一直独占上海电视台节目鳌头。朱镕基在担任上海市市长、市委书记期间，就大力表扬《新闻透视》"办得很好"，说："我每期必看。"在他担任国务院总理后，又赠予中央电视台《焦点访谈》"舆论监督，群众喉舌，政府镜鉴，改革尖兵"十六字的勉励。此外，上海电视新闻冲破了地方台只能转播中央台国际新闻的陈规，开辟了《国际瞭望》栏目，开拓观众的国际视野，为电视新闻增色不少。在倾听民声、反映民生问题方面，《观众中来》栏目将人民关注的生活方面

的议题作为主要内容，时常会针对某些单位机构的官僚主义或漠视人民需求的态度予以报道、暴露与批评，成为人民群众发出声音的渠道，收视率直线上升，栏目组收到大量群众来信和电话的表扬。上述种种，说明电视切实地成了"新闻之窗"，完全改变了之前肤浅的读稿模式，从而形成了它特有的公信度与影响力，电视新闻终于走在报纸新闻的前头了。

从最初的新闻报道改革到上海电视新闻直播平台的成立，实现"采、录、编、播"一条龙的业务整合，说明上海电视的新闻报道真正迈入了现代化社会大众传媒的行列，完善了官方媒体的信息报道传播功能，同时也成为大众传媒信息源，这是一种结构性的改革带来的功能性扩展。上海电视新闻工作者在这方面的自觉性、积极性、敏锐性和紧迫感，使上海电视新闻的影响力远远超越了上海电视的收视区域，从而带动了许多省市台，甚至在某些方面触动了中央电视台的新闻改革。

四

西方传播学研究中指出，因大众文化电视节目收视率为广告提供了基础，所以，追求观众的最大化是娱乐节目最重要的目的之一。电视传播渠道确实具有巨大的影响，电视上一台演出晚会可以让一批演员成为明星，让一首歌顿时流行全国。中国电视的官方传媒的性质，要求在文化娱乐节目的多元化发展中，首先必须保证内容健康向上，而不是以追求最大观众数为标杆。上海电视人牢牢地坚守了文化追求的底线，有效地抵制了改革开放可能出现的"文化污染"。

大众文化的概念是相对于精英文化或高雅文化而言的。它就是大众喜闻乐见的流行文化。提倡高雅文化固然是电视的职责之一，但是，为了满足观众多元化的需求，求得较好的收视率，它的节目内容往往追求受众的最大化。上海电视节目内容的多元化发展是电视台变革的重要方面。正如孙教授书中所述，上海电视在20世纪八九十年代推出的《大舞台》《体育大看台》和《大世界》等节目是令人难以忘怀的成就,它们开启了带有民族文化特色的现代大众文化娱乐的发展。从20世纪80年代起,上海电视以其形式多样、内容丰富多彩的文艺节目、综艺节目、转播节目(包括电影、文艺演出)和电视剧等助推了大众文化的兴起。它还多次联合几十家省市地方台成功编制播出综艺节目,甚至春节晚会,促进了带有中国特色的电视大众文化的广泛传播。它以优质节目为本,以为老百姓提供积极、健康的文化娱乐服务为出发点,提升观众的文化品位。在这个基础上讲究收视率,吸引广告商的注意力,则成了自然而然的结果。以现在的眼光来分析,那些综艺节目的工作人员在尚没有品牌意识的情况下,以文化自觉创立了最早的上海电视文化品牌,支撑了上海电视的探索性运营,带动了制作节目的市场进程,营造了活跃的电视大众文化的生态。可以说,上海电视创建的"大众文化",从根本上重新阐释了中国大众传播中"大众文化"的内涵。

上海电视自制节目内容中,也包括了电视剧的拍摄。它题材广泛,内容丰富,对解放思想、改革开放进一步起了推波助澜的作用,也体现了电视对时政的积极影响。从体制改革方面而言,电视剧的制作为后来电视剧制作中心的成立,制播分离,以及制播走向市场运营和产业链的形成奠定了基础。

1988年,《海外影视》成为上海电视的热门节目。坚持优秀无害的标准,谨慎引进免费提供的外国经典影视,自行译制,搭上八分钟的贴片广告,不但应急性地解决了当时购片费用的难题,也为海外优秀影视片进入中国电视屏幕撬开了一道窗口,并使上海电视文化从一开始就融入了国际元素,以国际视野为上海大都市文化发展带来了活力,为上海电视登上国际舞台,为日后的海内外节目交流,为举办国际电视节、电影节铺设了第一块基石。

综合性的电视文化是一朵艳丽的花朵,也可以被比喻为一座百花园。电视文化,以其巨大的内容制作能量和社会传播影响力,产生出极为强大的文化感染力和凝聚力。从文化层面而言，是为人民大众提供丰富多彩的精神食粮、娱乐生活，寓教于乐，安定社会；从现实意义上说，电视文化创建了现代意义的大众文化，开启了一个个巨大的文化消费市场，为后来称为文化产业的新兴产业提供了一个全新的舞台，为上海电视在20世纪八九十年代注入市场经济活力打下坚实的基础。

<h2 style="text-align:center">五</h2>

上海电视改革的特点，还在于自我超越，即使在它领先时，也仍然持续地不断地超越自我。为了提升上海电视的内部竞争性，在上海电视台改革成功之际，由广电局党委提议，经市委批准，上海又成立了东方电视台，开创了在一个省市成立两个具有独立建制的电视台的先例。年轻有为的穆端正成了首任东方电视台台长。1993年1月，通过公开招聘、双向选择，以大大少于原上海电视台的人员编制（不足百人），东方电视台迅速精干地开辟了改革新局面。这也是一项极具魄力和远见的举措，是中国国内空前的。竞争理念是市场经济的核心之一，鼓励竞争，是自我发展中的一种带有冒险性的措施。从东方台的建立和发展来看，竞争催生并激活了上海电视做大做强的内生动力，促进并完善了上海电视在专业结构和运营方式上的改革。

上海电视的商业运营，缘起于对技术投资的需要和对受众需求的反馈。大规模发展需要对核心技术巨额的投资，电视的普及需要观众自掏腰包购买相对昂贵的电视接收机，这两方面的客观要求促使电视业首先引入市场运营的商业概念，以及受众也是消费者的理念，其他"生财有道"的盈利模式也应运而生。不少人在经济改革之初，还无法理解那只看不见的"手"，即市场的作用，但是，上海电视台却敢于在还戴着"事业单位"帽子的体制下试行新的改革。在不少人还没有意识到产业、市场的潜力时，他们已经开始探索融资和试用金融的杠杆来推进上海电视的改革。如"东方明珠"这样庞大的项目，政府只是给了土地,所有的设计、建造、配套的资金,都是通过银行贷款、股票上市筹集的,并在短短几年中还清了贷款,创造了一大奇迹。正如原中国工商银行行长姜建清所说,东方明珠电视塔银团贷款成功,"对中国银团贷款的发展起了重要的示范引路作用,将永远记载在中国银团贷款的历史中"。在中国,文化产业的观念直到2000年才出现在官方文件中,但是,作为改革引领者,上海电视台在20世纪,用实践证明,电视行业不但可以"不吃皇粮",反而可以依靠产业运营成为"聚宝盆",更有效地为社会服务。

在互联网时代,自媒体、融媒体、云端服务、社交平台等新的传播技术风起云涌,正在猛烈地冲击着往日的辉煌;同时,也为电视与新兴媒体的深度融合带来了新的机遇。在高科技的推动下,21世纪传播的渠道和语境发生了深刻的变化。年轻一代对多元文化的追求,以及人们面临的对于价值观的思考与生活形态的变化等,使得作为新闻媒体和大众传媒的上海电视所面对的挑战显得更加严峻,因为挑战不仅仅存在于技术层面,更在于它对广大观众,特别在运用新科技的年轻一代之中的公信度与影响力。每一个时代都需要面向未来的改革者和引领者,我们相信挑战与应战将永远是上海电视发展路上的亮丽的风景线。

未来正在向我们招手。回顾光辉的历程,为了什么?习近平总书记说过:"今天,我们回顾历史,不是为了从成功中寻求慰藉,更不是为了躺在功劳簿上、为回避今天面临的困难和问题找借口,而是为了总结历史经验、把握历史规律,增强开拓前进的勇气和力量。"电视台40年的改革开放经历告诉我们,解放思想永无止境,改革开放永无止境。所以,为了更伟大的未来,一定要高举改革开放大旗,紧紧抓住机遇,勇敢迎接挑战,继续发扬当年那种敢闯、敢试、敢作为、敢担当的大无畏精神;继续发扬当年那种追求卓越、勇争一流的领先创新精神;继续发扬当年那种艰苦奋斗、自力更生、乐于奉献的精神;继续发扬当年那种心往一处想、劲往一处使、互帮互学、协同创新的团队精神;继续自我革新,努力把上海电视打造成跨媒体、跨行业、跨地区的新型媒体,让它成为行驶在上海乃至中国文化产业海洋中的一艘"航空母舰"。崇高的使命感、伟大的理想、创新的精神和务实的态度,将再一次引领新时代的冲浪者书写历史的新篇章,继续向世界讲述"中国故事"。

2020年1月28日

（此文得到学长龚学平和戴平教授的指导,谨在此表示诚挚的感谢）

目　录

1　第一章　创业维艰：上海电视台的诞生

2　第一节　我国第一家省市级电视台开播

15　第二节　曾经是中国最高的电视塔

20　第三节　天上有颗"何允星"

27　第二章　解放思想：先从新闻、广告冲破禁区

28　第一节　"三把火"：从第一条社会新闻开始

37　第二节　中国大陆第一条电视广告

44　第三节　"狼来了"——有人说：播放雷达表广告是"卖国"

49　第四节　全国首创电视新闻直播一条龙

53　第五节　《新闻透视》透视新闻

67　第三章　内容为王：最早的"上海制造"电视节目

68　第一节　最早的《国际瞭望》《体育大看台》《60秒智力竞赛》

76　第二节　最早的综艺类节目《大世界》《大舞台》

89　第三节　最早的电视剧生产

105　第四节　最早的《纪录片编辑室》

150　第五节　最早的选秀冠名：卡西欧冠名"家庭演唱大奖赛"

159 | 第四章　多种经营：不再向国家伸手

160 | 第一节　电视软广告的兴起

169 | 第二节　从向国家伸手到自给自足

177 | 第三节　广告引进的第一部译制片《姿三四郎》

183 | 第四节　《海外影视》与8分钟贴片广告

188 | 第五节　电视剧《上海滩》的"砰砰砰"

191 | 第六节　"魔都"小荧星——中国少儿艺术教育第一品牌

222 | 第七节　那些年，广电造的那些楼

239 | 第五章　海纳百川：电视交流走向世界

240 | 第一节　上海电视节的歌声与微笑

263 | 第二节　《美国纪实》——最早受美国政府邀请的中国电视采访

271 | 第六章　深层改革：广电"德比"大战

272 | 第一节　动了体制的手术：台中台试验——五台三中心

277 | 第二节　电视新媒体的前奏——上海有线电视台的悄然崛起

294 | 第三节　风从东方来——东方电视台的创办

313 | 第七章　资本运作：文化产业第一股

314 | 东方第一塔和中国文化第一股——东方明珠

334 | 上海电视创业创新大事记（1956—1998）

355 | 后记

第一章

创业维艰：上海电视台的诞生

　　冲浪是以海浪为动力，利用自身的高超技巧和平衡能力，搏击海浪的一项高风险运动。不论采用哪种器材，冲浪弄潮儿都要掌握高超的技巧和平衡能力，同时具备善于搏击风浪抵御风险的胆略、智慧与能力。

　　上海电视创新发展之路，就是在中国改革开放的大趋势下，在中共上海市委及各级政府的领导和支持下，在邹凡扬、龚学平、叶志康、赵凯、薛沛建、金闽珠、盛重庆、穆端正、胡运筹、陈圣来、尹明华、刘文国、滕俊杰、朱咏雷、胡建军、黎瑞刚、王建军、裘新、高韵斐、宋炯明等一大批敢于"吃螃蟹"的改革领军人物的冲浪下，冲破一个个"禁区"，创造了一项项电视领域创业创新与产业化运作的全国第一，并持续而良性地发展的。本书通过一个个有血有肉的鲜活故事，生动展示了上海电视创业创新和产业化运作的冲浪历程。

第一节　我国第一家省市级电视台开播

这是一张黑白老照片。

登载在上海电视台建台30周年征文选《我与电视》的扉页。

46个人。14位女性，32位男性。

一块幕布前。分成四排。第一排9位坐在椅子上。显然领导居多。

一个个风华正茂。年龄最高不会超过40岁。

男性几乎全是中山装，那个年代特有的服装标志。

照片下一行字："第一次试播后工作人员合影"。

这是上海电视台建台时第一次试播后工作人员的合影。

1958年9月。

如今在上海广播电视台工作的员工，很少有人辨别出照片中谁是谁了。

可他们已然铭刻在历史的相框里。

他们是中国第一家省市级电视台的建台元勋。

1958年9月30日，上海的党报《解放日报》在头版刊登了这样一条消息——

　　本报讯：继北京之后，我国的第二个电视台——上海电视台已初步建成，定于十月一日试播，向国庆献礼。

　　上海电视台从今年四月份开始正式筹建，拟定今年年底初步建成，明年元旦开始试播。在总路线鼓舞下，由于各承制单位同志的共同努力，终于提前三个月完成。除部分零件由国外进口外，全部设备均由国内设计，国内制造，其中图像和伴音发射机，是由上海人民广播电台技术部门自行设计制造的。电视台的全部筹建工作，得到了北京电视台、北京广播器材厂、天津电车修造厂和上海市公用局、交通运输局、江南造船厂、沪东造船厂等有关工厂企业单位的大力支援……

就像上海电视台台庆60周年纪录片里所说的：

1958年是中国电视的元年，也是上海电视事业的开创之年。

1958年10月1日，上海电视台建成开播。1个频道播放黑白画面的电视节目。每周播出2次。每次2～3小时。

那时，对外叫上海电视台，对内还只是上海人民广播电台的一个部，时任副主任赵庆辉、周峰。

说起电视，我们不妨将视线稍稍拉开一点。

人类文明的发展史，经历了信息传播的五次革命：第一次是语言的形成与使用；第二次是文字的发明和运用；第三次是印刷术的发明与推广；第四次是无线电的发明与应用；第五次是计算机的诞生与网络的发展。

电视是人类传播史上第四次革命的产物，即无线电技术发明与应用的产物，也是当下影响力最大的大众媒体之一。

1817年，瑞典科学家布尔兹列斯发现了化学元素——硒。

1884年，德国科学家保罗·尼普科夫发明了机械电视扫描盘。

1925年，被誉为"电视之父"的英国工程师贝尔德在伦敦一家百货店里，展示了他发明的机械电视机。

1936年，英国广播公司（BBC）开办了全球第一家电视台，这一年的11月2日，英国广播公司（BBC）播出了一场发生在亚历山大宫的盛大歌舞，这一天被认为是世界电视的诞生日。

1936年8月，纳粹德国在柏林设立了28个集体收看点，通过电视报道了柏林奥运会。

1939年4月30日，美国国家广播公司首次用电视转播了纽约世界博览会开幕的盛况，主持开幕典礼的罗斯福，成为第一位在电视上出现的总统。上万名观众通过近千台电视机收看到这一情景，无不为这一"魔盒"的神奇魔力而震撼。

1958年5月1日，中国大陆第一家电视台北京电视台（中央电视台前身）开播。同年10月1日，中国大陆第一家省市级电视台上海电视台开播。

1958年是个特殊的年份。

这一年，英美科学家完成核聚变试验；中共中央提出"大跃进"的口号；马寅初提出"新人口论"；赫鲁晓夫接任苏联总理；新中国第一辆轿车出厂；新中国第一架飞机建成；全世界都在转呼拉圈；香港导演王家卫出生；中国人民志愿军从朝鲜回国；戴高乐当选法国首任总统。

上海电视台元老之一，原上海市广播事业局副局长、总工程师、上海市广播科研所所长何允在回忆录中提到：

> 筹办电视台的工作实际早在1955年就开始孕育了。当时上海人民广播电台副台长陈浩天同志就和许多技术人员酝酿创办上海电视广播的问题。他首先抓了技术干部的培训。1956年初听说中央广播事业局派去捷克和苏联等国学习电视技术的同志不少都是上海人，他们回国后春节都会到上海探亲，陈浩天就不失时机地请他们来电台为我们技术人员开办了电视技术的系列讲座。章之俭同志讲电视基本原理和信道系统，钟培根同志讲摄像机的原理，何正华同志和陶增馨同志讲电视发射设备原理，虽然只花了一个星期的时间，可对上海台大部分技术骨干来说是一次难得的启蒙教育。
>
> 1956年，夏季北京有一次日本展览会，日本东芝电器的园部茂先生运来了一整套电视设备，包括一辆电视转播车，一架50瓦电视发射机和天线，若干架接收机和测试仪器等，预定在展览会上

作开路表演。陈台长知道以后马上派陈逸民和张衡初两位同志去北京日展参加学习和操作。这套设备就成为国内研制电视设备的重要参考。接着清华大学请苏联专家讲电视技术课程，陈台长就派了卢树人、张青严和徐英同志到清华去听课。在上海的其他同志也掀起了学习和钻研电视技术的热潮，大家都热切希望早日开始电视广播。

由于当时国内还没有工厂能生产电视广播设备，有些设备只能自己做。于是由何正声同志带领狄佐荃、陈嘉榴等同志设计和制造发射机，蒋明睿同志设计和制造天线及馈线系统，伍伯蓁和仪器室其他同志试制电视同步信号发生器。这样既可培养技术人员的能力和创新精神，又可解决设备问题。

也是上海电视台元老之一，原上海市广播电视局总工程师何正声回忆道：

1956年中央广播事业局开展电视技术研究工作并筹建电视台的信息传到上海人民广播电台以后，在副台长陈浩天和何允同志的领导下，上海也积极跟上。1957年春，研制电视发射机的任务交给了研究组，由我们自己设计。参加者有狄佐荃、陈嘉榴和毛玉麟同志。当时我们完全不懂电视，而中文版的电视技术书刊还是空白。我们就从英文版和日文版的电视技术书中学习基本原理，然后再看外文期刊中的论文，因较新和最新的技术只能在期刊中找到。第一次研制电视发射机，遇到的困难是可以想象的。为了使上海人民能看到电视，我们完全靠自己的力量，自己制造发射机。当时，大部分电子管和器材，都是市场上买到的。设计电路时，我们尽量采用新技术。机器的制造除了大机架请外面的单位加工以外，都是在虹桥路金工车间自制的。发射机天线及有关附属设备是由蒋明睿同志设计的。

与此同时，1956年8月2日，上海电台台长苗力沉、副台长陈浩天联名向中共上海市委报告，申请筹建上海电视台。10月11日，编制出《一九五七年上海电视台设计任务书》草案。10月22日致函中央广播事业局，申报电视频率，并提出自己动手设计制造电视发射设备。1957年7月26日，上海电台台长苗力沉、副台长陈浩天向中共上海市委、市委宣传部正式提出建台方案，并转达了中央广播事业局决定利用北京广播器材厂的自制设备，进口少量零件，在北京建造小型电视台，建议在上海建造类似的小型电视台，作为中国创立电视广播事业的初步计划，得到了上海市副市长曹荻秋的支持，纳入市政建设规划。

可是当1957年初建台方案决定了，连申请外汇打算向英国的马可尼公司或PYE公司订购三个摄像机信道电视转播车的报告，都得到了时任上海市副市长曹荻秋批准时，一场轰轰烈烈的"反右"运动开始了。陈浩天副台长挨了批判，被打倒了。积极筹建电视台成了反党罪行。上海电视台的发展从建台开始就是一波三折，筹备工作就此夭折。

历史的步伐有其偶然的跌宕，也有其必然的趋势。

1958年，突然又将筹建电视台，作为"大跃进"的"赶""超"西方世界的项目，加之听说海峡对面的台湾也在筹建电视台，正在向共产主义"大跃进"的中国大陆怎么能落在台湾后面？

同年3月，中共上海市委正式批准筹建上海电视台，隶属于上海电台，编制为30人。同年4月，上海电视台筹建组建立，赵庆辉受命负责。

于是，一切都是"大跃进"的速度。抽调人马，赶制设备，技术培训，选择台址，录制节目。马不停蹄地加班加点。

绝大多数都是二三十岁的青年人，血气方刚，热血沸腾。

还是让赵庆辉的回忆将这些功臣的名字留在我们的史册上吧：

> 经市委宣传部介绍去见电影局领导袁文殊同志，他热情赞助一口答应，选派了以富有开创新事业精神的周峰同志为首的一个精干班子。从电影系统陆续调来的有朱盾、邹志民、肖振芬（摄

影），梁十千（美工），苏黎元（洗印），张罗山、乔善珍（放映）等同志；又从电台文艺部选调来原上海戏剧学院毕业的富有朝气的青年同志许诺、沈西艾、周宝馨、李尚奎、江波、王宗尧；宣传部还调来了李宝性同志。为开展试播工作需要，从电台又调来胡文金（音响）、沈曾修（技术）、俞鸿祥（灯光）、徐世新（保卫）、陈松乔（总务）和李伟民等同志。这将近卅个人就是开始试播时的"全班人马"。试播当天，电台各部门都有同志来帮忙。领导还选派了陈醇、张芝两同志来支援，担任播音（报幕）。试播以后，随着开展工作的需要，队伍得到充实和加强。市委宣传部从儿童艺术剧院调来奚里德、丘斌、陈君明等同志；电台继续支援了业务骨干周济、伍亚东、祈鸣（新闻部），吴淞（文艺部），赵慧娟（办公室），尤文澜、丁人仪、杨福云、宋世传（技术部）等同志。通过组织分配，还陆续调来任静、郭信玲、梁学忠等同志。

上海电视台建台第一次试播后工作人员合影

1958年10月1日，上海电视台在南京东路新永安大楼开播

用老局长邹凡扬的话来定义：他们是响当当的上海第一代，也是中国第一代电视人。

时间可以淡化很多事情，可是经历过艰苦创业的当事人却很难忘却那些亲力亲为的故事情节。

某些"栽树"的细节应该记载下来，值得"乘凉"的后人有所感动并且纪念。

在号称"中华商业第一街"的上海南京东路上，坐落在湖北路和金华路之间，矗立着一座闻名遐迩的大楼——永安大楼。它的前身就是旧上海南京路上著名的四大百货公司之一——永安公司，因一至五层为商业用房，六层至大面积的屋顶为电影院、茶园、舞池及露天散步场所，即名声赫赫的七重天酒家，所以也将永安大楼称为"七重天"。与永安大楼毗邻的东侧，有一幢美国现代摩天楼风格的建筑，便是新永安大楼。经过多处选址，最初的上海电视台就选建在上海市中心新永安大楼里，因为这是20世纪50年代上海的最高建筑物之一。在新永安大楼上架起的电视发射天线离地面108米，图像发射机功率为500瓦，有效发射距离可达30千米左右。

最早的电视节目不是用摄像机拍摄的，而是用的16毫米摄影机。

时任电视台副主任周峰回忆道：建台初期，新闻组只有三位赤手空拳的摄影师。一无摄影机，二无反转片，三无洗印设备。后来在旧货店买到一台16毫米摄影机，又经八一电影厂厂长陈播大力支持，让给电视台一台16毫米摄影机，还低价卖给电视台不少部队已经过期的16毫米反转片。当时真是如获至宝。

10月1日晚上第一次试播的第一条电视新闻《一九五八年上海市人民庆祝国庆大会》，就是用这种过期反转片拍摄的。

当时的洗印设备完全靠自己动手，土法上马。工作人员挤在阳台上的一间小屋里，用木板做成药水槽桶，用竹子做成洗片架。冬天药水加温靠煤炉，夏天降温靠用深井泵抽上来的地下水再加冰块。

略有点电视常识的人们一般都知道，通常的电视节目是经过拍摄录制后送到播出机房播出的。自然还有不少节目是通过直播让观众知晓的。而直播对设备、技术和现场调控的要求往往是很高的。

很少有人知道，最早的电视播出其实就是直播。而当时的直播与现在的直播不可同日而语，因为那时实在是设备太简陋，直播完全是逼出来的。

播放电影因为没有可以将电影转换成电视的机器，于是就直接用摄像机对准电影放映的"银幕"墙板上的图像，直接对外播出，完全靠现场的精心调试，尽可能取得较好的播出图像。

2014年1月20日下午，上海龙华殡仪馆银河厅，聚满了上海电视台的几代电视人。人们满怀着悲痛心情，前来送别中国电视的开创者之一，也是上海电视台第一条电视新闻的拍摄者之一的高级记者朱盾。灵堂上的一幅悼联写出了朱盾老师的高风亮节："创业守成劳绩铸就宗

第一条电视新闻的拍摄者之一——朱盾老师

师；忠厚诚慈遗风衣被后人"。

曾经的一帮老同事都习惯将憨厚魁梧的朱盾老师称作"老朱盾"，这位桃李满园，操着一口浓浓余姚口音官话的开台元勋，生前回忆起第一条电视新闻的诞生，自然十分激动：

> 巧妇难为无米之炊。开台前夕，因为没有摄影机，我往旧货店跑得更勤了，总希望碰上运气。9月14日下午，我再度走进协群调剂商店，突然眼前一亮，只见一台半新的老式鲍来克斯摄影机正放在柜台里，标价是9百元人民币，我如获至宝地检查了三只镜头和机身传动部分后，就在当天办理了购买手续。不管怎么样，我从此有了拍电视新闻的武器。虽然式样是老掉了牙，但它参加了我第一条电视新闻的拍摄，在以后的三年中，一直与我形影不离，记录了许多珍贵历史资料，拍摄了重大工农业成果，中国领导人和外国元首在上海。还拍摄了第一条纪录片《飞跃吧！英雄的城市》。

说起鲍来克斯摄影机（也译"宝莱克斯"），笔者1983年考进电视台的时候，新闻部还在使用。那时人们都以为是德国造，甚至有的教科书也是这样写。2016年底，笔者带上海视觉艺术学院广编专业师生到瑞士高校交流，意外地发现，欧洲的高校在探索VR影像等前沿艺术的同时，居然还在孜孜不休地用鲍来克斯16毫米摄影机拍摄胶片电影，而我们国内电视台乃至高校很多摄影专业早就放弃了胶片摄影，而且鲍来克斯摄影机分明是瑞士制造。30多年前，拍摄一条新闻片十分繁琐，涉及测光、聚焦、景深、镜头、冲印等各个环节，格外讲究，难度大，工序复杂，效率也低，所以那个时候对摄影师的要求特别高。

几十年过去，第一代电视摄影记者邹志民对第一条电视新闻诞生的细节，依然历历在目：

> 1958年10月1日，由朱盾、肖振芬和我组成三人摄制组，一人

抱一台16毫米摄影机（有一台还是临时借来的），一早就进入了人民广场。游行开始了。第一次参加拍摄新闻片，场面又是这么大，心里不免有些慌乱。那天我自己扛着一个六尺双脚扶梯，一会上，一会下，一会东，一会西，在人群中穿来穿去，忙乱不停。有时跟人相撞，有时跟彩车相撞。有两次还将分给我的镜头漏掉了。于是，我提起摄影机，蹭蹭赶到广场西端，将漏掉的镜头抢回来。

三个小时的游行，片子拍了三四百尺。游行一结束，我们立刻投入紧张的冲印，剪辑。开台第一条电视新闻片，是周峰亲自坐阵，请来电影厂老剪接师付继秋编成的。三四百个胶片镜头，在几个小时里要编成七八分钟的电视片，这种速度，是我搞电影时从未有过的。在那个简易剪接室里，气氛异常紧张。那剪接师脖子上挂着，嘴里衔着，片袋里夹着，我们这些帮忙人手里拿着的全是片子。有时为了一个尺把长的特定镜头，七手八脚还找不到，最后再把废片堆翻上一遍。钟表指针嗒嗒，那剪接师头上的汗珠滴滴。上海电视台第一条电视新闻片，终于在播出前半小时完成了。完成剪辑任务后，我们拖着疲惫的双腿，奔向永安13楼演播室，开始了上海电视台第一次直播的摄像工作。导演周峰和许诺，用颤抖

上海电视台的第一条电视新闻《1958年上海市人民庆祝国庆大会》

的手指，切出了演播室送来的第一个电视画面。

1958年10月1日，在人民广场录制国庆游行的，除了几位摄影师，身材娇小的上海电视台一级录音师胡文金也忙碌在人山人海中，她带着一台小小的录音机跟随着摄影师们录制游行的实况声音，因为16毫米的摄影机没有录音功能，所以要专门用录音机到现场采集声音。可是这一看似简单的声画对位，在一开始就遇到了问题，就是放映机的声音和电视画面无法同步。胡文金老师回忆道：放映机是每秒钟24格，我们电视每秒25格，本身就不同步。所以我们录音机放着放着要变慢，怎么办呢？我们当时想了很多土方法，想用一个机器帮助它转，加点力量帮它转。

同样是细节，开台元勋王忻济的记忆中永远停格着试播当天的创业者忙碌的身影。虽然本书的故事绝大多数是讲改革开放以来的发展变化，但是笔者宁可省略其他的某些文字，还是不忍割舍王老的深情回忆。没有那些年那些人的艰苦创业和无私奉献，何来今日的辉煌与壮美：

1958年10月1日，上海电视台正式对外试播，为正在欢度九周年国庆的上海人民增添了欢乐。这一天，上海电视台的同志显得特别繁忙，一早就来到永安大楼，开始为晚上上海电视试播做准备。

从电视中心到发射台，技术组同志认真调试设备，使设备保持在最佳状态。

放映员乔善珍和张罗山对播放的新片进行放前检查，绝不放过一个有问题的镜头。

美工梁十千忙着演播室内的布置。

总务陈松乔为接待晚上来台的演员到处奔波。

报幕员紧张地背诵晚上播出的报幕词。

电视开播的总指挥是赵庆辉，技术总负责何允，导演周峰。

18：30技术系统调试结束，对外开始播放测试信号。技术员向摄像师移交了电视摄像机。

18：57送出时针图像。

18：58开播时刻终于到来。导演先后命令副导演切出台标播放新四军军歌，播放国庆口号。

19：00播音员第一次出现在电视屏幕上，用亲切而激动的话语宣布上海电视台开播并祝贺观众们节日愉快，预告节目。随后，播放《1958年上海市人民庆祝国庆大会》的电视新闻。

在上海广播电视台的企业文化展示区，保存并展示着上海电视台开播第一天的节目串联单。在台庆60周年采访当年的现场直播的切割导演助理许诺时，许诺老师看到这张串联单激动不已："对，是我亲手刻的，新买的钢板、蜡纸，我是第一次刻，而且我的字是最不好的，前一天晚上30号晚上刻的，第二天要播了，要用了。"

这天播出的节目有上海著名歌唱家周小燕、蔡绍序的女高音和男高音独唱，0445部队的山东快板，上海广播乐团和少儿合唱团也参加演出了女声小组唱和少儿合唱。周小燕回忆道："我记得那个时候在永安大楼，我唱了两首歌，一首是我们党委书记孟波写的《朵朵葵花向太阳》，还有一首是温可铮老师写的《小扁担两头弯》。"

副导演按照导演的命令一个镜头接着一个镜头顺利地切换。最后播放故事片《钢人铁马》。当年担任电影放映转录工作的乔善珍老师回忆道："那个时候真的很艰苦，荧幕很小的，只有小布头这么大，两个放映机在这里放映电影，摄像机在我们后面。它要依靠摄像机把这个图像摄进去，再通过发射台发出去。"

播出结束已过21：30，整个播出过程没有发生一次差错和事故。大家一阵欢呼，互相庆祝试播成功。

有一个数据更值得记录。这次试播，上海约有100个收看点，组织了约有万人收看试播盛况。也就是说，上海电视台开播，仅有100台电视机收看电视节目。这100台电视机全部是从苏联进口的黑白36厘米

（14英寸）电子管电视机。

1958年10月25日，开播才不到一个月，上海电视台就播出了第一部电视剧《红色的火焰》，居然也是以现场直播的方式对外播出的。因为当时还没有录像机。于是，全剧需要的十多场内景全部在演播室搭好，开播前三台摄像机跟着演员接连排练两次。直播室，演员上下场，换服装，都在极短时间完成。导演、调度、摄像、布景、灯光、道具、服装、化妆等各工种全神贯注，有条不紊，一个个紧张地汗流满面。当演出圆满播完，大家的脸上都挂满了欣慰的笑容。

2018年9月27日下午，在浦东新区东方路2000号东视演播剧场举办的庆祝上海电视开播60周年的盛典上，年轻的主持人请上7位已然耄耋之年的开台元勋，回忆当年，展望未来，他们依然激情满怀，激起台下雷鸣般的掌声。

创业维艰。第一代电视人有的已经离我们而去，有的已经老态龙钟，可是他们对新中国电视事业的热爱，他们不畏艰难一丝不苟的创业创新精神，永恒地留在中国电视发展的史册上。

上海电视台第一部电视剧《红色的火焰》剧照

赵庆辉

周　峰

宋　丹

邹凡扬

刘　冰

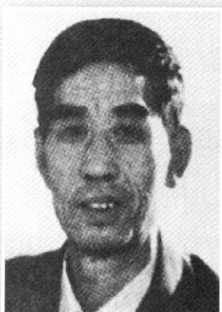
柳星三

上海电视台早期部分台领导

第二节　曾经是中国最高的电视塔

历史常常有不堪回首的记载。

用老局长邹凡扬的话说：

　　上海的电视从起步开始，就进入了长期的折腾，一直受到"左"的干扰；到十年动乱，变本加厉。"四人帮"把电视当做专政工具，在屏幕上进行造反夺权，批斗党政领导干部和著名作家、艺术家，残酷迫害电视台的工作人员。当年艰苦创业的电视台领导，几乎无一幸免。这场浩劫使电视节目全面萎缩，电视屏幕百花凋零，文化艺术特别是娱乐活动遭到摧残。到1976年，"四人帮"已在四面楚歌之中，还进行垂死挣扎，把全国电视会议搬到上海举行，妄图借电视在全国掀起'反击右倾翻案风'。这一年，上海电视出现空前萧条景象，电视机销售量降到最低点，积压在仓库里。电视里充斥着大批判节目。由机关工厂组织收看的群众，也纷纷关机罢看。收视率也降到了最低点。

如果说，从1958年到1978年这20年的时间里，电视史上还有值得纪念的，那就是电视技术和彩色电视的发展，以及曾经是中国最高电视塔的起吊与兴建。

1958年，我国第一台500瓦电视发射机自行研制成功，安装在上海电视台旧址永安新楼楼顶，高108米。

1971年，中央广播事业局决定发展彩色电视，北京、上海、天津和成都等城市被选定率先进行彩电工程大会战。上海电视人捷足先登，1973年8月1日，上海电视台开始用8频道试播彩色电视节目。在试播初期，上海全市只有69台彩色电视机。大约只有1万多人能够收看彩色电视。而摄制彩色电视又需要不菲的经费。

1975年冬，上海电视台安装了第二套彩色电视中心设备，供5频道使用，从而成为全国省、市级电视台中第一家播出彩色电视节目的电视台。

1974年上海电视台摄制并播出了第一部彩色纪录片《轻工业园地百花盛开》。彩色纪录片的主创者之一，上海电视台的元老，91岁的周济老师回忆这段故事时，却牵出了开台之初类似到拍卖商店购买16毫米旧的摄影机一样的寒酸故事：

　　1972年，美国总统尼克松访问中国，周恩来总理和尼克松总统在上海签署了中美《上海公报》。访问结束后，其中一个外国摄制组怕行李超重，就把没有用过的彩色胶片送给了上海电视台。当时也是电视台元老的伍亚东老师便将此事告诉了周济老师，兴奋而冲动的两人便产生了尝试拍摄摄制第一部彩色新闻纪录片的想法。

当时上海正在开一个上海轻工业展览会，周济看了以后，觉得这个题材很好，一个是内容；一个是色彩。于是周济担任撰稿和编辑，伍亚东担任摄影，周济定题为《轻工业园地百花盛开》。因为他们从来没有接触过彩色电视片，洗印同志也无能为力，就到上海王开等著名的照相馆，请了两个技师来帮忙。现在看来，这第一部彩色纪录片，无论是色彩还原，还是蒙太奇手法的运用，在当时的条件下都可以堪称是一流的。

俗话说：巧妇难为无米之炊。初创时期的上海电视人就是这样，即便无米，也要找米、借米，一步一个脚印地开创新中国的电视事业。

1974年冬季上海电视台建成南京西路新址演播中心，启用当时中国最高的电视塔，也是上海当时最高的建筑物。

1970年，在中央广播事业局召开的全国电视会议上提出，要"在第四个五年计划内大力发展彩电"，并决定"首先在北京、天津、上海、四川建立彩色电视试播台"。为落实这一会议精神，中共上海市委1971年3月9日批准，同意建造上海彩电中心。选址上海南京西路651号，征用原上海市体育运动委员会运动系篮球场、排球

建于1972年的210米钢结构的上海电视塔

房等，占地 2 600 平方米，并委托上海市民用设计院、同济大学设计演播大楼和电视铁塔，上海市建工局五公司负责施工。同年，原建筑拆迁完毕，破土动工。

如今寸土寸金的南京西路 651 号上海电视台大院里，还留着用钢筋水泥浇灌的那座电视塔的地基和被截断的全部钢结构的电视塔的塔基。旁边草地上一块铭牌醒目地写着这样的字：

"上海电视台发射塔于 1972 年 9 月 25 日安装成功，1974 年 12 月 26 日正式启用。该塔坐落在上海南京西路 651 号内，塔高 210 米，为当时中国最高的电视塔和上海最高的建筑物。1995 年 5 月上海东方明珠广播电视塔启用后，上海电视台发射塔功成身退，于 1998 年 7 月拆除。"

原上海电视台发射塔这块遗址，其实已经成为一座城市雕塑，一块上海电视事业发展的纪念碑。

如今的人们只能从旧照片、旧录像，或者想象中，回味这座电视塔的英姿，然而却很少有人会想象当初将 210 米高的电视塔整体起吊，同样是电视塔建造史上的一个创举。

这是一座具有民族风格的现代化建筑，六根粗壮的圆脚组成六边形的优美造型。210 米的电视塔重达 5 百吨，全部是在地面水平位置逐节拼焊而成。

整体起吊的那天，工地上人头攒动，人们纷纷驻足观看这个横卧在青海路口的庞然大物是怎样矗立起来的。这一天，上海南京西路 651 号门前的路段临时实行了交通管制。因为是一项重大工程，上海电视台委派了编辑王兆洪，驻扎在工地，拍摄记录了整个施工过程的珍贵资料。

10 台 10 吨卷扬机同时启动，加上面向南京路拴住电视塔脚的两台数吨重的铰链机。轰鸣声和哨子声不绝于耳。4 个小时过去，躺倒在地面的电视塔缓缓地站立起来。塔脚底座上的螺孔，全部准确无误地套在螺栓旋上，最后拧紧螺帽，几乎不差分毫。

很长一段时间，上海最高的城市建筑是位于上海南京西路的 24 层楼的国际饭店。而整体起吊的这座钢结构的电视塔有两座半国际饭店高。登上120米的微波机房，透过整体透明的航空有机玻璃，浦江两岸风光一览无遗。那时上海的高楼少，空气能见度也高，放眼远眺，黄浦江蜿蜒如带，连进出吴淞口的万吨轮船也清晰可辨。

上海音像资料馆研究馆员张景岳回忆当年见到发射台时的激动场景，印象特别深刻：因为当时我已经在安徽读大学了，73年1月份放寒假，从芜湖到上海，火车过了真如站的时候，突然之间有人叫了起来，指着东南方向讲："电视塔！哇！"大家一叫，所有人都站起来，朝东南方向看，上海电视塔鹤立鸡群，远远地就能看到。

曾经，上海地区的四个无线频道5、8、20、26频道的电视节目和立体声调频广播节目，都是通过它发射到上海全境。

210米钢结构电视塔的遗址

曾经，它是上海人心目中的埃菲尔铁塔，也是上海的标志性建筑。如果不是因为占据黄金地块，不是因为要建造新的电视大楼，或许它依旧会保留下来，和位于浦东陆家嘴的东方明珠电视塔相互映衬，共同见证上海广播电视的发展与辉煌。

第三节　天上有颗"何允星"

2016年9月，国际天文学联合会小行星中心发布公告：2006年发现的一颗小行星（编号2006 HY20），被命名为"何允星"，以表彰其在专业领域的突出贡献，以及对天文事业的支持。

这颗星是由叶泉志、林宏钦通过鹿林天文台于2001年6月12日发现，小行星编号291633，2006年获得正式编号2006 HY20。2016年上半年上海市天文学会提议将其命名为"何允星"，编号中的HY也正好是"何允"拼音的缩写。同年9月这一提议获得国际天文学联合会小行星中心的批准，以表彰何允在专业领域的突出贡献，以及对天文事业的支持。

2016年9月，当国际天文学联合会的命名证书送到何允家时，这位平日寡言少语的95岁老人平静地点了点头，只说了两字："谢谢！"一周后，老人悄然辞世，驾鹤羽化为浩瀚宇宙中一颗熠熠闪耀的行星。

"何允星"证书

何允是谁？国际天文学联合会表彰其在"专业领域的突出贡献"，指的是什么专业？

何允，中国广播电视事业的先驱，原上海市广播事业局副局长、总工程师、上海市广播科研所所长。老先生一生的最爱，一个是广播电视，一个是天文。年轻时，因为立志报国，他选择了广播电视作为自己的终身事业。1948年上海交通大学毕业后何允就参与了南通和苏北广播电台的筹建工作。1953年他和后来成为著名电视编剧的妻子黄允一起被调到上海人民广播电台，担任了上海人民广播电台的总工程师，从那时他便留意并着手研究电视塔的制作工艺和发射技术。很快就试制成功了我国自行设计的20千瓦广播发射机。此后他参与建立上海市广播科学研究所，研制出5千瓦调频发射机、100千瓦中波发射机等多项成果。

何允的妻子黄允深情地回忆：

18岁的时候，何允在上海学习无线电技术。1940年，他辗转到重庆，经人介绍，在国际广播电台担任助理技术员。这家电台，是当时唯一对欧美、东南亚等国家直接广播的媒介。后来日本军队轰炸重庆，这家国际广播电台就成为重点轰炸对象。电台所有人员转移到特意深挖的地下室，头顶铺了厚厚的钢板，虽然人没事，但机器严重损坏。电台只好易址。在何允日后的描述里，日本侵略者就是"哇哇叫的青蛙"。目睹了日本侵略者给中华民族造成的巨大苦难，青年时期又经历了国民党政府的腐败及其导致的民不聊生，何允在上海交通大学读研时，他本来可以选择去美国深造，学习他爱好的天文学，但他最终放弃了，宁可去解放区。为了科技报国，为了发展中国的广播电视事业，因为当时的英文杂志进不来，日本的杂志可以进来，何允为此学会了日文。所以，日本的那种技术书，他都拿来看。所以，在每一个技术进展前，他都事先学了。他对电视老早有思想准备，而且对这方面已经比较知道了。

1958年国庆，在时任上海人民广播电台总工程师何允的牵头组织下，上海南京东路永安大楼上架设起了沪上第一根电视发射天线。其实1957年筹建上海电视台的时候，何允和同事郑柏年经过仔细的调查研究，已经发现新永安大楼是当时上海市中心最理想的电视台台址。

当时上海有两幢最高的楼：一幢就是国际饭店，一幢就是永安的天韵楼。上面还有个旗杆，假如把旗杆拿掉就可以搞天线。这幢楼有19层，高度大约100米，在上面架设天线可以轻松地达到30千米的覆盖半径。于是选择了它作为电视台的台址，而且当时该楼的高层利用率很低，13楼可以作为演播室，19楼可以作为发射机房，楼下的电影院也可以改做演播厅，所以新永安大楼无疑是当时电视台最理想的台址。

知名学者、上海视觉艺术学院文产学院俞璟璐教授在她的一篇博士论文中论述到：传媒技术的发展令人瞩目，已大大改变了人类传播的性质与规模，并对社会的政治、经济、社会、文化等诸方面产生了很大影响。传播的变化，以技术而言，既不能技术决定论，也不能忽视技术的改革力量。

上海人民广播电台作为创建上海电视台的主体单位，作为上海人民广播电台的总工程师何允，显然为上海电视台开播的技术保障和设备保障，做出了不可磨灭的贡献。

1960年初，上海开始进行彩色电视试验。当时北京广播科学研究所已经在试制彩色电视中心设备，这是单一讯道的电子管设备。上海电台确定由何允负责，抽调了一部分技术人员去北京学习，并带回全套系统图纸。在闵行召开的一次上海市科技会议上，确定建设市301工程（即彩色电视工程），以此推动上海电子工业的发展。市工业部门组织有关工厂企业，根据从北京带回的图纸，进行配套试制。到1961年，部分彩色电视中心设备试制出来，安装在新永安大楼上海电视台10楼。

与何允共识过的老同事，都知道这样一件往事：

1972年的一天，在上海市奉贤县干部学校劳动的何允接到通知，让他"回市里一趟"。

何允也不知道什么事，便穿着打满补丁的裤子回到了市区。到了之后才知道，是时任美国总统尼克松要来上海访问。按照美方的要求，需要将尼克松在上海访问的新闻转播到美国等国家。可是当时我们国内的电视转播技术刚刚起步，任何一个环节出错，都可能闹出笑话。因为心里没底，领导便将技术权威何允叫了回来。

美方一大批高级技术人员，出现在与中方技术人员对接的沟通会上。当美方技术人员说着满口的专业术语，提出电视转播时希望中方配合的种种技术要求时，翻译傻眼了，完全不知道怎么翻。眼看着翻译连连出错，何允忍不住连连纠错。因为何允年轻学习时，来授课的都是外国专家，全英文授课。如今应对这样的场合，翻译完全没有问题。几个回合下来，全场一致要求，翻译临时换成何允。

沟通完毕，美方出示转播示意图。很快何允发现了问题，直接用英文打断美方的介绍："这个地方画错了，这根线不是从这里走。"

经过再三确认，美国专家最终不得不承认，确实画错了。惊愕钦佩之际，忙不迭地问接待人员："这是谁？你们中国有这么高级的教授啊？"

除了领衔设计中国第一代电视发射塔和"东方明珠"塔的广电技术部分。如今，深入千家万户的上海有线电视光纤传输网络，也是何老

何允被授予有线电视科技杰出贡献奖

原上海市广播电视局副局长、总工程师、
上海市广播科研所所长何允

在年近7旬时，带领团队研发并在全国首创的，他也因此荣获中国广电杰出贡献荣誉奖。

原上海广播电视信息网络有限公司总经理冯骏雄每每提起老爷子，总是充满了骄傲和敬佩："很多省市都来求教电视技术和设备方面的专业问题，我就跟着他一个一个跑。我们北边去过黑龙江，南边去过海南岛，还有温州，还有革命老区延安，我们都为他们做方案，甚至为他们做工程。"

浩瀚星空中的这颗"何允星"，既是中国广电行业唯一一颗以个人名字命名的行星，也是上海广播电视人的骄傲，是对何允杰出贡献的奖励，更是对敬业创新精神的激励。

要点回顾

▲ 习近平总书记特别强调：不能用改革开放后的历史时期否定改革开放前的历史时期，也不能用改革开放前的历史时期否定改革开放后的历史时期。没有第一代新中国电视人的艰苦创业和寂寞而辛勤的耕耘，便没有改革开放后广播电视突飞猛进的发展，更没有文化产业开拓创新的基本条件。艰苦创业和勇创第一的精神是上海电视人的可贵基因。

▲ 知名学者、原上海视觉艺术学院文产学院俞璟璐教授在她的一篇博士论文中论述到：传媒技术的发展令人瞩目，已大大改变了人类传播的性质与规模，并对社会的政治、经济、社会、文化等诸方面产生了很大影响。传播的变化，以技术而言，既不能技术决定论，也

不能忽视技术的改革力量。上海电视台的创建、曾经是上海最高的电视塔的兴建以及何允等专业技术人员所体现的创业创新精神，无疑为中国社会的媒介传播方式和传播影响力，起到了革命性的推动作用，也为日后改革开放的闸门一旦开启，上海电视台的迅速崛起以及上海电视产业的迅猛发展，奠定了必要的物质基础和技术条件。

第二章

解放思想：先从新闻、广告冲破禁区

第一节 "三把火"：从第一条社会新闻开始

俗话说：时势造英雄，英雄亦适时。

龚学平，个头不高，苦孩子出身，1967年复旦大学新闻系毕业后到西藏军区某部政治处工作。1974年从部队转业回沪时，并不想到传媒机构工作。因为他在大学期间曾到电台实习过，看到过很多"大字报"，因而感到上层建筑政治风险很大。那时还在"文革"动乱中，大学生也被视作"臭老九"，根本不吃香。吃过苦也不怕吃苦的龚学平向部队领导申请，坚决要求到工厂去。

如果龚学平真的到了工厂，他的事业的发展和人生的命运将会是另外一种轨迹。

当时上海电台的领导和专业办的领导看到龚学平的材料，认为他应该到新闻单位，尤其应该到电台去。

为什么呢？

因为当时新闻界非常缺人，很多业务骨干都被打倒了。龚学平是新闻系毕业的，而且他的家庭出身较好，在部队表现也很好，他在电台实习的时候，当时电台的领导就曾要求将他留下来。所以，领导便专门来做龚学平的工作，说服他到电台工作。既然是组织决定，作为共产党员，龚学平只能欣然服从。

这算不算最早的伯乐？领导的赏识，组织的决定，龚学平的职业生涯，从此与广播电视结下了不解之缘。

刚过而立之年的龚学平跨进广电行业，遇到的第一位伯乐就是建台元勋之一的周峰。

龚学平先到电台办公室工作，过了几个月，就接到通知，要他到电视台的教育台做筹备工作。因为龚学平曾经在干校劳动过，当时广电干校的校长是周峰。他对龚学平的劳动表现印象很好。粉碎"四人帮"之后，周峰担任了电视台副台长，分管新闻工作。于是他向上级提出请求，把龚学平调到新闻部。因为信任，他甚至提出，如果龚学平不到新闻部，他就宁可不当电视台副台长。

幸运的龚学平还没到教育台报到，就直奔电视台新闻部而来。

到了电视台新闻部，龚学平才知道周峰的良苦用心。

当时的新闻部，不像是新闻单位。仅从人员的构成而言，大部分都是转业军人，农场上调的上海知青，还有创台时从电台、电影厂和文艺单位调来的老同志，真正从事新闻工作的只有寥寥数人，像龚学平这样复旦名校新闻系本科毕业的真正懂得新闻规律的行家简直是凤毛麟角。

正因为如此，电视台新闻部在当时上海新闻界是没有地位的。龚学平好几回到市里采访会议新闻，往往会议结束了，有关领导会习惯性地说：请报社、电台的同志留一留。从来不叫电视台的同志留下来。龚学平当时颇感刺激，心里很失落。

新闻专业出身的龚学平心里很明白，上级单位和新闻单位还没有真正将电视台看做不可或缺的新闻单位，除了当时电视的影响力还不够大之外，更重要的原因是，就是当时电视台的同事们本身就没将新闻内容放在第一位，而是将电视画面放在了第一位，把电视当做电影来看待了。

当时的电视摄影手法被称为"组织拍摄"，也就是拍摄每一个镜头，都要进行组织安排，室内的陈设都要重新布置，出镜人物都要像演员一样，反复摆布排练，每拍一个镜头都要按艺术效果布主光、副光、侧光、顶光、装饰光等。

比如拍摄农村秋收场面时，往往要安排三批劳动力分别割稻、挑稻、脱粒，各就各位准备好，等摄影记者一声"开始"，大家一起动作起来。这样经过精心组织的镜头，看上去轰轰烈烈，实际上是表演的，并不真实。

有一年，全国电视界曾经开展过关于电视新闻真实性的大讨论，一种意见认为新闻摄影应当采用"挑、等、抢"的手法，禁止组织摆拍，但上海电视台的绝大多数的新闻记者还是坚持组织拍摄，坚持采用拍摄故事片的新闻运作模式。

这样的电视新闻时效性极差。拍一条新闻，首先要写分镜头脚本，先从形象的构图上精心构思。在题材的把关上，通常是摄影记者说了算。拍一条新闻，快则两三天，多则四五天，甚至更长时间。往往夏天播的新闻画面是冰天雪地，冬天却是鲜花怒放的景象，而且当时所谓的新闻大多是"莺歌燕舞"的大好形势，所以电视新闻成了老百姓最不爱收看的电视节目。如此不按新闻规律运作的新闻单位，何来竞争力和应有的地位？

机遇说来就来。到新闻部没多长时间，龚学平就担任了新闻部领导。他主持工作的"三把火"，第一把"火"就烧在了改变新闻观念上。他引导大家讨论电视新闻到底是姓"形"（形象）还是姓"新"（新闻）？他观点鲜明地提出：电视台首先是新闻单位，不是扩大的电影制片厂，不是电影院和剧场。电视新闻应该姓"新"，"形象"应该为新闻服务。如果所报道的事件没有新闻价值，形象再好也是没有用的。

当时正是贯彻落实党的十一届三中全会精神，拨乱反正，实事求是的思想大解放时期，龚学平的第一把火形成了大家的共识，于是，第二把"火"就烧在群策群力，在新闻内容上下功夫。

如何提高经济新闻的质量？如何减少会议新闻？如何开展正确的舆论监督，即扩大问题新闻的范畴？如何增加社会新闻的比重？一个个攻坚克难的新闻战役就此展开。龚学平带领大家沙场练兵，攻破了一个个新闻报道的禁区，也赢得了观众的一片叫好。

在社会新闻和批评性报道方面擅长抓拍和敢于碰硬的虎将朱黔生，就是在那个时候脱颖而出的。

1979年7月4日，上海电机厂发生火灾。记者朱黔生第一时间赶到火灾现场，拍下了火灾的实况。此前，电视新闻中从来没有类似的灾害性报道。当这条新闻送审的时候，遇到了极大的阻力。有关部门认为，上海电机厂是学大庆的先进企业，电视台报道它失火了，这不是给先进企业抹黑吗？所以坚决不同意播放。龚学平等就是不放弃努力，最后为这条新闻专门去请示时任市委副书记兼宣传部长陈沂。陈沂仔细看过新闻后，同意电视台的观点，认为先进单位不等于没有问题，有问题就应该报道，报道了改正错误仍然还是先进单位嘛。这才是实事求是。

结果这条《上海电机厂发生严重火灾事故》经过逐级审查拖了足足一个星期的旧闻，还是以电视新闻方式对外播出了。播出的反响可想而知。因为电视画面的视觉冲击力，实现了灾害性报道的历史性突破。

新闻播出后，不仅在国内产生了强烈反响，而且引起了境外新闻界的关注。一名英国路透社记者，特意从北京赶到上海，采写了一条《上

朱黔生拍摄社会新闻工作照

海电视台播出灾害性新闻》的专讯。《香港大公报》也刊登了这条消息。

这条新闻的意义在于既是开创了灾害性电视新闻的先河，也是开创了社会新闻的先河，更是开创了问题新闻或批评性报道如何把握报道分寸的先河。

尝到甜头的龚学平总结道：

> 我们的社会新闻报道与西方那一套是不同的。我们不是为暴露而报道，而是以事故来进行教育。通过火灾的报道对老百姓进行消防的教育；通过交通事故的报道，对老百姓进行安全的教育和遵守交通规则的教育。我们搞社会新闻的指导性是很清楚的，不是添乱，而是帮忙。所以，我们的社会新闻是强调积极意义的。正因为如此，当时公检法非常积极地支持我们搞社会新闻。公安局给我们警车警灯，在全国，我们是第一家。消防总队给我们的记者配战斗服，也就是消防服。新闻的时效是很重要的，有他们给我们提供一手的公安、消防信息，我们的新闻采访车比其他媒体去得早，一下子就把我们的社会影响提高了。

社会新闻和事故报道的禁区一打开，加上公检法的大力支持，领导又给朱黔生这支清一色部队转业回来的"皇家摄影队"（电视台将时政组记者戏称为"皇家摄影队"，当时的时政组报道范围很广，除了中央领导、外国元首来访，还负责公检法司、部队、社区、民政、社会新闻等条块），配备了刚从社会招聘的文字编辑（笔者有幸曾经也是"皇家摄影队"的一员编辑，与老记者朱黔生、灯光师周福康、司机孙宝成搭档，时政组另一路记者则是由采摄编全天候记者林罗华独立担纲）。"皇家摄影队"如虎添翼，成为上海滩最"牛"的电视别动队。在当时上海交通因为历史原因特别堵塞的情况下，这支特别能战斗的小分队，因为配备了专门采访用的警车、警灯，配备了车载电台和大哥大、传呼机，而且最早配备了最先进的电子摄像机，淘汰了操作繁琐影响拍摄效率的16毫米摄影机，所以可以在上海的大街小巷畅行无阻。以致采编电视新闻最多时，1天达到7条之多。每天18：30的《新闻报道》里，"本台记者朱黔生、林罗华、孙泽敏报道"的外事新闻、重要会议新闻、交通事故、火灾事故、严打犯罪等时政新闻，往往是视觉冲击力最强，也是观众最感兴趣的新闻。

有一回，时政组刚从嘉定采访完中德总理参加第一条桑塔纳轿车流水线奠基仪式，一听到上海南汇遭遇了龙卷风灾害，立刻闻风而动，在交通极其拥挤的状况下，驱车开启了警灯和警报器，主动承担了为市领导前往灾区救灾开道车的义务，及时赶到现场，并抓拍了灾情和救灾的场景，又及时赶回电视台，当晚播出了来自龙卷风现场的最新消息。

还有一回，国庆前夕，上海发生了一起某青工戕害一邻居老太和工厂车间领导的报复凶杀案，案发后凶手逃之夭夭，一时间上海滩人心惶惶。四天四夜以后的一个下午，刚刚采访回到台里的朱黔生和孙泽敏接到公安局打来的电话，案子已破，凶手刚从杭州押回上海。急促的警报声回荡在南京西路上空，采访车亮着警灯箭一般穿过人潮车流，向公安局驶去。当晚18：30，电视新闻中播出了凶手被擒并押回上海的消息。新闻最后特别强调了记者得知这条新闻线索的时间：17：00。一条电视快讯，安定了全市市民忐忑的心，也平息了社会上的种种传闻。人们赞扬公安机关的办案速度，也赞美电视新闻的神速。

天时、地利、人和缺一不可。龚学平在新闻部抓观念改变，抓新闻质量，正好赶上20世纪80年代初，电视台在上海市相关部门的高度重视下，先后于1980年和1983年两次向社会招聘了近50位优秀的记者、编辑、编导、主持人。这批新生力量绝大多数都是本科毕业的才俊，在数千应聘者中过五关斩六将脱颖而出。用老局长邹凡扬的话说，他们是新中国第三代电视人。如果说，前两代电视人，是电视台的开创者、奠基者，那么改革开放以来招聘进台和分配进台的大学生，他们是中国大陆电视事业承上启下、继往开来的传承者和革新者。

求贤若渴的龚学平和他的锐志改革的同事们如逢甘霖，立刻将分到新闻部的10多位才俊安排到采访第一线和编辑部门，基本做到了摄影记者和编辑1比1搭档。部分记者因为格外钻研，如沈渊培、林罗华、东升、葛乾巽、邬志豪、沈宏发等后来成为摄编合一的复合型记者。于是，新闻部的人才结构开始变得合理有序，逐渐形成了内容为王、编辑为主的采编格局，新闻的质量和信息量大大提升。

随着国门的打开，新闻部的编辑记者有机会看到国外电视新闻的采编手法，聪明好学的记者便尝试借鉴暗访、跟拍、抢拍等真实摄影的技巧，因其内容鲜活、画面生动而受到观众的赞扬。

1982年，记者俞永锦在拍摄新闻专题片时，最早尝试了暗访偷拍一群在电影院门口滋事生非的年轻人，那种玩世不恭的形态动作令人难忘，绝非组织摆拍所能表现。

1984年，记者林罗华采摄了一条《蟋蟀市场搞赌博今被取缔》的新闻片，采用近距离偷拍的手法，将聚赌者在浑然不知的情况下因赢钱输钱喜怒交加的真实表情，以及见到警察时惊慌逃窜的情景，全都拍了下来。

也是同年，记者汤炯铭摄制了一部新闻纪录片《龙华庙会》，采用现场即兴抢拍采访的方式，将烧香男女的虔诚神态，以及年轻女子回头见到主持人一时有些慌乱茫然的表情与应答，包括围观人群嬉笑打趣的镜头，极其生动地记录下来。

这些生动精彩的新闻内容和富有视觉冲击力的镜头语言，一扫以往组织拍摄矫柔做作的刻板新闻，成为新闻部业务培训的成功案例和新时期电视新闻的新样式，令观众一饱眼福，从而增加了电视新闻的吸引力。

1983年11月14日至12月9日，新闻部派出周济、洪浚浩、秦海等五人到马来西亚吉隆坡，参加由亚广联举办的亚太国际新闻交换培训班，重点学习电视新闻的内容把握、结构框架、画面取舍、逻辑章法，还专门了解了国际卫星交流技术及"无剪辑拍摄法"。

其实三个月前，即8月19日，新闻部已经成功尝试了无剪辑、不复制、一次性合成的现场报道方式，以最快的时效，播出了一条电视新闻片。

1981年，著名科学家彭加木在新疆罗布泊地区失踪，中共中央和政府派部队前往寻找。上海电视台派出摄制组，跟随部队拍摄新闻纪录片，冒着摄氏40度到60度的高温，录音员庄维崧采用原生态的现场录音手法，将部队首长的讲话，直升飞机的轰鸣声，汽车在戈壁滩行驶的马达声，警犬的吠叫声，队伍行走的脚步声，如实地记录了下来。回来后编辑时用实况录音的方式，取代过去用音乐配画外音的方式，使得新闻纪录片更具现场感和真实感，令观众如临其境，感同身受。

与此同时，电视台新闻部主动联络，组织建立了上海地区电视新闻通讯员供片合作网络和华东地区电视新闻协作网络，联合上海地区近百家拥有电视摄像机的单位和华东地区数十家城市电视台，开展业务交流和提供电视新闻片的业务合作，大大增加了上海电视台电视新闻的信息量和影响力。

抓规律，抓质量，急性子的龚学平风风火火，恨不得马上改变新闻部的面貌，可是他发现，电视台的管理机制完全是国有企业"大锅饭"的翻版。干多干少一个样，干好干坏一个样。新闻部的记者，有的人一个月就拍两三条新闻，有的人一个月完成了二十多条，可是每个月大家拿的报酬都是一样的。绝对平均主义的机制束缚了大家的积极性，领导者纵然有三头六臂，也难以搅动着一潭不死不活的温吞水。

不信邪的龚学平烧起了第三把"火"，他在老局长邹凡扬的大力支持下，争取到了每人每个月6元钱的奖金基数。于是他立刻在采访科开展了打分制的工作考核。

记者采编新闻的数量和播出质量，通过量化的打分考核，同奖金挂起钩来。

看起来平均每人只有6元钱，可是一旦打包按奖勤罚懒和奖优罚劣考核，差距就拉开了。大家的积极性也一下子调动起来。原先一年只有两百多条新闻片，搞了考核，一年居然多达三千多条新闻片。

30年过去了,龚学平每每回忆起这"三把火",尤其是这6元钱的小小考核,他依旧是激情满怀:

> 这6元钱,看起来不起眼,其实它烧掉的是干多干少干好干坏一个样的"大锅饭",它烧旺的是电视新闻工作者发展新闻生产力的积极性和推动力。

也许,文化产业的星星之火就是这样点燃的。新闻也是生产力。生产力决定生产关系。社会主义初级阶段的电视新闻生产力的发展,同样需要与之相适应、相匹配,并促进其发展的生产关系,也就是电视新闻的运作管理体系和激励机制。

从某种意义上说,充满活力的上海电视产业的发展,就是从这不起眼的"三把火"烧起的。

短短几年,上海电视台的新闻运作体系和新闻面貌发生了焕然一新的变化。

龚学平摸着石子过河,由采访科、编通科、专栏科等组成的部门管理体系建立起来了,以记者、编辑、责任编辑、科长、主任等组成的采编一条龙的新闻运作体系建立起来了,覆盖全市乃至华东地区的电视新闻协作网络也建立起来了。电视新闻旧貌换新颜,符合新闻规律的观众关注的重大新闻、热点新闻、社会新闻、新闻评论越来越多,观众对电视新闻的认知度也越来越高。

一个鲜明的标志就是,用龚学平的话说:"正是经过我们的努力和改变,市里再开会的时候,电视台的记者不到,会议就不开始,等我们的记者到了才开始。"

大刀阔斧的改革,带来了有目共睹的变化。龚学平的能力,被时任上海市广播电视局的局长邹凡扬和局领导班子看在眼里。动乱过后,百废待兴,最缺的就是有魄力有想法有能力的开拓性管理人才。从《上海广播电视志》关于干部任命的记载就可以看出,龚学平是1983年

龚学平采访美国前
总统福特

9月起，直接升任为上海市广播电视局副局长，兼任上海电视台党委书
记、台长、总编辑。

　　如此三级跳式的提拔，如果不是非常时期的非常提拔，如果不是上
级伯乐的慧眼识珠，如果不是龚学平本人的出类拔萃和优秀的业绩，断
然是不可能的。事实上，当时，在大胆提拔龚学平的过程中，还真有人
提出不同意见，上级领导经过认真考察、民意测验、反复调查，尤其是老
局长邹凡扬的极力推荐和鼎力扶持，最终还是将信任的权杖交到了龚
学平手里。跨过不惑之年的龚学平，殚精竭虑，不负众望，迎来了他人
生舞台上最富挑战性也是最具成就感的长袖善舞。

　　沙场练兵只是刚刚开始。新的宏图只是刚刚展开。

第二节　中国大陆第一条电视广告

《上海广播电视志》的大事记中，记录着这样一段文字：

　　　1978年8月18日，上海电视台成立临时领导班子，由邹凡扬、
　　奚里德、陈国儒、柳星三4人组成，邹凡扬为负责人。

现在的人看到这段文字，可能会觉得匪夷所思。上海电视台开播快20周年了，作为这样一个正规的主流媒体，怎么还是"临时领导班子"？还是"负责人"？

连个台长的称谓都没有？

1978年，在中华人民共和国的历史上，是一个特殊的年份。

刚刚结束的史无前例的十年浩劫，以长期盘踞上海兴风作浪作恶多端的"四人帮"的被彻底粉碎为标志而结束，而作为重灾区之重灾区的上海电视台，终于迎来了拨乱反正焕发新生的好时光。

十年"文革"中，老邹这位曾经钻进国民党统治区心脏的"孙悟空"，德高望重的地下党员和老新闻工作者，自然被戴上了一连串大帽子，遭受了迫害。粉碎"四人帮"以后，他理所当然成为第一批站出来主持工作的老干部。

百废待兴，积重难返。作为上海电视台临时领导班子的负责人，老邹和他的战友们能做哪些事呢？

就在宣布临时领导班子后的没几天。一件里程碑式的大事发生了。

1978年12月18日至22日，中国共产党第十一届中央委员会第三次全体会议在北京召开。忽如一夜春风来。党的十一届三中全会开启了改革开放的新纪元。中国共产党从此开始了建设中国特色社会主义的新探索。

一向习惯于理论学习和理论探索的邹凡扬敏锐地注意到十一届三中全会文件中特别强调的一个重要论断："一个党，一个国家，一个民族，如果一切从本本出发，思想僵化，迷信盛行，那它就不能前进，它的生机就停止了，就要亡党亡国。"

这段话振聋发聩，代表了

原上海广播电视局局长、曾任上海电视台负责人邹凡扬

中国共产党人在新的时代条件下的伟大觉醒。老邹和他的同事们学习着，消化着，每每感觉醍醐灌顶。这位性格温和却又信仰坚定的临时负责人，居然在一个月后，吃了豹子胆似地，一拍板，在当时积重难返的中国电视界闹出了石破天惊的动静。

1979年1月28日，这是一个春寒料峭的日子，却又是中国传统的喜庆节日农历大年初一。也许是历史的巧合，这一天，时任国家副总理邓小平开始对美国进行具有划时代意义的国事访问。

这天下午的17点5分，寻常百姓家都在忙忙碌碌地准备团圆饭，上海电视台的屏幕上，出现了一幅"上海电视台即日起受理广告业务"的灯片，随即播放了一条片长1分30秒的广告——参桂养荣酒。

如今的电视广告，可谓是铺天盖地，大致分硬广告、软广告、植入式广告等。硬广告，通常放在黄金时间播放，时长为30秒、15秒、5秒，制作精良，费用昂贵；软广告，通常放在非黄金时间播放，时长为30秒，或30秒以上，制作粗放，成本低廉；至于植入式广告，也称隐形广告，通常是隐含在视频节目中某些商业品牌或商业元素，往往会收到意想不到的广告奇效。

"参桂养荣酒"显然是一条类似软广告的电视广告，其创意和制作不可能十分精美，制作成本也十分低廉，1分30秒的长度显然也是当时拍脑袋想出来的，如今很少见如此长度的电视广告，其播出时间虽然是春节喜庆时分，但下午5点5分，也只能是准黄金的播出时间。

可是这条广告居然是中国大陆电视史上第一条电视广告，是冒着巨大的政治风险摄制和播出的，而且这条广告的播放居然引发了一场轩然大波。这条广告的播放成为中国电视界、广告界思想解放的一个标志性事件，也是中国传媒史、电视史、广告史上一个冲浪破冰，潜意识尝试产业化之路的成功案例，被写进了史志和教科书。

《上海广播电视志》的大事记是这样记录的：

1979年1月28日，上海电视台播出中国电视史上第一条电视广告:"参桂养荣酒",片长 1 分 30 秒。

上海电视台的"大事记"则是这样记录的:

> 1979 年 1 月 28 日上海电视台播出国内第一条电视广告"参桂补酒"。

令人遗憾的是,这条在中国电视史、广告史上具有里程碑意义的电视广告,没有以完整的视频形态保存下来,上海音像资料馆的片库里,也没有这条电视广告的存档节目。人们只能从当事人的回忆和仅有的图片中一窥这款养生酒的芳容和故事了。

笔者遍查上海滩与参桂酒相关的资料,没有"参桂补酒"的商标名称,倒是上海的百年老店蔡同德有一款"参桂养荣酒"的养生酒。显然,有关当事人将"参桂养荣酒"口语化了。幸亏某位有心人根据回忆,用画图的方式,描绘了这条广告的大致内容:广告讲述了儿女买酒孝敬老人的故事,充满了生活气息。

中国大陆电视史上第一条电视广告播出的商品:"参桂养荣酒"

这条"参桂养荣酒"的广告，是由上海美术公司（后改为上海广告装潢公司）委托，交由上海电视台摄影记者吴国泰摄制的。据原上海电视台广告科负责人汪志诚回忆，先后在荧屏播出了6次；而据原上海电视台资深广告人蔡文奎回忆，前后播出了8次。

中国大陆播出的第一条电视广告，比美国整整晚了40年。西方社会在开办电视台的同时，几乎同步开始了电视广告的商业运作。1939年4月30日，美国国家广播公司首次用电视转播纽约世界博览会开幕的盛况，本身就是一个广告。

提起"参桂养荣酒"广告的风波，汪志诚回忆道：

中国大陆电视史上第一条电视广告的手绘稿

原来，广告公司一位负责人与他联系，有个熟人想通过电视台推销"参桂养荣酒"，而同现在电视台的运营模式不同，20世纪70年代末的电视台，每一分钱都靠政府拨给。这样一个高投入的行业，常常面临资金紧缺、节目内容贫乏的困境。《地道战》《地雷战》《南征北战》，三部电影每半个月就放一次，其余时间是转播球赛，也不管精彩不精彩。后来观众来信说，你们电视台干脆关门算了，看得人眼睛起老茧了。穷则思变，就有些人建议播放电视广告：这样既能增加收入，把荧屏节目办得更好，符合为人民服务的宗旨，同时还改变了捧着金饭碗讨饭吃的尴尬局面。于是，电视台于

1月25日向上级部门申请播出广告，没想到报告第二天就批了下来。既然商家有宣传的需求，那么说干就干。

但真的干起来，事情就没这么简单了。2008年，汪志诚在接受东方卫视《深度105》节目采访时回忆道："这种酒等于我们现在喝青岛啤酒这样的瓶，大概每瓶十五六块钱，现在看起来十五六钱根本不算一回事了，但是在当时，一个大学本科生毕业，在上海电视台工作的话，一个月也只有60块钱。当天准备放的时候，旁边有个同志，电视台副台长，他跟我讲，你们这样搞是要犯大错误的。"

老局长邹凡扬同样接受了《深度105》节目的采访，他回忆道："广告发到播出部门就卡住了，说他们不能放，汪志诚没办法，来找我。但是当时有规定的，就是电视台的负责人签字才可以播出，签了字串连单可以播出，这样我在串联单上签了字。"

"参桂养荣酒"的广告播出后，在国内外产生了强烈反响。美联社等国际上有影响的通讯社纷纷发布消息，引起海内外传媒界和企业界高度关注。经济相对发达的沿海地区，如广东、江苏、浙江等省市电视台，也相继开办电视广告业务。很快，电视广告业务遍及全国各地电视台。

尽管在同一天，上海的《解放日报》也冒天之大不韪，刊登了另外一则商品广告，但看到电视台播放的广告，当时《解放日报》的总编辑还讲，今天应该为上海电视台发一枚金牌，因为突破了我们新中国的电视从来不播广告的这个不成文的禁令。

而直接产生市场效应的是，全上海销售"参桂养荣酒"的药店，"参桂养荣酒"全部卖光，一时脱销。

半个多世纪过去了。如今再次回顾当年的破冰举动，其实还是有点"摸着石子过河"的感觉。

毋庸置疑，1978年发生在中国的那场"真理标准"大讨论，以及年底党的十一届三中全会，给了邹凡扬以及他的同事们思想解放破冰冲浪的智慧和胆略。事实上，在播出中国大陆第一条电视广告的前几天，即1979年1月25日，作为上海电视台负责人的邹凡扬起草了一份试办广告业务的报告，请示中共上海市广播事业局委员会和中共上海市委宣传部，当即得到领导的批准与支持。同日，在邹凡扬亲自主持下，由编辑汪志诚起草了《上海电视台广告业务试行办法》和《上海电视台国内外广告收费试行标准》，并且成立了上海电视台广告业务科，委托上海美术公司代理市内广告业务，委托上海广告公司代理国外广告业务，上海电视台广告业务科也可以直接受理广告业务。汪志诚由此担任广告科负责人。

恰巧遇上了"参桂养荣酒"这块石头，于是老邹和汪志诚等一帮急于改变依靠国家财政拨款办事，走发挥自身优势、自我发展道路的改革勇士，冒着随时落水的危险，摸起了"参桂养荣酒"这第一块石头。

回看最早的电视广告收费标准：国内广告每次播出费："30秒，100元；60秒，160元"；制作费："彩色幻灯片每张10—20元，彩色影片每分钟（40英尺）500元"。国外和港澳地区广告，每次播出费："30秒，1 700元；60秒，2 000元。每分钟制片费5 000元。"

也就是说，当时"参桂养荣酒"广告片的制作费如果不打折的话是750元，如果播出8次按每1分30秒收240元的话，便是240元 × 8＝1 920元，连拍带播仅要2 670元。

50多年过去了。我们不妨参照2013年上海广播电视台若干频道的最高广告刊例价，作一下比较：

东方卫视平时30秒广告每次最高播出价为196 000元（约19：30—21：55）（周一至周五）；季播大型活动（中）（周日）为400 000元（约21：10—22：45）；即便是17：00左右，也要80 000元。

若以最高400 000元作比较，则增长了4 000倍。若以80 000元作比较，则增长了800倍，也是吓人的涨幅，远超物价的涨幅。当然这样的比较未必合理，因为频道不一样，时间时段不一样，广告的品质不一样（最初不分硬广告和软广告，后来的软广告价格比硬广告低得多，按时长和制作品质而言，"参桂养荣酒"显然是软广告）。如此参照，只是想说明，电视广告的发展是迅速而细化的。

不要小看第一条电视广告的菲薄收入。小小的杠杆翘起了未来电视产业的巨大轮辐。

有研究者撰文："从上海电视台1979年1月播出中国电视史上第一条广告开始，中国电视业开始了产业化的进程。"

不管它的起步是如何微不足道，而且又是那样的一波三折，它毕竟打开了潘多拉的魔盒，恰如中国改革开放的总设计师邓小平在同一天走出国门，打开对外开放的大门。浩浩汤汤的一江春水，任是谁也阻挡不了的了。

第三节　"狼来了"——有人说：播放雷达表广告是"卖国"

"参桂养荣酒"一炮打响，然而，"树欲静而风不止"，又一场轩然大波搅动着拨乱反正的传媒界。自然，风是一群锐意改革只争朝夕的电视人吹起的，却又被社会上另一群势力戴上了一顶顶大帽子。

《上海广播电视志》只记录了这样一件史实，却没有记录这场争论：

> 1979年3月15日18时51分，上海电视台播放了中国内地第一条外商电视广告。这条瑞士雷达表电视广告长达60秒，共播出11次。由上海广告公司（外贸）和香港《文汇报》代理。

还是汪志诚，几十年后在接受《深度105》节目采访时，这位皱纹已经爬上额头的老人眼镜片后的眼睛依旧瞪得大大的："不得了，轩然大波，汪志诚在那里出卖主权，居然用英文来讲。"邹凡扬回忆道："（有人讲）这个都牵涉到卖国了，你怎么能用外国的广告呢？"

幸运的是，这条广告片保存下来了。

仅仅几个镜头，拍摄手法极其简洁——一位风流倜傥的西方绅士，打着黑色的领结，像是在约会爱慕的女友，手腕上戴着一块雷达表。金发女郎含情脉脉。雷达表特写，银灰色四方表盘，黑色指针。雷达表礼盒。

当时电视台正在实况转播美国波士顿交响乐团访华的首场演出，幕间休息时候插播了雷达表的广告，当天播了两次。不仅是外商广告，而且用了英文原版配音。

春江水暖鸭先知。上海的媒体抱团取暖，在冲破广告禁区的行动中形成合力，一起冲浪。第一条电视广告"参桂养荣酒"是《解放日报》和上海电视台同一天发布的。第一条外商广告雷达表是《文汇报》和上海电视台同一天发布的。

一帮吃了"豹子胆"的媒体人和广告人纷纷在媒体上造势。

曾经担任上海广告公司的总设计师、总策划、高级撰稿人和创作总监的丁允朋在1979年1月14日的《文汇报》上发表了一篇《为广告正

报纸刊登的雷达表广告

名》的文章，引起了传媒界、广告界和企业界的高度关注。文中写道：

> 电视转播文艺演出或体育比赛时，往往有"场内休息"，电视观众也不得不跟着休息。我想，这是对荧光屏幕的很大浪费。据我了解，在国外，晚上七至九时是电视收视率最高的"黄金时间"，在此间插映广告，效果大，价格高，一分钟映费数万到数十万美元不等，真叫"寸金难买寸光阴"。

《人民日报》在3月12日刊登了《上海恢复商品广告业务》的新闻，新闻评论道：

> 古代酒铺的"太白遗风"的招牌和《水浒传》里景阳岗的"三碗不过岗"的招旗也被"上海广告部门的同志"引来作为"广告的积极作用"的历史佐证。

1979年7月18日，《人民日报》的报纸头版，干脆刊登了十川写的《一条广告的启示》。文章中讲到了一些例子，最后总结到：

> 我们国家这么大，各项建设事业的需要，包括人民生活的需要，五花八门，如果单是依靠行政手段去安排组织，不免挂一漏万；利用市场经济，作一些补充调剂，只会有好处。大有好处的事，何乐而不为呢？

在这里，中央级的党报《人民日报》也提到了广告与"市场经济"关系。

中国大陆的传媒恢复广告宣传的信息一传开，最兴奋的莫过于国外的广告商和看重中国市场的著名企业。说来奇妙。第一个在中国大陆电视上做广告的外国著名品牌雷达表投播广告时，在上海乃至中国大陆市场，居然连一块雷达表也没有进货，而且没有一家店面销售雷达表。可是中国的老百姓却对这则广告感到非常新奇。广告播出的第二天，上海的手表商店里挤满了前来打听"什么是永不磨损型手表"的顾客，光是黄浦区就有700多人跑到表店要买雷达表。

"雷达表——永不磨损"，从第一条在中国大陆电视台播放的外国电视广告开始，品牌的魅力就扎根在中国观众的脑海中。

1917年，雷达表诞生于瑞士。当时主要生产手表机芯。1957年，第一批以"瑞士雷达表"命名的手表问世。1962年，瑞士雷达表生产出了世界上第一批不易磨损手表——椭圆形的"钻星"手表，在其他手表仍然采用传统的金、银、钢、铜材料进行生产时，雷达就开始采用钨钛合金、高科技陶瓷、蓝宝石水晶以及最新研制的高科技钻石等坚硬物料。

对瑞士雷达表而言，设计是一种内在美的反映。瑞士雷达表从不把自己仅仅看作一个手表生产厂家，而是一个具有非凡设计理念的手表品牌。瑞士雷达表的设计个性鲜明，线条流畅，具有强烈的现代感和创新意识。每一只瑞士雷达表的设计力求超越时空的界限，创造出完美的款式，兼具独特的外在美与佩带时的舒适感。

瑞士雷达表成功的另一个重要因素就是有效的市场推广。从国际互联网到传统的广告方式，从赞助活动到表柜陈列，瑞士雷达表在全球都有一个统一的形象。瑞士雷达表的客户服务也是极为重要的一环。瑞士雷达表总是先在一个地方建立客户服务中心，然后才开始进行销售。最新的数据系统、良好的基础设施、训练有素的工作人员都是瑞士雷达表品牌成功的保障。

时任瑞士雷达表中国区副总裁郑世爵回忆道：

> 当时中国还没有完全开放，但是我们意识到了中国市场的广阔，有很大的潜力可以挖掘。雷达表公司应用了营销理论上的"第一品牌"理论，就是争做市场第一人，这样在没有竞争者的情

况下，可以用较少的资源和时间建立很高的品牌知名度。

　　当时，中国市场上没有进口表，我们做了宣传后，把品牌打出来了，就造成了一种需求。消费者知道雷达表很好，就想去买，但当时他们买不到，越得不到的东西可能越宝贵。中国刚改革开放的时候，有一些华侨回国，他们带回的礼物中可能就有雷达表。为保障这些表的正常使用，我们就先设了维修点。实际上，雷达表是1982年才正式进入中国的。

整整"忽悠"了4年之后，雷达表才真正进入中国市场。这一年，瑞士名表中，雷达表在中国钟表市场的销量排名第二。

汪志诚在他的回忆中讲起这样一个有趣的插曲：

　　雷达表广告播了以后，大概连续有5年，上海缺货，没有一家店有卖雷达表的。到了1999年，我见到了第一个买雷达表的人，这人一下子买了三块。他是个个体户，开饭店的，很有钱。我问他为什么要买三块呢？他说因为这种表很贵，可以提高自己的身份。我又问他，你怎么会对这块表印象如此之深呢？他讲，我就是看了电视台1979年放的广告才买的。我大吃一惊。我们的广告居然让这位观众记了这么长时间。几年来，他跑遍了很多钟表店，都没有买到，最后才在上海南京路上的亨得利钟表店找到这款表。

　　即便在现在，雷达表的饥饿营销策略依旧是众多商家效仿的高招。苹果、微软、特斯拉等著名外商在中国推广新产品，都是运用的饥饿营销策略。

　　再也没有人给广告扣上"资本主义"的帽子了，也没有人会说播放国外的电视广告是"卖国"了。

　　青山遮不住，毕竟东流去。

虽然"狼来了"，我们的一些民族品牌经不住市场的竞争，有的被"狼"吃掉了，也有的品牌自己消亡了；可毕竟还有不少企业顽强地抗争，在竞争中转型创新，重新焕发了活力，更有很多创新的企业，在与"狼"共舞的竞争中昂然崛起，甚至到国际市场上长袖善舞。

第四节　全国首创电视新闻直播一条龙

《上海广播电视志》的"大事记"中记载了这样一件大事：

> 1984年2月1日，上海电视台建成新闻播出中心，实现了采、录、播、摄一条龙。

短短一句话，外行人似乎并不理解这件事的具体内涵，以及这件事在全国电视界的影响。

这是将电视新闻播出环节由录播变为直播的一件大事。这是中国电视新闻同国际接轨提升新闻播出时效和科学管理的一大跳跃。这又是上海电视台新闻改革率先走在全国前列的一个范例。

中国的电视新闻直播经历过两个阶段。第一个阶段是初创时期，当时上海电视台刚成立时第一条新闻《1958年上海市人民庆祝国庆大会》，是在演播室直接由导演在放像机上放出的。那时是因为设备太缺，新闻太少。后来没多久，电视新闻都是按部就班地拍好编好串联好审查好，交到播出机房在规定时间播放的。这样比较安全，不易出差错。但是时效慢，程序多，效率低。新闻都是隔夜黄花，新闻不新也。

那个时候，电视台的领导和记者们已经有了到国外考察交流的机会，他们发现，发达国家的电视新闻早就推行了"采、摄、编、播一条龙"的新闻直播的生产流程。发达国家电视台的新闻部门，通常都是单独设立可供电视新闻直播的演播室。所有的电视新闻，都是通过新闻播出中心的导控室和演播室直接对外直播，不仅实现了新闻的正点直播与连续播出，而且可以做到随时插播最新的电视新闻，以及连线直播来自第一现场的实况新闻和访谈新闻。而当时中国大陆的所有电视台新闻播出还停留在落后繁琐、效率低下的将串连好的新闻节目磁带交到总控机房播出的新闻工坊状态，与发达国家的差距显而易见。

不是中国大陆的电视台不想这样操作，而是具有极大的政治风险和事故频发风险，设备投入的代价也大，运作团队的整体协调难度也大。直播过程中，从演播室的主持人、摄像师到导控室的导演、放像员、字幕员、技术员等，都处于全神贯注的工作状态和一丝不苟的严谨流程。所有人必须听从值班导演的指令，而值班导演又必须思路清晰，反应敏捷，处变不惊。导演发错一个指令，主持人说错一句话，字幕员打错一个字，放片员放错一条片，技术员切错一路信号，都会造成播出事故，造成不可弥补的影响。所以中央电视台在上海电视台成功实施新闻直播很多年之后才开始推行新闻直播，其原因不言而喻。

急性子的龚学平下决心同国际接轨，雷厉风行地吃起了第一只螃蟹。

正好复旦大学刚刚分进来四位新闻系的高材生：张明，高德龙，戴立明，冯瑜，分在编通科，跟着老科长毛宙年学编辑。

汤渭达（右三）在新闻导控室

领导们讨论新闻直播的人选时，一致决定，就让复旦毕业的高材生担任新闻直播的导演，坐在新闻导控室切割台的关键位置，玩一把心跳的感觉。

新闻部支部书记汤渭达领着他们一次次地开会研讨动员，一次次地播前模拟实战演练，一次次地调整分工，调整编排，调整串连细节。

就连老记者、老编辑都没有经历过这样的场面。

几十条新闻片，一段段串连词，还有一条条口播新闻和图片新闻，在半个小时的时间内，而且是在没有提示器的情况下，以直播状态行云流水般呈现在观众面前，画面与画面，语句与语句，字幕与字幕，新闻与新闻之间，完全是无缝衔接，完全是实战考试。

高德龙，至今对30年前的那一幕，那些人记忆犹新：晨光、刘威、王君燕、吴晓杰、胡文金、丁子（丁建萍）、裘久松、刘崇兰……"为了播出效果更好，当时决定新闻直播间，也就是新闻演播室采用冷光源"，高德龙如数家珍般讲述着当时的种种细节，"我们还特意去复旦大学电光源实验室，请教著名电光源专家蔡祖泉。"

那时，根本没有提词器。新闻主播的出镜串联词全靠主播背功好，实在较长的串联词，便有人在纸片上写好串联词，放在主播对面的架子上。

高德龙（挂牌者）至今活跃在新闻直播第一线

招聘进来的新闻播音员李培红、邱国方，那时还上不了主播的位置，只能眼巴巴地跟在主播后面观察学习、偷偷地操练。半年以后，开始上岗，开始了新闻直播的生涯。

笔者曾经长期担任上海电视台新闻编辑部主任。从新闻采访部到新闻编辑部，从新闻导控室到新闻演播室，其实就是采、摄、编、播一条龙的新闻直播流水线。作为传媒机构的电视台，电视新闻以及对于新闻的某种理解与导向，就是通过直播，这一紧张而有序的终端环节对外播出的。即便笔者离开电视新闻编辑部已经多年，30年前上海电视台新闻直播间开播时的紧张忙碌、工种对接、应急调整、争吵纠结、熬夜加班的一幕幕，依旧历历在目。

1984年我刚刚考进电视台当记者，领导却派我先到上海人民广播电台，每天选看编辑通过传真机传来的新华社消息（那时电视台连传真机都没有），编成几条口播短消息，确保晚上18：30电视新闻直播前，通过电话传送到电视台编通科，由科长毛宙年亲自记录并送到新闻直播间。

香港回归时几十小时的滚动直播，几十小时未曾合眼。

虹桥机场的飞机失事，半夜接到信息，通宵与市政府、局领导、现场记者保持联络，及时直播。

小平同志逝世，凌晨得到消息，开车去接上海电视台党委书记金闽珠，赶往电台，参加紧急会议，立即部署《上海早晨》新闻直播，以最快时效告知全球。

在新闻主播位置上坚持了数十年直播，始终精神饱满，始终不出差错，乃至近千字的重要新闻，在直播过程中递到她手中，可以做到不吃一个螺丝一字不漏地播报的金话筒首席主播印海蓉，那一次次处变不惊天衣无缝的精彩情节令人难忘。

上海电视台电视新闻首席主播印海蓉

　　欧阳夏丹从中国传媒大学毕业后，先在上海电视台《上海早晨》跟着李培红直播早新闻，再到晚上18：30分担任《新闻报道》主播，又被中央电视台选取，担任《新闻联播》当红主播，其亲和自信、行云流水般的主播风格，也是在上海电视台的新闻直播中练就的。

　　这就是电视直播的优越和魅力。而中国电视新闻一条龙的运作流程与国际接轨，就是从上海电视台开始的。

第五节　《新闻透视》透视新闻

　　朱镕基在上海担任市长、市委书记的时候，曾经说过：《新闻透视》节目，我每期必看。1989年8月，他在参加《新闻透视》的一档特别节目《同舟共济——"公交变奏曲"颁奖晚会》接受采访时说道："《新闻透视》办得很好。希望能多反映

朱镕基接受《新闻透视》记者采访

上海人民的生活疾苦，帮助我们政府有关部门更好地解决这些问题，多反映市民的意见。"这段话距离他担任国家总理后1998年前往中央电视台视察《焦点访谈》时勉励《焦点访谈》的16字赠语"舆论监督，群众喉舌，政府镜鉴，改革尖兵"有将近10年光景。

　　《新闻透视》是中国大陆历史最悠久、生命力最强的电视新闻评论类节目，也是上海广播电视系统唯一一档"中国新闻名专栏"（中宣部），如今已经走过了整整30多个年头。

　　1987年7月5日，也就是中国大陆的电视新闻快要跨入而立之年的时候，中国大陆第一个社会多视角的杂志型电视新闻评论类栏目《新闻透视》同观众见面了。这一见证并记录中国改革开放岁月及新闻改革轨迹的《新闻透视》节目，开播第一期就独占上海电视台节目收

视率鳌头，以后年年名列上海电视台收视率前茅。这一纪录，连开播历史比它长的电视新闻也只能望其项背。

有一个数据，值得研究文化产业和电视广告的学者和电视人关注，在上海广播电视台2013年的电视广告招商的价目表上，晚上19：00左右，《新闻透视》节目播出前的30秒广告播出1次的刊例价为25.8万元。按理说，这可是中央电视台《新闻联播》和上海东方卫视同步联机《新闻联播》开播的时段，在北方乃至全国绝大多数地区，这一时段绝对是冲击收视率的黄金时段。这一刊例价是上海地区所有常规电视节目最高的广告价格。前几年，即便在新媒体咄咄逼人的挑战下，《新闻透视》的广告刊例价依然保持着每年涨价的趋势。

因为这个时段，《新闻透视》曾经独占上海的收视份额38%以上，

因为《新闻透视》的领头效应，上海的新闻综合频道在上海地区的观众忠诚度、收视率、市场占有率独占鳌头，曾经成为全国年度广告创收超过10亿元的唯一的地面频道，连续数年稳居全国省级电视台地面频道综合实力第一名的宝座。

即便在新媒体猛烈冲击传统电视的时下，新闻还是内容为王。这一铁打的定律过去、现在、将来都不会改变。上海电视台一群忠诚于新闻理想的实干家，在为新闻的客观、真实、公平、正义的价值殚精竭虑的时候，也为电视的产业化和电视新闻的商业价值提升，作出了巨大贡献。新闻本无金，金在新闻外。

| 2010 | 2011 | 2012／1—8 |

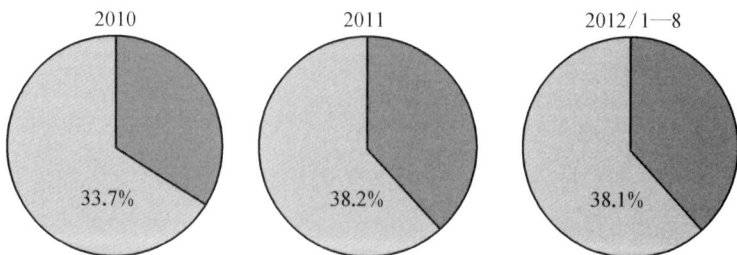

2010—2012年《新闻透视》在上海地区收视率（数据来源：CSM/4+/上海／2012.01.01—2012.08.31）

穆端正，也是个子不高，爱吃红烧肉。1987年，刚从北京广播学院深造回来不久，时任上海电视台主管新闻业务的副主任，也是龚学平麾下一位锐意新闻改革的虎将。整天将精力放在上海电视新闻的改版和玩点新名堂上。因为严苛和较真，连那些平素够认真够敬业的骨干，也是见他怵上三分。就是这样一位敦实小伙，1987年3月，领着一群新闻中心的骨干，风尘仆仆地前往中央电视台取经，了解到央视新闻也在改革探索，加强电视新闻深度报道和评论类节目。

踌躇满志的穆端正他早就不满足于1分钟左右的新闻片的播报方式，他知道美国哥伦比亚广播公司有个杂志型电视栏目《60分钟》，声名赫赫。

发达国家和地区的电视同行，凭借高科技的优势和雄厚的人力物力，早已由新闻的滚动式快速简要播出，发展到对新闻事件背景剖析及未来预测。他们不仅将触角伸到了本国本地区的热点新闻和社会问题，而且不惜代价，想方设法捕捉全球的热点新闻。这种立体式大容量的电视新闻深度报道，其影响之大，令其他大众传播媒介望尘莫及。上至总统，下至平民，无不是这类节目的忠实观众。《60分钟》就是这类节目的翘楚。因为它的独到评论和深度思辨，甚至影响了美国的国策。

穆端正想，为什么我们中国不能办一档这样的节目？谁说"电视新闻只是以声画见长，不适合深度报道"？改革开放解放了人的思想，为什么我们就不能抓住人们关心的新闻热点和社会问题，挖掘其来龙去脉，破解其疑难杂症？

此前，他在狠抓电视新闻改版的时候，上海电视台初步形成了"本台评论""短评""编后小议""记者述评""现场评论""编前话""周末论坛""今晚谈"等不同层次的日播类及图像类电视新闻评论的基本体系。其中《周末论坛：大家一起来清扫文字垃圾》获得了上海电视台参加全国好新闻评比的唯一的一等奖。可是不安分的他依然觉得不过瘾。他开始琢磨办一档中国特色的《60分钟》节目。如同上海电视台的新闻改革冲破了一个个禁区，创造一个个全国第一一样，他开始向新闻改革的深度掘进。

最初，他构想的栏目名称叫《新闻杂志》——一本可以在荧屏上阅读的杂志。

他的创意得到了时任上海市广播电视局副局长兼上海电视台台长龚学平的批准。不过龚学平说："栏目名字不响亮，就叫《新闻透视》吧。在新字上找选题，在透字上下工夫。"

从此，《新闻透视》走进了中国电视的历史。

其实，中央电视台在《新闻透视》开播前曾经试播过一档深度报道的评论性节目，只播出了一期。可见，当时，尝试电视新闻深度报道的难度。

第一个吃螃蟹的人永远值得尊敬。

创办新栏目是一件攻坚克难的事。谁能担当这一重任？

穆端正升帐点将，一时无人敢于领命。他找到了同龄人，也是当过知青的通联科副科长孙泽敏。这位老三届去过北大荒种过地，扛过枪，进过厂，考过学，后来考进电视台当过时政记者的电视新闻责任编辑，曾经全力配合穆端正参与了新闻改版的探索与实验。

听完穆端正的想法，孙泽敏问："怎么做？与电视新闻的区别何在？"穆端正答得爽："一句话：新闻背后的故事。"孙泽敏二话不说，领命而去。

一个月以后，一个以《新四军军歌》的旋律作为片头曲的全新电视栏目《新闻透视》，悄然问世，一下子吸引了上海观众的眼球。帮助完成片头制作的是名记者邬志豪和技术部的伙伴们。

不可思议的一个月。

一炮打响。

总策划：穆端正（已故）。

主编：孙泽敏，颜迪明（已故）。

主持人：李培红，孙伟。

编导：吴忠伟，王晓平，刘君萍，恽友江，不久陆续加盟的有王一敏（已故）、张黎华、沈渊培、钟雅妹等。遇到特别节目或特别任务时，专栏科另一个栏目记者毛联明、金璞以及采访科的记者都会参与协同作战。

《新闻透视》首播时的主持人李培红

这就是《新闻透视》的创始人班底。

就这七八个人，头脑风暴，常常吵得一塌糊涂后，各自分头忙碌。从来没有搞过深度报道，也从来没有看过《60分钟》。没有经验，反而没有框框。摸着石子过河，反而涉险抵岸。

一份凝聚了集体智慧的策划书交到了台长手中，也成为一群怀揣新闻理想的第三代电视人开山筑路的草图——

《新闻透视》专栏策划报告

为了促进电视新闻报道向纵深发展，扩大观众的社会视野，上海电视台拟创办杂志性节目。初步构想如下：

节目名称：《新闻透视》。

播出时间：每周一期，每期30分钟。定于星期天晚上8点半至9点播出。创刊日为7月5日。

宗旨：宣传四项基本原则，坚持改革、开放、搞活的总方针、总政策，按照新闻性、社会性、知识性、服务性的要求，对新闻事件和报道的内容追踪、深化、解释、评述，传播与新闻内容有关的方针、政策及最新知识。直接反映观众的意见、呼声、要求。帮助观众排忧解难。及时剖析人们普遍关注的社会变化和社会现象。努力把节目办成沟通党、政府和群众之间的桥梁，积极引导社会舆论，争取成为国内外同行和观众瞩目的上海电视台名牌栏目之一。

　　风格：以真实准确、客观公正为基础，大开大阖，节奏明快。宏观和微观结合，深度和广度相融。既要有高屋建瓴的壮阔气势，又要有出神入化的细微之功。形式上以大版块内设栏目，每期四到五块，常出常新。播音员主持串联。

　　力求现场感、对象感、参与感，充分发挥电视优势，实现语言、画面、音响三者的综合效果，在编排上力求新颖、活泼、多样，给人耳目一新之感。

　　……

　　办好这一专栏，必须依靠新闻部各科和社会力量的大力支持，并有一批思想敏锐、文笔丰健的作者及时提供信息，作我们的智囊和撰稿者。竭诚欢迎关心和支持《新闻透视》节目的同志给与我们真诚的帮助。

上海电视台新闻部

1987年6月

三分之一世纪过去了。如今重放当年第一期的《新闻透视》，除了画面的清晰度和特效处理不如现在，其题材的选择和内容的采编，依然有一种震撼的冲击力。

30分钟的节目播出了6个版块，7条片，还有一组新闻集锦。

一架直升机在空中逡巡。机声轰鸣中，主持人手持话筒，站在打开舱门的机舱里解说（劲风拂起她的鬓发，镜头从舱内摇到舱外，俯摄黄浦江下游，进而推向临江泵站）："观众朋友，我们现在是在上海的上空。7月1日，一项造福上海人民的伟大工程——黄浦江上游引水一期工程胜利竣工。现在，从临江泵站引来的清水，已经在我们脚下源源不断涌向水厂，涌向上海的千家万户。"

片名叠出：长龙引水，造福人民——来自黄浦江上游引水一期工程的报告。

　　这是《新闻透视》中的第一个版块——《纵与横》。在策划书中对这一版块的定位是：此是重点版块，即在重大新闻报道的基础上进一步延伸、评述，强调新闻背景的介绍和新闻内涵的拓展；对人民生活密切相关的新闻热点进行追踪、解读，以解答观众对这类新闻"为什么"和"怎么样"的疑问。类似报纸的"新闻综述""新闻述评"或"长篇通讯"。

　　《纵与横》首次亮相就抓住了市民们翘盼已久的重大新闻——黄浦江上游引水一期工程胜利竣工通水。片子从通水切入，运用大量资料，并采用水上、空中、陆地多机位多视角拍摄手法，高屋建瓴地介绍了黄浦江水质恶化，影响市民身体健康，市政府下决心兴建引水工程的新闻背景，详细展示了这一工程的巨大规模和施工进展情况，并具体叙述了工程给人民生活带来的福音。其资料之丰富，信息之密集，气势之恢弘，容量之厚重，令人大开眼界。记者仅仅从这十分钟的片子中撷取了两分钟的内容，编成新闻播出，就在全国电视新闻评比中，荣获了优秀电视新闻特等奖。

　　当分片头《长焦距》随音乐飘过，一行片名叠在鲜红的党旗上，党的四大会址在哪里？

笔者与名记者邬志豪、名主播印海蓉在重点工程现场采访

主持人首先在演播室向观众介绍了一段中国共产党的历史，继而抛一个悬念给观众：在我党历史上，党的一大、二大、四大都是在上海举行的。如今，一大、二大会址都已保护起来，可是党的四大会址在哪里呢？

于是，主持人从寻访者的角度，牵着观众的注意力，先去寻访党史研究者，请他介绍当时党的四大召开的背景，然后由他带路，走过一段铁路，来到虹口区横浜桥地区一处新村楼房前，告诉观众，这里就是党的四大召开地点。谜底揭开了，主持人不无遗憾地发出几声感慨，提出了如何保护革命遗址的问题。

若干年后，就在记者当年采访位置的附近，建起了党的四大会址纪念馆。遗址虽未复原，但至少《新闻透视》的呼吁引起了政府部门的重视。

按照策划书构想，《长焦距》类似报纸上的新闻特写，其定位为：着重表现社会生活中新鲜事，有趣事，以小见大，力求一滴水见大海。在拍摄手法上，拟多采用近景、特写和长镜头，解说上注重细节描写。

片头跳出《当代人》。一辆采访车奔驰在乡间公路上。路旁树木郁郁葱葱，显示出勃勃生机。特技叠出资料镜头——一位男子正在训练警犬，吠声不断。

主持人李培红在采访车内一段简练的开场白："观众朋友，我们现在是在通往上海县杜行乡的路上。您听说过全国第一个民间驯养警犬的专业户王家梁吗？这位左手残疾的青年农民，1983年从一条德国牧羊犬起家，办起了'佳良警犬驯育所'。几年过去了，王家梁的事业究竟怎样了？"

作为《新闻透视》人物专访版块，其规定的内涵是：不同于新闻报道中劳动模范、先进人物等一类人物报道，而是以民间知名度较高、观众很想了解的新闻人物（包括来访的国外知名人士）为主要采访对象。突出新闻性和时代感，以特写式的专访和富有视觉冲击力的画面，使人物具有立体感。

　　《驯犬人的追求》一片成功地体现了这一内涵。记者采用纪实性采访的方式,从王家梁肢残后自强不息创业的经历、王家梁驯犬事业步步发展的过程、王家梁的家庭生活、王家梁的情趣爱好以及王家梁对人生价值的独特见解,多侧面地向观众展现了一位有血有肉的生活强者。30年后,上海广播电视台名牌栏目《纪录片编辑室》又一次寻访王家梁,再次调用了30年前的专访,用近50分钟的篇幅,报道了"不老的犬王"王家梁30年来打造犬业驯养产业链的心路历程,《新闻透视》的透视,再次呈现这一名牌栏目的生命力。

　　一段串联词过后,一架摄像机旋出一道简洁的圆圈,《社会广角》片头推出。

　　一条冒雨在银行门前排队的蜿蜒长龙,同时叠出长龙一般的片名:《市民们为何踊跃争购住房有奖储蓄券? ——社会心态一瞥》。

　　这是一条完完全全的"热炒",《新闻透视》第一期原本没有这样的选题的。记者在开播这天早晨上班路上看到这一奇观,到了办公室一说,几个人一侃,觉得有戏,当即扛起摄像机来到排队长龙前即兴采访。记者以娓娓交谈的方式,录下了一位位市民争购储蓄券的真实动机。他们中,有的已找到对象,但结婚无房;有的虽已结婚,但三口之家挤在小阁楼里;有的子女已大,为儿女谋房;还有的指盼单位分房无望。最有趣的是一位从宝山来的农村青年,家庭住房十分宽裕,但他对上万元的奖金产生了兴趣。

　　真是意外的收获。记者立刻赶回台里,果断调整选题,将这盆"热炒"烹调出来。末尾,以"编后絮语"的方式,由主持人出场,发表了一番不作结论的议论。

　　这条片子妙就妙在通过排队者的自然流露,折射出相当一部分市民的消费观念、伦理观念等社会心态,以及住房紧张这一敏感的社会问题。记者论则论矣,却又引而不发。吸引市民参与议论。在某种意义上,仁者见仁智者见智的议论远比节目本身作出主观评价的效果好得多。

这是《新闻透视》专栏在反映民众观念、剖析社会心态、对社会热点进行思辨性探讨，并吸引市民参与讨论等方面所作的第一次大胆尝试，不意恰恰吻合编导策划时对《社会广角》所拟的定位：以值得注意的社会现象为主要内容的社会面面观，通过记者的深入调查和大量可靠的事实，引起观众思考和联想。

接下来的是《观众中来》版块：一张信封翩然飞过荧屏，信封中映出记者接电话，接待观众来访，记者采访市民。

一条反映化妆品质量问题；一条反映兰溪路道路堵塞；一条曝光工厂公物被盗的原因。

《观众中来》本是上海电视台的名牌栏目，因其直接反映观众的呼声和建议，为民排忧解难，深得市民喜爱。《新闻透视》决定将它收为其中的一个重要版块，继续保持它的关注民生、舆论监督的功能，但在报道深度和报道方式上再作革新，强调点面结合，使之更接地气，更具亲和力。

著名作家俞天白在一篇阐述《新闻透视》成功原因的论文中谈到："人需要认识自身：处在改革开放年代的人，尤其急于认识自身以及自身所处的生存环境及其走向，以便更好把握自己的命运，体现自身价值。生活在上海这样一个国际化大都市中的人，自然以直观性、广泛性最突出的电视传播系统，作为这种认识社会、把握自身的最直接渠道之一。这就是《新闻透视》这个专栏节目诞生在上海并受到热烈欢迎的原因。"

当一场大雾导致了陆家嘴轮渡车压人、人踏人的多米诺骨牌式的悲剧时，《新闻透视》的记者当即兵分四路赶到事故现场、轮渡公司、医院、浦东等处采访，迅捷播出了惨死16人的事故真相，医院奋力抢救伤员的场面，市领导慰问伤员并采取紧急措施的信息，个别轮渡职工见死不救的行径，以及追询事故教训等大容量的特别节目，引起了轰动效应。市人大和市政协为此召开专门会议，对有关部门进行质询。更促使政府和社会各界下决心尽快改善黄浦江上交通。

　　当一个输光钱的赌徒在光天化日之下抢劫银行，并残忍地开枪打死一位优秀营业员之后，《新闻透视》又闻讯而动，同宁波电视台取得联系，请他们提供宁波公安干警如何在邮局门口一举擒获凶犯于双戈的实况。随后，记者从凶犯被押回上海倒叙，叙述了于双戈的作案动机，作案过程和被害营业员的凄惨遭遇。同时，记者有感而发：为什么于双戈会轻而易举地偷出枪支弹药？为什么案情是在上海发生而捕获凶犯的庆功会却在宁波召开？为什么凶犯作案的消息是通过最原始的传播方式不胫而走？为什么凶犯的女友要庇护凶犯？如果再发生类似凶案，人们该如何应对等一系列令人反思的问题。这一特别报道同样成为第二天街谈巷议的热门话题。

　　当《新闻透视》报道了一位青年女工遭到公交司机殴打的观众投诉，引起了时任上海市市长朱镕基的高度关注。根据朱镕基的批示，《新闻透视》针对当时上海"乘车难"和"行路难"的社会矛盾，开展了一场历时半年，长达17集的《上海公交变奏曲》系列报道。

　　电视系列片多侧面地反映了造成"乘车难"和"行路难"的种种原因，广泛发动社会参与，为1989年市政府的第一件实事——整治公交，献计献策，并开展了声势浩大的评选热心乘客和公交服务明星的活动。最后以一台《同车共济》综艺晚会的形式，将《上海公交变奏曲》的主旋律"社会理解、关心、支持、爱护公交和公交热情为乘客服务"推向了高潮。朱镕基为此在晚会上发表了热情洋溢的即兴讲话，深深感动了

中国大陆第一个新闻杂志型电视栏目《新闻透视》开播12周年文艺晚会

上海市民，《新闻透视》的美誉度也因此进一步深入人心。

尽管受到中央电视台创办的《焦点访谈》的挑战和影响，《新闻透视》与时俱进，将周播节目改为日播节目，但《新闻透视》的宗旨始终没有改变，其长盛不衰的势头始终如日中天，而且其捕捉和深化新闻热点的时效更快了，一群思维敏捷的记者型主持人高韵斐、姜迅、吴琳、周峻、吴忠伟等脱颖而出，一系列振聋发聩的报道，如《6千万元巨额亏损为何无人知晓?》《六十万大下岗》《不法经营者何以如此嚣张?》《黄碟交易亲历记》《绿化带中的"非法别墅"》《河豚鱼、娃娃鱼缘何成了盘中餐》，等等，不仅吸引广大观众的眼球，更引起政府和社会各界的高度重视和深思。

《新闻透视》改版为每天一集的时候，曾经试图将栏目名称改为《追踪报道及新闻综述》，当《每周广播电视报》发布消息后，引起观众朋友的强烈反对，于是，仍然沿用《新闻透视》的名称。事实证明，文化产业的繁荣昌盛，打造和保护知名品牌，同样重要。可惜的是，上海电视台曾经创办了很多全国第一的品牌栏目《国际瞭望》《大世界》《大舞台》《体育大看台》《智力大冲浪》《60秒智力竞赛》等，都因为后来人事变化或缺乏创新而终止。

《新闻透视》作为全国第一个深度报道的评论类节目，以及《观众中来》作为全国第一个民生类节目，能够坚持至今，收视率始终保持在上海地区前三甲之内，并以片前片后广告创收独占鳌头，成为上海地区文化产业创造两个效益双丰收的示范案例，委实不易。其中的故事和经验，值得总结与借鉴的。

后来，东方电视台推出了《东视广角》，东方卫视推出《深度105》，上海电视台又推出了《新闻观察》《1/7》《纪录片编辑室》《真实第25小时》等电视深度报道节目，其中《1/7》和《纪录片编辑室》以60分钟或接近60分钟的大容量和大深度，弥补了上海广播电视台《新闻透视》时长5分钟容量不足的缺憾，完善了电视新闻深度报道的立体架构，标志着电视新闻深度报道的成熟体系。

要点回顾

▲ 急性子的龚学平走马上任，恨不得马上改变新闻部的面貌，可是他发现，电视台的管理机制完全是国有企业"大锅饭"的翻版。干多干少一个样，干好干坏一个样。绝对平均主义的机制束缚了大家的积极性，领导者纵然有三头六臂，也难以搅动着一潭不死不活的温吞水。

▲ 不信邪的龚学平烧起了改革"三把火"——改变观念冲禁区，新闻内容大改观，奖勤罚懒抓考核。他在老局长邹凡扬的大力支持下，争取到了每人每个月6元钱的奖金基数。他在采访科开展了打分制的工作考核。记者的采编新闻的数量和播出质量，通过量化的打分考核，同奖金挂起钩来。看起来平均每人只有6元钱，可是一旦打包按奖勤罚懒和奖优罚劣考核，差距就拉开了。大家的积极性也一下子调动起来。原先一年只有两百多条新闻片，搞了考核，一年居然多达三千多条新闻片。

30多年过去了，龚学平每每回忆起这"三把火"，尤其是这6元钱的小小考核，他依旧是激情满怀。这6元钱，看起来不起眼，其实它烧掉的是干多干少干好干坏一个样的"大锅饭"，它烧旺的是电视新闻工作者发展新闻生产力的积极性和推动力。

▲ 第一条电视社会新闻，第一条电视广告，第一条外商广告，第一个电视新闻一条龙直播，第一个社会多视角的杂志型电视新闻深度报道栏目《新闻透视》……从某种意义上说，充满活力的上海电视产业的发展，就是从这不起眼的"三把火"和一系列振聋发聩的全国第一烧起的。新闻和广告也是生产力。生产力决定生产关系。社会主义初级阶段的电视新闻和广告生产力的发展，同样需要与之相适应、相匹配，并促进其发展的生产关系，也就是电视新闻和广告的创新管理体系和激励机制。

第三章

内容为王：最早的"上海制造"电视节目

第一节 最早的《国际瞭望》《体育大看台》
《60秒智力竞赛》

长风破浪会有时,直挂云帆济沧海。

20世纪80年代,上海电视台的改革与创新走在了全国前列,摸着石子过河"上海制造"的电视节目,以其耳目一新的节目内涵和表现形态,令中央电视台和各地同行刮目相看,央视领导和各地电视台领导纷纷带队前来上海取经交流,一时间,"上海制造"的电视节目,如同曾经辉煌一时的"上海制造"的轻工产品,美誉度空前。

知名学者、原上海视觉艺术学院文产学院俞璟璐教授30年前在她的博士论文中解读了这一现象:

> 上海电视台和广东电视台在全国异军突起不是偶然的。改革开放、发展经济、实现四个现代化的国策变化(为其)提供了发展机遇。
>
> 一方面,电视成了中国现代化的一个标志,是对人民的物质需求和精神需求作出最强烈反映的一个大众传媒。人们不再满足教条式的说教,也不能满足于宣传式的媒体,对大众传媒提出了新的要求,要求更及时,更富有信息性,更多样化的娱乐,使之丰富人们的文化生活,提供教育的便利。而电视台作为科技支撑运营的大众传媒,需要大量的资金投入。国家当时没有充裕的财力,是等拨粮还是自己走出一条路? 于是,国家则允许在新形势下尝试以更灵活的手段发展电视。所以,从运营,到电视节目的制作等各方面都出现了创新突破和商业运营的雏形,慢慢成熟为有规模的模式,

节目内容的开放性也随之加强。

　　另一方面，现代化的需求呼唤专业人士来掌控新媒体的发展，电视本身的视听特点有可能在娱乐性方面远远超越报纸与电台。谁能意识到所有这些可能和机遇，谁有胆量在政策许可范围内走出自己的发展之路，谁就能引领当时的大众传媒的变革。加上由于电视发展和电视管理体制方面的特殊性，中央电视台虽然具有垄断性的地位并对地方台具有指导性和巨大的影响力，但毕竟不是地方电视台的直接领导，地方电视台的专业管辖是国家广电部，直接领导是所在地区的宣传部和广电局（厅），于是一些有创新精神和综合实力的地方电视台便争取到了一些自主的权限和能力，可以创制一些观众喜闻乐见的节目，放在本地最热门的频道播放，不再专门提供给中央电视台。时任上海电视台台长的龚学平作为党政体制里的人，他坚持了以正面宣传为主，有着对党、国家、人民热爱的责任心，但他又是一位新闻专业人士，具有不同的视野、胆量和对媒体的理解，对改革开放政策理解很深刻，对新闻媒体的影响力，大众传播的社会功能理解完全不同于一般党政领导，所以敢于冲破体制的约束，带领大家研制出一系列全国首创的电视节目，创造了"上海制造"的电视传奇。比如《大世界》《大舞台》等娱乐节目让人眼前焕然一新，摈弃了教条式的说说唱唱，再比如上海台与附近省市台的合作，联合播出自制的春节晚会等，地方台地区性（区域性）合作也加强了。凡此种种说明，在这个发展阶段，谁能制作出更多更受欢迎的节目，谁就能有发言权和影响力。上海台成了地方台中的佼佼者。

1983年10月15日晚上，上海的电视屏幕上播出了中国大陆第一个专门介绍海外各国时事政治、科学文化、风土人情的专栏节目——《国际瞭望》。犹如一个洞开的窗户，使得从未跨出国门的人们看到了一个五彩缤纷的大千世界。

随着大气悠扬的音乐响起,一个地球仪在屏幕上缓缓地转起来,背衬着地球仪,一位眉清目秀,斯文儒雅,声音带着磁性的英俊青年,出现在观众面前,他就是20世纪80年代初红遍上海滩的"全国十佳节目主持人"和著名配音演员晨光。

那个年代,国门虽然刚刚打开,可是人们跨出国门还是受到很多限制,人们了解世界的通道也是十分有限的,人们获取外界的认识,无外乎几张报纸,偶尔通过电视台里国家领导人外访获取一些海外世界的片段印象。很多人,甚至还停留在"世界上三分之二的人民还生活在水深火热之中"的定势印象中。

很少有人知道晨光的真名叫贺海林,他原本只是一位上海人民广播电台从北京招来的播报电台新闻的阳光男孩。来到上海后他给自己起了一个充满阳光气息的名字。因为他的形象阳光而可爱,领导将他调到了上海电视台播报新闻。因为他主持了给人眼睛一亮的《国际瞭望》,默默无闻的他和低调亮相的《国际瞭望》一举成名,成为上海市民评选的"上海市十大精神产品之首"的名牌栏目。

《国际瞭望》编导劳有林(左三)和主持人晨光(左四)

更是很少有人知道创办这档名牌栏目的编导劳有林，是一位思维敏捷才华横溢的杂文家。后来成为上海电视台香港记者站办事处主任和华人文化港澳事务研究员的他，曾经为《国际瞭望》的家喻户晓而呕心沥血。

《国际瞭望》内容涉猎全球政治、军事、经济、科技、文化、教育、体育、自然等方方面面。它以充满动感的视觉语言和娓娓道来的评述口吻，向观众特别是青少年介绍变幻莫测的国际风云，国际舞台上政治人物的百态表演，大小战争的来龙去脉，科技成果的神奇展现，以及让人不寒而栗的天灾人祸等。

仅仅整理一下《国际瞭望》的相关资料，劳有林就编著了好几本书——《国际瞭望：第二次世界大战以来大记事》《国际瞭望：当代世界重大新闻1945—1990》等。

如此百科全书式的节目，当然受到广大观众的欢迎，很多家长限制孩子看电视节目，唯独不限制孩子们看电视新闻和《国际瞭望》。

上海广播电视台台庆55周年的时候，将晨光请到了台里。当年的青年才俊，一度被无数少女在电视台门口围堵，那时还没有所谓"粉丝"的说法，可崇拜追捧晨光的女孩和大妈，绝对不会比如今的某些歌星和影星少到哪里去。

一位已经成人的当年《国际瞭望》的忠实小观众这样回忆："正是从这个节目中，可能刚刚才会写自己名字，刚刚才会算加减法的我，知道了这世界上有核武器，有航空母舰，有南极科考队，世界上还有哥伦比亚，有巴拿马，有非洲的大草原……从我八九岁一直到十一二岁这段时间里，我对于外部世界的了解，主要就是来自于《国际瞭望》。那时，每周六晚上的约莫八点左右，是我无论如何都要霸占电视机的时间。每到这个时候，没人和我抢电视看，没人问我作业是不是做完了，没人管我白天时候到底是采了隔壁人家的花儿还是欺负了对门的小弟弟……其实，那时频道也少，除了上海电视台的八频道、廿频道，还有就是中央台的五频道了，大人们也总是会和我一起看，其实他们也喜欢看。他们对于外面世界的憧然和好奇与我这个小孩子也是一样的。也正是受《国际瞭望》的影响,我特别喜欢着幻想自己到世界各地领略不同的文化、习俗、风情,去认识各种各样的人,没事情的时候就喜欢扒拉着地图册看,以至于从小学五年级一直到初高中的时候,我的地理课目的成绩一直都是全班最好的。对于从这个节目中看到的这些信息,也经常会在老师同学面前作为谈资小小的自我炫耀一下,当时的那种感觉真的仿佛自己知识十分渊博。"

20个世纪80年代,上海电视台有三个以"大"命名的节目在全国电视界独领风骚——《大世界》《大舞台》《体育大看台》。前两个是综艺节目,后一个是杂志型体育栏目。

说起来,作为全国第一个体育杂志型栏目,其创办的时间比《大世界》《大舞台》还早。《体育大看台》创办于1982年4月17日,每周日播出一期,每期1小时。设有《体育简讯》——报道一周来国内外重大体育活动;《体育见闻》——介绍体坛人物和群众体育活动;《国际体育》——播送国际精彩比赛录像剪辑;以及《体育知识》等。

以往,国内球迷和广大观众很少看到国际高水平的体育比赛,当《体育大看台》一推出,给观众以强烈的新鲜感,社会反响热烈。

为了及时报道上海足球队参加全国足球甲级联赛的实况,曾经担任上海体育部主任的沈永毅用散文化的文学语言,描述了《体育大看台》编导马不停蹄报道上海足球队参加全国足球甲级联赛的实况:

> 1982年9月初,我们《体育大看台》专栏的三位编辑和一位技术员,带着一套JVC、一台2860录像机、三脚架、13英寸的监视器和几十盘磁带,兴高采烈地登上了北去的列车,第一次出远门到北国的延吉市,跟随上海足球队录制全国足球甲级联赛第二阶段八场比赛的实况。
>
> 上海足球队在1981年的全国联赛中名落孙山,降为乙级队。怎样重新焕发众多球迷对上海足球的信心呢?《体育大看台》理

所当然要把握住观众这一心理，满足球迷要求。

比赛是在上午11点结束的。下午1点，从延吉到沈阳的蒸汽火车启动了，它带着我们的编辑和录像带，喘着粗气，穿行在峡谷之间。此时的南方还是一片葱茏，这里已是满坡枫红。我们的编辑和身穿朝鲜服装的老乡挤在一起，没法吃饭，没床睡觉，甚至也别想打盹。好不容易熬过了18个钟头，火车总算准时，于第二天清晨7点到达沈阳。编辑大步流星奔到售票处排队买好10点返回延边的车票，然后乘电车到沈阳民航局货运处办理特快托运磁带手续。匆匆忙忙道声"谢谢"便赶紧奔回到火车站，赶回延吉赛区。傍晚时分，沈阳飞往上海的班机在虹桥机场降落，体育组留在上海的编辑早就守候在机舱门口了。他在机场工作人员的协助下，很快拿到了录像带，旋即登上汽车回到电视台。

当上海的广大球迷在电视屏幕前欣赏足球的时候，我们那位长途"跑片"的编辑正饥肠辘辘地端坐在开往赛区的列车上。在半个月的时间里，我们的编辑就是这样坚持长途"跑片"，先后向上海递送8场比赛的录像，每次来回40多个小时，需要付出多大的的代价！

令人欣慰的是上海队的健儿们卧薪尝胆，终于摆脱了降级带来的阴影，在联赛中取得了第四名的好成绩。一年后的第五届全运会，上海足球队不负众望，居然登上了冠军的宝座。

从1982年4月18日《体育大看台》问世，到1983年9月报道全国运动会；从长途"跑片"到向全国传送全运会的喜讯，《体育大看台》始终和观众的脉搏一起跳动，她在观众们的关心下成长。

1984年，上海电视台作了一次为期两个月的体育节目收视情况调查，被调查的1 981人中，每次都看《体育大看台》的占11%，经常收看的占43%。《体育大看台》还被评为上海市最受欢迎的"十大精神产品"之一。

上海电视台原副台长潘永明回忆道：

1980年前后，国内的重大政治变革推动了电视新闻的发展，电视的影响力与日俱增。解放思想、改革开放的春风极大地焕发了电视人的创作热情，特别是龚学平同志任台长后，各部门创新节目层出不穷。1984年，上海电视台的《大世界》《大舞台》《大看台》（即《体育大看台》）《国际瞭望》《观众中来》，被市民评为最受欢迎的栏目，其中后三个栏目都出自新闻专栏科。这个科当时才13个人。《大看台》成为电视直播节目的一支生力军。上海首次直播国际马拉松比赛和中日首次卫星直播上海的早晨等节目，都由《大看台》栏目组的同志们圆满完成。我作为这三个栏目的负责人，领悟到声画并茂的电视节目如能满足广大观众的内容需求，反馈给电视人的将是满足和激励。至此，我们也初步摸索到了电视不同于电影和广播的艺术形态。

当时体育节目和《体育大看台》最早的播音员是陈天明，一位口齿伶俐反应敏捷的年轻播音员。因为他看上去精明强干，一档考验所有节目参与者智商和情商的创新节目——《60秒智力竞赛》，选择了他担任节目主持人；也因为他在主持《60秒智力竞赛》中的超常发挥，使得人们对电视节目播音员和电视节目主持人刮目相看。

此前，业界和电视观众习惯上将在电视中播报内容或者报幕串联节目的电视人，称为播音员。上海电视台1958年创办时至20个世纪70年代初，只有一名播音员，也称广播员或报幕员。在第一任播音员沈艾调离后，接替她的是男播音员赵文龙。当时对播音员的基本要求是政治可靠、形象端庄、声音纯正、普通话标准，播报新闻或者串联节目时只要一字不漏地照本宣读即可，几乎用不着临场发挥。电视主持人的崭露头角，首先萌动于智力竞赛类节目、体育赛事直播类节目和电视综艺类节目。

20世纪80年代初期，当电视新闻改革和电视综艺类节目风生水起的时候，上海电视台的少儿类节目也相当活跃。1981年创办的一档《智力游戏竞赛》，现场请来小观众参与，通过现场提问和回答，黑板上勾画解题，实物演示解题等方式，充分体现声画并茂和双向互动的活跃气氛。这一创新的节目形态，需要一位亲和力强的核心人物现场主持、掌控、引导和随机应变。客串这档节目的是上海木偶剧团演员陈燕华。擅长为拟人化动物和儿童配音的陈燕华，曾经在少儿节目中为小朋友讲故事，在这档《智力游戏竞赛》节目中，显示了她甜美亲和和善于应变的主持能力，深受小朋友和家长喜爱。后来她调入上海电视台担任少儿节目主持人，"燕子姐姐"美名飞入千家万户。

既然《智力游戏竞赛》受到小朋友和观众喜爱，何不开办一档成人版的智力竞赛节目？涌动着创新热浪的上海电视台于1984年7月，推出了又一档全国首创并引起克隆效应的"上海制造"节目《60秒智力竞赛》。

如今，智力游戏类的节目在电视台已经铺天盖地，可有的节目还是缺乏创意和流于低俗，而30年前的这档《60秒智力竞赛》，至今还有人记忆犹新，因为不管是舞美设计，还是节目内容与形式的设计，尤其是主持人的出色表现，堪称经典。

现如今，从国外引进的某些大型选秀类综艺节目中，几位导师的电动转椅博足了观众的眼球。殊不知，30年前，由著名舞美设计大师丁力平设计的《60秒智力竞赛》的舞台场景中，就独具匠心地设计了电动转椅。主持人提问时，坐在转椅上的竞赛者会随着时间的推移自动上升，陡然增加了比赛的紧张气氛。

陈天明的出色表现就在于，由于竞赛时出现的情况千变万化，串连词不可能事先写好，他就事先从参赛人报名单上仔细了解每个人的学识基础和兴趣爱好，自己即兴打好现场串联的腹稿。比赛一开始60秒时间，转瞬而过。一位参赛者必须在60秒内回答10道赛题，赛题集思想性、知识性、趣味性于一炉。赛题又必须具备这样的标准：看看不难,答答不易,想想挺难,做做方便。陈天明主持节目时落落大方,完全把自己置身于观众之中,而一问一答的话题又切合参赛者本人情况,所以往往很快就减轻或打消了参赛者初上荧屏的紧张心情,主持人和参赛者的现场发挥都达到了超常的效果。

从1984年7月25日至9月19日,《60秒智力竞赛》共举行15场比赛,赛题达1 000个。播出后观众纷纷来信来电称道这个节目别开生面,饶有趣味。上海的报刊纷纷报道,有的甚至为此辟专栏。同年10月,《上海电视》月刊编辑部又将《60秒智力竞赛》内容汇编成册,一下子销售了15万册。

《新民晚报》的老报人姚荣铨在一篇追忆著名漫画家华君武的文章中,说起一段老画家与《60秒智力竞赛》的风趣故事:

> 1984年10月,他看了上海电视台《60秒智力竞赛》,觉得很有趣,尤其是主持人陈天明叫上台测验时神态已非常紧张的同志"不要紧张",使他更为好笑。于是在张乐平家即兴画了一幅初稿,回京后修改成《一秒钟智力测验》,画中一只大黑猫对一只浑身发抖的小老鼠说:"不要紧张!"漫画寄来附上一函给我和克仁,并嘱给老束看看可用否。他说如可用,要我们打个电话给陈天明和电视台,请他们不要误会,绝无恶意。如陈天明不自动对号,我另画一幅,送他留念,还要题些好笑的感想,如果他不想要就算了。题什么呢?"建议今后被测验者,上台先服安定两片安神"。

第二节 最早的综艺类节目《大世界》《大舞台》

当《中国好声音》《我是歌手》《中国梦之声》《中国达人秀》《快乐大本营》《我要上春晚》《星光大道》《梦想星搭档》《幻乐之城》等电视综艺节目如火如荼风靡中国的当下,有谁还会记得中国大陆综艺节目的创始者?

《大世界》在录制中

1984年4月14日，上海电视台的荧屏上推出了中国大陆第一档综艺节目《大世界》。差不多与此同时，另一档吸引观众的综艺类节目《大舞台》也创办亮相。

大世界是上海滩一个著名的游乐景点，始建于1917年，一度被旧上海的帮会头目黄金荣霸占。最初设有许多小型戏台，轮番表演各种戏曲、曲艺、歌舞和游艺杂耍等，中间有露天的空中环游飞船，还设有电影院、商场、小吃摊和中西餐馆等，游客在游乐场可玩上一整天。解放后，大世界改造成为寻常百姓的游乐中心，以游艺、杂耍和南北戏曲、曲艺为特色，一直以其平民化的风格和雅俗共赏的娱乐节目受到众多上海市民和外来游客的欢迎。

大舞台是中国最著名的百年剧院，是海派京剧的发源地。1906年（清光绪三十二年），当时任上海英租界巡捕房包探头目的童子卿，将开办群仙茶园营业了十年多等积攒起来的钱，以协兴公司的名义向哈同洋行租地建造新式剧场。1909年12月30日（宣统元年11月18日）落成开业。取名文明大舞台，新中国成立后改名为人民大舞台，不过，无论从前还是现在，人们还是惯称为大舞台。

人民大舞台成功上演了无数名家的戏曲、歌剧等各类大型演出和综艺晚会，是享誉国内外的一流剧院，老一辈国家领导人和国际知名人

时任上海电视台副台长郑礼滨

士曾亲临观赏指导，给予了高度评价。

20个世纪80年代，国门打开，国内改革方兴未艾。时任上海电视台的文艺部主任，后又担任上海电视台副台长、总编辑兼一台台长的郑礼滨先生在谈及创办综艺节目的初衷时说道："当时上海电视台正在起步，在技术条件允许的情况下，我想文艺节目应该与时俱进，发展得更快一些，更好一些，要栏目化、定时化。作为一个电视工作者来说，心里也有许多萌动，觉得应该把好看的东西，把国外国内最优秀的东西，展示给大家。"在这样的背景下，综艺节目《大世界》《大舞台》应运而生，开创了中国电视综艺栏目的先河。

其实，改革开放后最早的电视春晚节目也是始于上海电视台。最早的综艺栏目《大世界》《大舞台》源于拼盘类春晚节目的启迪。

郑礼滨回忆道，那时候，我的想法是要把电视文艺这块做得更好一些。当时的电视文艺节目主要靠两根拐杖撑场面：一个是播放电影，每天晚上放一部电影；另一个就是实况转播剧场的舞台演出，比如京剧、越剧、沪剧、话剧，等等。我们要甩掉这两根拐杖，走自己的路，最好的办法就是自己制作节目。中央电视台那个时候也是起步不久，我们几乎没有可借鉴的东西，所以我们当时的指导思想就是要敢为人先，人家没有走过的路，我们要勇敢地去试一试。

郑礼滨发动编导们群策群力，于是搞《文化生活》的编导刘文国提出给观众介绍电影特效的幕后故事，负责戏曲节目的编导周宝馨尝试了京剧脸谱介绍。想到后来，大家想到了一块，就是能不能把一个个分散的节目集中在一档节目里，尝试做一档电视春节晚会。

说干就干。1978年年底，正是中国的改革开放大幕刚刚拉开，一档集歌舞、杂技、曲艺、说唱等文艺形式的大拼盘电视春晚节目，就这样以录播的方式与观众见面了。播出前，电视台特意在报纸上作了宣传，预告在大年三十的晚上，有一档精彩的电视春节晚会。尽管用现在的眼光看，这档最早的电视春晚节目比较粗糙，但还是受到广大观众的热烈欢迎。在当时文艺生活还是相当乏味的岁月里，如此喜庆丰富的电视全席类文艺节目，让观众朋友们眼睛一亮，不啻为辞旧迎新的一道精神佳肴。

由此一发不可收，既然大拼盘电视文艺节目受到观众青睐，何不从歌舞说唱类和戏曲表演类切入，创办两档定时化（每周一期）、定性化、规范化的综艺类栏目，使得电视文艺类节目，来一个质的飞跃。

应运而生的《大世界》《大舞台》的起名显然启发于上海大世界和大舞台的名气和功能。《大世界》就是明星与百姓互动的歌舞类节目；《大舞台》则是集京、昆、越、沪、淮等于一体的戏曲曲艺大展演。两者堪称"上海荧屏姐妹花"。

1984年4月14日，第一期《大世界》"青春晚会"正式亮相。节目有上海乐团陈小群、方佳璐的女生二重唱，广州歌手吕念祖的独唱，上海沪剧团倪幸佳、浙江小百花越剧团的沪、越剧清唱，上海滑稽剧团俞荣康、沈荣海的独角戏，上海时装表演队的时装表演，上海师范学院的韵律操，还有即兴小品比赛和文艺猜谜游戏，等等。其中时装表演当时是很少看到的。上海的第一支时装表演队是上海服装公司成立的。漂亮的面容、亮丽的服装、时尚的走台，一下子吸引了观众的眼球。整台节目更在气氛、节奏、编排上取胜，充满20世纪80年代改革开放的

中国大陆最早的综艺节目《大世界》

时代气息。这一创新节目不仅在上海家喻户晓，上海市文联特别授予"优秀电视节目奖"，而且又传送到中央电视台及全国许多省市电视台播放，《大世界》就这样闻名遐迩，成为上海电视台的金字招牌。那个时候的《大世界》，几乎将现在综艺节目的样式都尝试过了。《大世界》每周六晚上黄金时间播出一个小时，节目虽然以音乐舞蹈为主，但也兼有小品、相声、魔术等观众喜闻乐见的文艺形式，着眼于"新、奇、乐"，发挥中西融合的海派风格，灵活多样，有晚会型、风光型、歌舞型、杂志型、竞赛性，还常常配合重大庆典和重大新闻事件，寓教于乐，与民同乐，其快节奏、大容量、重审美、讲趣味的节目形态，自然会产生磁铁般的收视效应。

由于当时的技术手段并不先进，连大型综艺类节目必须用到的摇臂都没有。编导们为追求完美，追求视觉动感和舞台效果，就想方设法使用土法。据《大世界》第一任导演王琮琪回忆：我们创造了像跷跷板一样的跳板，那是出现在陈小琼和方嘉禄的女生二重唱时。摄像就坐在跷跷板的这头，她们女演员就在跷跷板的那头，然后我们就推这个东西，下面放一个转盘，就这样推着拍。虽然是土法，但舞台镜头效果很好。

在郑礼滨和《大世界》节目主创者王琮琪、毛勤芳的回忆文章中，都不约而同地提到一期节目：

郑礼滨的回忆：

> 1897年秋，《大世界》有一档节目叫"走进十月的阳光"，那是国庆节的节目。现在回想起来，那一档节目是对我压力最大的节目。这个节目现在拿出来看，仍然是很出色的。它是一个立体化的节目。不仅内容丰富多彩，而且演出阵容庞大，既有上海本地的演员，也有全国各地的。节目都是经过精挑细选，可以算得上是精华中的精华。我们当时想借助直升飞机来增加节目的新奇性，设想让直升飞机在上海展览馆前面降落下来，然后几位主持人从直

升飞机上走下来开始主持。但是我们把这个方案往上报了以后，领导没有立即同意，因为上海的高空有不少障碍物，领导担心如果直升飞机进上海市区，发生了事故就不好交代了。当时我也很紧张，好几个晚上都睡不着觉。因为这个点子是我出的，我觉得有轰动效应，但就是怕没有人支持。后来，局领导同意了我的方案，条件是有问题要自己负责。我经过考证，发现历史上是没有直升飞机飞经上海市区，但这并不表示直升飞机不能飞进市区。虽然这事前无古人，但要是我们去做了，很可能就会成功。拍摄的当天，我在现场指挥，看着飞机稳稳降落，主持人刘维从飞机里缓缓走出来，几十秒之后，飞机再安全升上去，心头一块大石头落了下来，节目总算成功了。

王琮琪的回忆：

为了录制"走进十月的阳光"这台国庆晚会，刘文国、毛勤芳、朱贤亮、迟晶和我等五六个人天天晚上聚在一起"侃大山"，天南地北，海阔天空，一杯咖啡几片西瓜。于是，想出了在上海展览馆搞千人大合唱，想出了要动用直升飞机来"出出风头"，想出了立交天桥上舞龙，想出了在黄浦江上喷彩虹……"浪头"一只一只"掼"出来，终于把十月一日从早到晚贯穿了起来，形成了早晨专题、下午智力竞赛、晚上文艺晚会这样"一条龙"的新格局。

毛勤芳的回忆：

让我印象最深刻的是1987年的国庆晚会。那年国庆前夕，台里决定搞一台特别节目。结合当时党的十三大召开在即的形势，我们策划了题为"走进十月的阳光"的国庆晚会，设想搞一次全天大直播。

节目从早上《上海的早晨》开始进行现场直播，我们动用了直升机，把主持人载到上海展览中心。这其中还颇有些周折。因为直升机要在闹市区降落，考虑到安全因素，市有关部门开始没有同意我们的这一申请。但我们派人跟南京军区飞行队联系，得到了飞行队的大力支持。于是决定先斩后奏，在没有事先通知有关部门的情况下，直升机从南京飞到上海上空，降落在了上海展览中心前的广场上。因为没有事先的管制，所以没有刻意安排，拍摄出来的画面反而特别自然生动。我永远记着直升机降落的那一刻，现场有1 000多人的合唱队在进行演唱，许多上班路过这里的群众看到后无不惊喜万分。虽然那时我们承担了很大的压力，但最后播出的效果很好，可以说在上海电视50年的历史上留下了一笔，心里因此觉得很欣慰。如果当时大家没有一种勇敢执着、求索创新的精神，要做成这件事是完全不可想象的。

那天早上6点，我们在南京路市百一店的天桥上举行了近千人的交谊舞会，然后就出动直播车6个直播点之间辗转。那时的设备条件比不上现在，全台只有一辆转播车。我们就在上海图书馆（现上海美术馆）、上海火车站、南京路、虹桥开发区、外滩等地设点，进行现场参与的"我爱上海"知识竞赛。而转播车每到一个景点，立即用卫星对准电视发射塔即时直播，转播完一个点，转播车和卫星设备又继续到下一个点。这次直播可以说是开了电视直播的先河。好多事情现在回想起来都觉得不可思议。在经过了一天直播之后，晚上再献上一台"走进十月的阳光"文艺晚会，并在外滩浦江饭店设立了分会场。

30多年过去了，当初那台国庆晚会也许人们早已经淡忘了，但是晚会的主题歌"我们走进十月的阳光……十月的阳光……"，因为旋律欢快、歌词流畅而家喻户晓，被人们广为传唱，成为许多大型庆典活动的保留曲目。

正如上海电视台原大型活动部首席导演毛勤芳所说的："电视文艺工作的职业决定了我们总是在观众休息的时候最忙碌，因为我做的节目是直接面对和服务于广大受众的。我的思想、我的境界、我的品位会通过节目反映出来，传递给观众。我认为娱乐节目不能光停留在娱乐的层面上，而必须承担起一种守护良知、引领文化的社会责任。"

正因为上海电视台一群有境界、有理想、有闯劲、有创意的优秀电视人，首创了《大世界》这样一档大气、唯美、多元、互动的大型综艺类节目，才使得上海电视界的综艺节目很长一段时间在全国独领风骚，而且继续衍生出一大批原创综艺节目，诸如上海电视台推出的"风"系列的（"民族风""中国风""亚洲风""五洲风""世纪风"等）元旦特别节目，以及东方电视台创办的《风从东方来》《相约星期六》《快乐大转盘》《白金大碟》《共度好时光》《为中国喝彩》等大型综艺类节目。

这些原创综艺节目的走红，培养了一代代热爱电视综艺节目的优秀编导，如刘文国、滕俊杰、王琼琪、朱贤亮、黄麒、杨剑芸、毛勤芳、田明、徐向东、王磊卿、戴钟伟等，也培养了一代代与名牌综艺节目齐名的优秀电视节目主持人，有的主持人，不仅成了综艺节目的招牌，而且成功转型为制片人的角色，叶惠贤和小辰，便是其中的佼佼者。

曾经三次荣获"金话筒"奖，并获得中国电视主持人终身成就奖的著名主持人叶惠贤，每每谈到自己的成长历程，总会以感恩的心情说到这样一段话："是改革开放给了我发展的机遇，是上海电视台给了我成长的平台，借用老台长龚学平的一句话：叶惠贤是电视业改革的产物。"

优秀主持人的应运而生确实是从电视节目的锐意创新开始的。郑礼滨曾经专门回忆了《大世界》尝试推出主持人的情形：

> 我记得《大世界》最初的主持人是女歌手沈小岑和我们台新闻部的刘维，当时是由他们俩一男一女搭档主持的。主持人

的串联词在节目中有很重要的作用，串联词写得好，主持人才能把一个一个节目，通过他们的解说，巧妙而自然地串联起来，就像一根丝线把一粒粒珍珠串起来一样。这就是主持人跟以往报幕员不一样的地方。报幕员把一个个节目如实地报出来就可以了，而主持人不同，我们栏目的每一期节目都是有机的整体，主持人必须非常艺术地、巧妙地、略带趣味性地把节目内容传达给观众。从这点上来说，我们对主持人和报幕员的要求是完全不同的。

叶惠贤就是这样在电视综艺节目，尤其是选秀类综艺节目的创新中脱颖而出的。因为他在"第一届卡西欧杯家庭演唱大奖赛"中的随机应变和妙语连珠，赢得了观众的青睐，也是因为上海电视台一直是节目创新的先行者。1990年7月，叶惠贤在领导的支持下，在全国率先推出了一档集编导、策划、主持、制片于一身，完完全全"主持人中心制"的电视综艺节目——《今夜星辰》。才思敏捷的叶惠贤对自己来了个极限挑战。他自己回忆道：

> 1993年就开始到境外拍摄综艺节目，这也绝对领先的。当

著名主持人叶惠贤
主持《今夜星辰》

时经费紧张，不能像现在可以去打前站。我们都是到了现场现编现拍。记得一次在美国拍摄，只有我和摄像两个人，我是脑子里编剧本，心里分镜头，嘴上念台词，手里还在指挥。真的很锻炼人。

《今夜星辰》这个节目还有一个亮点，就是我每期更换一名嘉宾主持。一是由我们邀请当红的明星，包括在境外拍摄就请当地明星，还有就是推荐，反响很好。后来很多栏目或者电视台都采用了这个办法。

鲜活的节目，鲜活的主持，鲜活的机制，使得《今夜星辰》连续三年收视率拔得头筹，节目连连获奖，叶惠贤也在1993年被观众投票评为"我最喜爱的主持人"第一名。

才华横溢、成功转型的优秀综艺节目主持人还有小辰，她也是一位在上海制造综艺节目的冲浪式创新中，练就了集策划、编导、主持人、制片人为一身的本事。当然她真正被观众牢牢记住的，还是一档与《大世界》齐名的戏曲综艺类节目《大舞台》。

小辰其实是她的艺名，她的真名叫陈佩英。回忆起自己的电视生涯，小辰始终怀着浓浓的感恩情怀。

《大世界》的荧屏
姐妹花《大舞台》

高中毕业，小辰幸运地被上海电视台录取。录取她的考官都是上海电视台的元老邹凡扬、奚里德、许诺、郭信玲等。她从电视台的报幕员、新闻播音员做起，因为参与过一档《越剧十姐妹》的节目，采访过越剧界10位著名演员，她们亲切地叫她"小辰同志"，从此，"小辰"的艺名便传开了。

1984年，随着中国大陆最早的电视综艺节目《大世界》《大舞台》栏目的问世，年近不惑之年的小辰幸运地由播音员转型为《大舞台》栏目的节目主持人。抓住青春尾巴的小辰格外珍惜这样的机遇，从进入《大舞台》节目组的第一天起，她就向组长赵慧娟提出了主持人兼作编导的请求，得到了赵老师的热情支持和悉心指导。这一年，《大舞台》播出的《第一届江浙沪越剧大奖赛》节目一炮走红，小辰也因为才情并茂的主持与串联而名闻遐迩。那时没有短信和网络，观众是将选票用邮寄的方式寄到电视台，传达室收到的来信是一麻袋一麻袋的，栏目组便发动一些大学生和编导们一起看信，统计选票。作为主持人的小辰和大家一起拆信阅信。

与电视戏剧类节目结缘最久的著名电视编导张佩俐，也是《大舞台》栏目的创始人之一，怀着弘扬民族戏剧文化的梦想，她和电视台元老赵慧娟、周宝馨等一起策划创办了《大舞台》栏目，第一期播出的浙江小百花越剧团年轻演员何赛飞等，一夜之间便成为上海观众的最爱，继后推出的青年滑稽演员俞荣康、沈荣海等也是迅速走红，声名鹊起。《大世界》《大舞台》很快成为上海电视台综艺节目的台柱子，引领着20世纪80年代中国电视综艺节目的新潮流。

繁花似锦的电视艺术门类中，电视戏剧园地是个相对寂寞的平台，但热爱中华戏曲的张佩俐甘于寂寞，勇于创新，不仅将《大舞台》栏目开发得风生水起，深受观众朋友喜爱，而且开动脑筋，在办好《大舞台》节目的同时，借助《大舞台》收视火爆的热点效应，在台领导的鼎力支持下，组建了戏剧电视剧组，潜心挖掘传统戏曲节目的魅力和活力，以"求新""求美""求精"为艺术共识，大胆开始了戏剧电视剧的拍摄尝试。

锲而不舍的张佩俐，在20世纪90年代，白手起家，先后拍摄了淮剧《金龙与蜉蝣》《西楚霸王》，沪剧《阿必大》，昆曲《牡丹亭》《司马相如》《班昭》，京剧《狸猫换太子》，越剧《蝴蝶梦》，甬剧《典妻》等一系列门类不同、风格迥异的戏曲电视剧，连年荣获飞天奖、星光奖、金鹰奖和中国视协全国戏曲片评比、兰花奖等大奖。开辟出上海电视戏曲节目的新天地，并在全国独树一帜，再一次彰显出上海电视人的创业创新精神和令人惊叹的实力。

而同样的，小辰在综艺节目主持人与编导的兼顾演练中，转型走上了一条创新型综艺节目的策划、编导、制片的自我挑战之路。因为《大世界》《大舞台》同属电视台文艺部，她在主持《大舞台》的同时，也有了参与《大世界》的主持与导演的机会。小辰回忆道：

> 我一直觉得当导演可以用镜头语言来说一些自己想说的事情，很有意思，感觉永远会有一个新鲜的事情在等着你，我很喜欢这样的感觉。我记得有一期《大世界》节目就是我自己主持，自己导演的，那个时候也是直播。当时我在导演控制室里。一边当导播一边主持，等镜头切到导控室，我就开始主持，说完，我再把镜头切换出去。播完了以后，我感觉特别痛快，因为以前从来没有那么做过，而且当时一点差错都没出，出来的图像也不错，所以我觉得特别有成就感。

当电视综艺节目如雨后春笋般冒出，电视综艺节目的竞争如火如荼地发生时，20世纪90年代初期，电视台开始实行制片人制度改革，和叶惠贤一样，小辰想到了开发一档与竞技类、综艺类、戏剧类不同的智力型综艺节目。她将自己

小辰和刘维一起主持综艺节目

的设想告诉了时任台长盛重庆,并且提出自己想当主持人。识才重才的盛台长立即支持,给了小辰足够的人财物职权利,风风火火的小辰一发不可收,一档全新的谐趣小品类智力型栏目《智力大冲浪》,很快就火爆电视荧屏,其风格完全突破了原来那种你问我答的智力节目单调乏味的形态,而是用观众喜闻乐见的小品形式来展示智力题目,幽默好看,互动活泼,充满了知识性的创意和鲜活的生活气息。当时报名参加《智力大冲浪》节目的观众特别多,一期有4个观众队,一个月就有16支观众队。如此热情的参与,使得《智力大冲浪》的观众队,常常排到两三个月以后。

成为制片人的小辰,其创意能力、导演能力、统筹兼顾能力得到了极大的锻炼,久盛不衰的《智力大冲浪》培养了一支创意丰盈、活力丰沛、团队精神丰满的主持人和编导团队。多少年过去了,小辰依旧如数家珍般回忆起他们的特点:

> 潘丽珍,我们称她是混在群众队伍里的领导,而我则是混在领导队伍里的群众,她的果断是我所依赖的;徐向东,一个会从另类角度看问题的人,他的《自说自画》让我看到了他的才气,他是一个超级烟民,他的创意随着他的香烟飘出;曲清,我曾说她"表面文静,内心狂野",她总是有很多不寻常的创意,有时候我甚至感到她是一座没有爆发的火山;李菁是个怪精灵,她很粘人,常常不管人家愿意不愿意就粘着人谈节目,也常常会冒出一些怪点子;顾吉明,一个普通话和浦东话分不清的后起之秀,一个不怕打击、饱含热情的电视人……我们还有很多编外的策划人员,所有这些人现在都是电视台的主力编导,还有的成了领导,可见他们真的是优秀的。我们的主持人更是个个出彩,和晶、林栋甫、程雷、陈蓉、豆豆、黄浩,他们各有特色,不可替代。正因为有他们,我们的"大冲浪"才能常办常新,才能有十年辉煌。

2004年，心态依旧年轻的小辰退休了，领导决定以返聘的形式，请她继续在电视台进行节目的策划。宝刀不老的她，很快又先后推出了新的原创类综艺节目《舞林大会》《绝代双骄》《明星大练兵》，在一窝蜂引进国外综艺类节目的当时，这些节目都以独到的创新性和可看性，赢得了不同凡响的收视效应。

《舞林大会》初始阶段，一度面临请不到明星的尴尬，时任节目总监田明便大胆创意："请不到明星就用我们的主持人上，我相信不会输。"就这样先后有50多位节目主持人参与了这档节目，果然节目赢得了始料不及的巨大反响。第一期节目收视率达到了7.4，最高时达到15。《舞林大会》最后一场演出是在上海大舞台，当时场子里座无虚席，差不多三个小时的节目，很多观众在台下就跟着一起哭一起笑。后来担当奥运火炬手的金晶和一些残疾人也来参加了演出。当他们坐在轮椅车上被推出来的时候，很多人都感动得落泪了。

从最早的电视综艺节目开始，上海电视的综艺节目始终是常办常新，风靡全国，就是因为有一代接一代像小辰这样的优秀电视人，以热爱电视享受电视的创业创新精神，创造了综艺节目上海造的辉煌，带动了电视广告和电视节目营销的产业链。

第三节　最早的电视剧生产

2017年11月10日，"梦想的力量——2018东方卫视开放大会"在上海隆重举行，新任上海广播电视台台长、上海文化广播影视集团有限公司总裁高韵斐发表了激情洋溢的致辞。

作为曾经是记者出身的《新闻透视》名主持、上海电视台第一财经品牌的创造者、上海电视台广告经营中心主任、上海电视台副总编辑，亦曾经在中共上海市委宣传部、文新报业集团、上海报业集团、上海世纪出版集团任过要职的新生代掌门人，其丰富的阅历，给予他在传统电视面临巨大挑战的融媒体时代充满自信的底气：

　　……今天我们这个招商大会叫"开放大会"，因为我们已经形成这样一个共识：一个封闭的平台在今天这样多元竞争的时代，无法赢得市场、赢得客户和赢得未来。29年前，当我进入上海电视台工作的时候，进入的第一个部门是电视剧制作中心。现在还有哪家电视台在完全自我循环、自投自播电视剧？中国电视剧能够有今天这样的发展成就，靠的是什么？靠的是我们电视台所有平台向电视剧制作公司的开放。十年前我们还在追港台剧，但是今天港台在追我们的剧。事实充分地说明，如果我们要赢得受众，必须开放。东方卫视永远要坚持开放、包容、合作的理念。不仅要向所有的代理商和广告主开放，也要在一些可以开放的领域，在内容制作方面向一切优秀的制作公司开放；在所有能够向我们合作伙伴开放的领域，东方卫视要做到尽可能地开放。

　　高韵斐的这段话，引出了上海电视台电视剧制作中心的一段历史。

　　在8月9日下午，2017"助跑新人"结业典礼在上视9楼举行。走马上任才不久的上海广播电视台台长、上海文化广播影视集团有限公司总裁高韵斐以自己1988年初到上海电视台的艰苦环境和亲身经历，寄语职场"小白"们在扎实工作中实现自己的理想、承担起SMG人的使命和责任。

　　以下为高韵斐同志在2017"助跑新人"培训结业典礼上的讲话：

　　我很感谢一位老同志当年看上了我。那天，我到电视台5号楼（现在食堂的位置）3楼组织人事科，副科长邬克勤同志问我能干什么。1987年《新闻透视》刚刚创办，我说《新闻透视》的选题都是社会学研究的对象，我有机会去那儿吗？他说："新闻部今年不进大学生。"其实那年进了一个研究生，就是陶丽娟。他问："你搞公关行吗？电视剧制作中心要一个人，你到1号楼去，找老宋。"我和当时的副台长宋明玖聊了刻把钟，就这样进了上海电视台。

> 在电视剧制作中心，我主要的工作是泡开水和扫地，说是公关，其实是让我出去拉广告，但我没有任何资源……

高韵斐台长讲的29年前的故事片段，道出了当年上海电视台电视剧制作中心的运作形态：一是完全自我循环、自投自播电视剧；二是拉广告。

高韵斐台长的立论："一个封闭的平台在今天这样多元竞争的时代，无法赢得市场、赢得客户和赢得未来。""中国电视剧能够有今天这样的发展成就，靠的是什么？靠的是我们电视台所有平台向电视剧制作公司的开放。"

我们今天的日益繁荣、日益成熟的电视剧市场，今天的"我们电视台所有平台向电视剧制作公司的开放"，恰恰就是从那时的"完全自我循环、自投自播电视剧"、让没有任何资源的大学生出去拉广告开始的。

曾经担任过上海电视台副台长的宋明玖和张少峰，在建台30周年的时候，写过一篇《为了电视剧事业的腾飞》的回忆文章，文章的一开头就写到：

> 上海电视台正式建台后的第25天，即1958年10月25日，她的第一部电视报道剧《红色的火焰》就呱呱坠地了……为了哺育电视剧这个新生儿，盼着他快快长大，羽翼丰满，凌空腾飞，从台领导到编、导、摄、美、化、服等各个工种人员，付出了多少精力，耗尽了多少心血呵！

1958年5月1日，我国的第一座电视台北京电视台（中央电视台的前身）开始实验广播。6月15日，播出了我国的第一部电视剧《一口菜饼子》。

上海电视台是继北京电视台（中央电视台前身）之后全国第二家

播出电视剧的电视台，也可以说是全国第一个播出电视剧的省市级电视台，那就是根据真人真事创作播出的电视报道剧《红色的火焰》。

如果说现在的电视剧还是如高韵斐台长所说的"完全自我循环、自投自播电视剧"的流程，那完全成了无法生存的笑话，可是在60年前，倘若没有"完全自我循环、自投自播电视剧"的艰苦创业，那么电视台和电视剧的诞生，也完全是个空谈与笑话。特定的时代，特定的条件，决定了创业创新的不同阶段和不同内涵，而激流勇进、敢为人先的精神是一脉相承的。

当年轻的共和国挺进才九个年头，当上海电视台初创时仅仅是电台的一个部门，当全台所有人员加起来才只有三十来人，当上海电视台如初生的婴儿还没满月，上海电视台居然就在建台第25天（1958年10月25日），根据真人真事创作，差不多全台员工倾巢而动，在演播室里以直播方式播出了第一部电视剧《红色的火焰》。

这是一支建台的元勋团队，也是中国最早的电视剧的创制团队之一。编剧为李尚奎、沈西艾，导演为周峰、李尚奎等，由上海耐酸搪瓷厂、科影厂、上海戏剧学院、江南电影厂联合演出。为了配合20世纪50年代末上海开展的技术革新运动，向市第二次青年社会主义积极分子代表会议献礼。这部电视剧描述了上海耐酸搪瓷厂青年工人李志祥百折不挠、经一百多次努力，终于试验成功以石灰代替电石的先进事迹。

参与过早期电视剧创制的老同志们周峰、许诺、周宝馨等回忆起当年艰苦创业的场景，连细节都记得清清楚楚。

当时的演播室设在永安大楼的封闭式空间。说是演播室，其实只有几十平方米的面积。全剧需要的大小十多场内景全部在演播室里搭好。为了在直播状态剧情和镜头衔接得行云流水，在直播前还要让摄像师熟悉机位和镜头，用仅有的三台摄像机，在导演的指令下，跟着演员在各个布景前一场接一场地排练。那真是全台员工拧成一股绳，往往一个人要干几个人的活，其中有六名刚从上海戏剧学院毕业的小青年——许诺、李尚奎、江波、王总尧、沈西艾、周宝馨，在现场既当导演、又兼摄像或编辑，白天黑夜连轴转，星期天还要加班，那时既无奖金，也没有加班费，但是大家始终义无反顾，无怨无悔。

现在的经费、设备和人员条件不知比当年好上多少倍，可现在的电视剧没有一部是以直播状态完成的，只有一些真人秀或综艺类节目，可能会以情景剧的方式进行直播。当年的电视剧完全是说干就干的直播状态，快节奏，高效率。周宝馨回忆道：

> 正因为是直播，本身就意味着一切要严格要求，不能重来，机位移动，切换顺序，演员上下场，一切都得事先考虑周到，安排妥帖。为了换间大点的屋子适应电视剧的播出，把演播场地搬到了十一楼的食堂。这样一来，发射台在一层楼，机房在另一层楼，导演控制室和演播现场各占一层，演员化装、候场当然又得在另一层，一点疏忽都会使人上上下下跑上好几层楼，太忙乱了。为此，技术组搞了个小型步话机，以便随时互通情况，不料惹出了更大的"意外"：公安局发现了有小型发射台，立刻组织侦破，甭提多紧张了。现在想想当时为了严格保证节目的播出，真是挖空心思。什么都因陋就简：食堂的天花板上打洞吊灯，食堂的桌子拼起来在上面演奏交响乐，大概贝多芬做梦也没想到，他的曲子会以这样的情景和观众见面。食堂的柱子加加工就成了布景，为了保证音响质量，食堂所有窗子都拉上厚厚的幕布，白日里饭菜余香未散，晚上灯光烘烤，以致有人戏称为"清蒸活人"。为散热，放上几块大冰，如果计划不周，很快就会水流成河。

很多年后还被观众认出是"电视台报幕的小辫子"的上海电视台第一任报幕员沈西艾回忆道：

> 最有意思的是要算直播电视剧了。我们尝试着演播了第一部电视剧《红色的火焰》，后来又演播了《百合花》。我扮演茹志鹃

笔下那个纯朴、羞涩、寡言的新媳妇，因为当时没有录像设备。我们都称那是"直播小电影"。根据场景、镜头的不断变换，我们就得忙于不断更换服装和改妆，同时赶着从演播室内搭好的某一场景跑到另一个场景去适应摄像机，这样才能进行连贯的表演，给观众造成一气呵成的感觉。往往我们是忙得气也喘不过来了。这是现在搞电视剧的同志不可能遇到的情况，可惜这样的电视剧每一部只能演播一次，没有条件保留下来。

尽管最早的电视新闻片保存下来了，而最早的电视剧因为直播，受到设备条件的限制，却未能保存下来，但在那样艰苦的条件下，这一群血气方刚的第一代电视人，硬是靠着对中国电视事业的热爱和对电视剧未来的憧憬，靠着艰苦奋斗的创业精神和勇于探索的创新精神，在上海电视台电视剧的初创期，即1958年到1966年，差不多以每年3部的频率，共创作播出黑白电视剧39部，这在当时全国电视剧创作中还是名列前茅的。

因为特定的历史原因，初创时期的电视剧，绝大多数是直接配合当时的国际国内形势及中心工作，但创制者还是尽最大可能在艺术上和可看性上做了积极的探索，如喜剧《习惯成自然》，古典剧《葛麻》，惊险剧《活捉罗根元》，电视诗剧《小冬木》《海誓》，时事剧《怒涛》，《莫里生案件》，等等。

大家印象颇为深刻的是根据著名作家茹志鹃小说改编的清明忆先烈的电视剧《百合花》，是由吴淞改编，周峰导演，沈西艾、王宗尧、周宝馨主演。这部剧突破了舞台剧的束缚，用电影机拍摄的无台词外景和演播室内有台词的内景相结合，大胆尝试了意识流的艺术手法。期间还发生了一个小插曲，剧中的关键道具——百合花被面，竟然踏破上海滩找不到。为了尽力呈现电视剧的艺术魅力，导演与演员们，便在美工梁十千的带领下，通宵达旦地硬是描出了一床百合花被面。

充满活力的电视人在国庆十周年献礼之际，又突击改编和自演了大型电视史诗剧《红云崖》，也是克服场景多、内外景结合等很多困难，一夜完成直播，大大过了一把电视瘾。

十年动乱期间，上海电视台的电视剧创制基本处于停滞状态。十年只播出了两部电视剧，一部是1968年播出的《一切为着毛主席——门合》；另一部是1976年3月9日直播的彩色电视剧《崇高的职责》。

好雨知时节，当春乃发生。改革开放初期的10年，在龚学平、宋明玖、张少锋、孙重亮等领军人物的锐意拓展下，在黄允、郭信玲、李莉、富敏、黄海芹、张戈等一批著名导演的勇敢探索下，上海电视台共生产了近千部（集）电视剧，最高年产量150余部（集）。电视剧目在全国、地方、全市及国际评比中获奖100多项，涉及300余部（集）。生产数量与获奖记录在全国领先。自1984年起，年年有2到4部优秀剧目与大制作在全国性电视剧评比中获得最高奖项。1985年摄制的《穷街》，于1987年10月在日本札幌举行的第三届世界电视节上获纪念奖，这是中国电视剧第一次在外国举办的国际电视节上获奖；同年摄制的《窗台上的脚印》，1989年在保加利亚获普鲁夫迪夫金盒子大奖，是我国第一部在国际上获大奖的儿童电视剧。

1978年2月播出第一部彩色越剧电视剧《祥林嫂》。同年9月1日第一次以转播车内的摄像机拍外景，采用内外景结合的拍摄方式播出了电视剧《约会》。

作为上海电视台的元老，耄耋之年的黄允老师从隐隐约约听人说电视就是收音机上有块玻璃，像小电影一样的东西开始，不仅参与了上海电视台的筹建，而且几乎尝试了包括电视技术工作在内的所有行当，然而使她声名鹊起的居然是她成为上海电视台第一部电

电视台元老、著名编剧黄允

视报道剧《永不凋谢的红花》的编剧，从此她成为著名专职编剧，踏上了艰苦而快乐的电视剧创作之路，为早期的电视剧奠基奉献了后半生。

在迎接建党58周年的日子里，从未干过电视剧创作的黄允，被一个家喻户晓的英雄故事所感动：1968年，在那个动乱的年代，38岁的张志新因为戴上"反革命罪"的帽子被逮捕。张志新在7年牢狱折磨中一直坚持真理，唯一挂念的是丈夫和一双儿女林林和彤彤，张志新最终被执行死刑，在临死前，她被残忍地割破了喉咙……在前期采访的过程中，黄允亲眼看到了审讯张志新时的一尺多厚的笔录，看到张志新被虐杀、割喉管的小屋和被枪杀的刑场，顿感无比震惊和愤怒，当时便灵感泉涌，决心不管写这部剧有多少风险，也要将张志新的光辉形象再现荧屏。黄允奋笔疾书，短短三天时间，就写出了《永不凋谢的红花》电视剧本。

导演李莉、毛勤芳，扮演张志新的著名演员向梅，扮演张志新女儿后来成为著名电视新闻主播的印海蓉等立刻倾情投入摄制。1979年7月1日，电视报道剧《永不凋谢的红花》在上海电视台播出后立刻产生轰动效应，创制人员也因此受到极大鼓舞。其实在电视剧拍摄的过程中，平面媒体已经开始集中宣传张志新的事迹和电视剧拍摄的进展情况。电视剧播出前后，电视台总机30多部电话常常全部占线，观众格外关注剧情和拍摄细节。甚至外国通讯社也关注起这部电视剧，主动要求联系购片。

黄允回忆道：20世纪八九十年代，正是上海电视台电视剧创作生产的黄金时期，出了一些全国有影响的作品，也造就出一批创作人才，形成了一个较好的创作集体。自《永不凋谢的红花》后，黄允一发不可收，接连创作了《家事》、《你是共产党员吗》、《他把希望留下了》、《深深的大草甸》、《故土》（前三集）、《她在人流中》、《亲属》等二十几部（集）电视剧，几乎平均每年都有一部电视剧问世，其中约有三分之一的作品获得飞天奖、金鹰奖或国际电视节奖。

轰动归轰动，兴奋归兴奋，然而在最初的电视剧的实际运作中还是遭遇了太多的曲折与纠结。一个无法回避的难题：钱。

毋庸置疑,如今的中国电视节目市场,当属电视剧市场发展得最为成熟,虽然制播分离的政策早已实行多年,但由于种种原因,全部电视新闻节目、相当多的电视栏目、电视综艺节目、纪录片等还是由电视台自己制作。而诚如高韵斐台长所说,唯有电视剧,我们电视台所有平台向电视剧制作公司开放。也就是说,如今的电视剧,也是资本大鳄竞相逐鹿的商业战场。如今的中国电视剧的优秀编剧年收入可达上百万甚至上千万元。至于拿过白玉兰奖、飞天奖的一级编剧,稿费更是相当可观。一部电视剧的成功,首先抢的是好的剧本。在当今中国电视剧市场,真正有实力的编剧自然得到市场的青睐与褒奖。

而同样是编剧,同样是被称为电视剧创作的黄金时期,第一代电视剧编剧黄允深有体会地述说当年的苦衷:

> 在20世纪七八十年代,上海电视台的编剧是没有稿酬的,有时还得自掏腰包。那时电视剧编剧的社会地位不高,文学圈子里的朋友是不屑"触电"的,也不认为电视剧是艺术。拍摄中也常发生很多不确定的因素,有时创作本身就是一种煎熬。再者,拍电视剧需要投资,上一部戏很难。我内向清高,但为了让领导、投资人、合作者了解这部戏,好几次都是硬着头皮去游说。

不仅是黄允的辉煌成长,那时的上海电视台专门成立了电视剧制作中心,电视剧制作中心培养并云集了一群充满激情、充满个性、充满才情的编剧和导演。

郭信玲、李莉、富敏、张戈等,当年个个都是在中国电视剧领域叱咤风云的著名导演,都是靠响当当的高收视率、高美誉度电视剧赢得观众、赢得一系列大奖的中国电视剧的开创者。

13岁就当了文艺兵的郭信玲,也是10年后转业回到上海的一次观看演出时,看到了剧场上一台摄像机取景框的画面,因为新奇和喜欢,经过争取,荣幸地成为上海电视台的一员。她当过舞蹈演员,干过摄像,后来领导送她到上海戏剧学院进修导演课程,回来后,就导演拍摄了她的第一部电视剧《政治连长》。但因为"文革"的原因,她被整整耽搁了十多年,直到1979年重新回到电视台,被任命为电视剧科的科长,从此一发不可收,从《玫瑰香奇案》《法网》一炮打响,到《山道弯弯》《流失的岁月》《被撕毁的照片》《一个记者的日记》《奋飞》,再到获得飞天奖、金鹰奖、乌金奖等一系列大奖。她的代表作品有电视连续剧《故土》《秋海棠》《大酒店》《封神榜》《大家族》等。因为她的高产和"把真善美的本质刻画得细腻而又真实"的独特风格,她在1988年被评为电视台首批国家一级导演,同年又以120多万张选票被评为全国影视十佳导演。

导演郭信玲在电视剧《封神榜》拍摄现场

导演富敏在电视剧《十六岁的花季》拍摄现场

那时的电视台,很多领导、摄像、编导都是从部队转业的。在儿童、青少年题材的电视剧创作方面独辟蹊径,凭借《十六岁花季》获得飞天奖、金鹰奖、金童奖等无数奖项的夫妻档编剧兼导演富敏和张弘,也是从部队回来的文艺兵。

也许是电视剧尚处于起步阶段,富敏接受的第一部电视剧《好好叔叔》,是从事儿童剧出身的副台长奚里德为她选的剧本,台领导的帮带、丈夫的扶助、加上演员出身的富敏自身的颖悟,在磕磕碰碰中学习摸索的这部剧,居然在1980年荣获了首届全国优秀电视剧飞天奖儿童剧一等奖。就这样一步跨进了行家里手的门槛。之后她又拍摄了《开市大吉》《插班生》《穷街》《窗台上的脚印》等一系列口碑不错的电视剧,但真正让她们焕发出创业创新激情,被评论界誉为开创了当时中学校园生活和青春思潮的标志性电视剧的,还是那部一度在全国家喻户晓的《十六岁的花季》。

对青少年成长格外关注的富敏与张弘,当时的初衷是为了真实反映改革开放以来两代人的代沟,真实反映当代中学生的生活和心声。为了保证电视剧的质量,她们走访了很多学校,采访了很多学生,光采访就花了七八个月时间,写剧本又花了两个月,然后用近乎现在的海选方式,到学校和社会上去选演员。如今上海广播电视台当红主持人吉雪萍就是当时通过这样的选拔,当上了《十六岁的花季》的女主角白雪的。

世间事,凡有创新和突破,必遇坎坷与纠结。当《十六岁的花季》前期准备差不多的时候,项目却搁浅了。原因是片子涉及很多敏感问题:早恋,强调学生个性,何谓好教师等,现如今早就不是问题的问题,在改革开放初期,却是进退维谷的"雷区"。于是,电视剧本投石问路到了中央电视台,结果促成了中央电视台和上海电视台的合作,也产生了巨大的社会反响。"花季",由此成为十六岁左右青少年年龄段的代名词,至今依旧沿用。

中央戏剧学院导演系毕业的李莉虽然是科班出身,但她大学学的是舞台戏剧导演,进了上海电视台,她先学摄像,懂得了镜头语言,又去上影厂，跟着黄祖模导演，学会了摄制电影的全套武功。幸运的她，成为由黄允编剧的上海电视台第一部电视报道剧《永不凋谢的红花》的导演。那时的她，完全是以一种初生牛犊不怕虎的初心，投入电视剧的拍摄："那时没有可携式的摄像机，我们到华师大拍外景的时候就将转播车开过去，拍好了发送回来，用刚从美国进口的2英寸大录像机录下来，内景演播室拍完的也录下来，最后和同期声一块儿接起来，进行混录，补上音乐，一气呵成。我记得那时拍了一个星期，我两天三夜没睡觉，尽管辛苦，但觉得很有意思。"

因为一炮打响，观众热情赞扬的来信像雪片一样飞来，李莉强烈感受到电视剧创作蕴含的深远的潜力和生命力，于是她与郭信玲一起开始了电视连续剧《流逝的岁月》的尝试。以后，她接拍的电视连续剧一部接着一部，《家风》《家·春·秋》《杨乃武与小白菜》《上海一家人》《若男和她的儿女们》《金融家》等，几乎每部都堪称经典。

早期的电视剧创作，每位导演都会遇到选而不立，立而生变的风险。知名电视剧导演黄海芹回忆起电视连续剧《孽债》所经历的风风雨雨，真是感慨不已。

黄海芹原先是在上海电视台电视剧文学部工作。当时的电视剧部主任宋明玖要求找选题和剧本："不能等米下锅，手中有粮，才能心中不慌。"在当时的广电局局长龚学平倡导下，上海市电视剧编导协会应运而生。黄海芹就是在一次编导协会活动中，了解到知青作家叶辛正在写反映知青题材的长篇小说《孽债》。黄海芹凭直觉认为这一题材肯定会引起关注，于是她立即向叶辛约稿。叶辛欣然答应，几个月后，当叶辛将剧本送来后，却审查没有通过，之后，叶辛又将剧本送到云南电视台，还是没有通过。云南电视台副台长因为支持这个剧本，还被降了级。

多少年后，黄海芹回忆起自己冒着风险拍板的情景，简直就像电视剧的场景："辗转一年多，已是1993年前后，叶辛又问我，还要不要《孽债》？我当即收下，并付给定金。后来听说叶辛捧着定金，十足吓了一跳——怎么一下子就成了万元户？"

《孽债》剧本几经修改，完稿后往上送审，我难免心中忐忑。好在盛重庆台长看了本子说："黄海芹，看得我眼泪水嗒嗒滴。"于是，台里再往上送审。一天，叶志康局长突然问："黄海芹，《孽债》什么时候拍？"我都傻掉了，不敢相信自己的耳朵。叶局长当下签了字，就这样，《孽债》通过了。

如果叶辛当初问黄海芹时，黄海芹不敢拍板，如果盛台长和叶局长也不敢批准剧本，还会有《孽债》播出产生热烈反响的效应吗？即便成功播出了，《孽债》还是遇到一波三折的故事。且听黄海芹的回忆：

《孽债》播放时，上海的大姐小巷，都响起了它的主题歌，收视率一路飙升到百分之四十三点几。能够让观众那么喜欢，是我们电视人的最高追求，我很高兴。但是，好景不长。没过多久，我的电话就被打爆了，各路谣言纷至沓来，归根结底，就是有人追究："谁作的孽？向谁讨债？"

飞天奖评奖，《孽债》不准参评。我问领导这是怎么回事？领导回答：不要问，不要响，不要说话。我想，领导的压力一定很大。到北京开会，中国视协有人悄悄告诉我，上面不让你们《孽债》参加评奖。每每看到叶辛在电视里不厌其烦地解释说：什么是"孽债"，"孽债"在辞海中的注释是：非婚生子女。我唯有苦笑。

而直到几年后，叶局长在一次会议上传达说，朱镕基总理说，电视剧要拍贴近百姓生活、百姓喜闻乐见的作品，如北京的《渴望》、上海的《孽债》，我才算真正松了一口气。

俗话说：巾帼不让须眉。上海电视台早期电视剧生产的创制团队中，在全国赫赫有名的女编剧、女导演确实形成了强大的娘子军阵势，但须眉中也有凤毛麟角的精英，张戈就是其中的优秀导演。

张戈导演的电视剧《血染的风采》《陈毅与刺客》《济公》《上海的早晨》荣获全国优秀电视剧金鹰奖，《原谅我的心》《上海的早晨》《徐

电视剧导演张戈在拍摄《济公》时的工作照

玉兰艺术集锦》荣获全国优秀电视剧飞天奖,《济公》《逆火》获法国巴黎首届华语影视片雄狮奖和1995年德国柏林国际广播电视节亚洲未来奖。1988年被评为全国十佳电视导演。1992年10月起享受国务院颁发的政府特殊津贴。

和其他导演有所不同的是,张戈不仅是出类拔萃的电视剧导演,还作为上海电视台电视剧制作二公司总经理和电视剧导演兼制片人的身份,直接参与了电视剧的市场化运作,开始走出了"完全自我循环、自投自播电视剧"的封闭式运营状态。

在上海电视台台庆50周年之际,张戈回忆了这段历史:

到了1993年,上海电视台的改革又有了新的举措,电视剧创作中心要企业化管理,要让电视剧走向市场。实际上,在那时候,全国的电视剧还没有形成市场化机制,台与台之间只有节目交换。这在当时来讲是属于比较领先的了。电视剧走向市场以后,电视台在体制上也要有一些变动,就是说不一定都由电视台来投资拍戏了，不能再吃"皇粮"了。拍电视剧的人要自己在市场里求生存和发展。在这种情况下，上海电视台电视剧制作中心就被撤销了。当时成立了两个制作公司，后来又从这两个制作公司里分出来成立了几个制作社。于是就变成了两个制作公司，三个制作社。我则是二公司的负责人。

公司刚成立的时候，我们的干劲还是蛮大的。不停地拍了好多戏，如《逆风》(上下集)、《上海风情》(18集)、《异乡人》(4集)、《家在上海》(38集)等。我们二公司在经济上也运转得很好，基本上每部戏都有盈余。大家觉得市场化很好，既得到了锻炼，又能够正常运转。现在想想这是为什么呢？其实还是背靠着上海电视台。我们当时还是属于上海电视台电视剧制作二公司，出去打交道时，我们用的还是上海电视台的介绍信和名义。那时候如果没有上海电视台的支持，我们是得不到重视的。

到了1996年，情况又发生了变化。电视台的改革又进一步向纵深发展，提出影视合流、制播分离，也就是影、视要合起来搞，而电视台的制作跟播出要分开。我们两个公司、三个制作社就彻底离开了电视台，归属到永乐影视集团公司。这样一来，可以说是将我们彻底推向市场了。

当时我们账面上有现金一百五十多万元，这些钱是我们这三年多来自己逐步积累起来的。除了这一百五十多万元，还有八十多万元的固定资产。后来我们又陆续拍了《浦东歌谣》(20集)、《兄弟》(上下集)等。但当时在购片中所出现的一些不正常情况，确实影响了公司的正常运转。我经常会反思，是不是我们思想保守了？是不是不够灵活？是不是也应该按照所谓的"潜规则"去运作？但是直到现在，我还是认为我所坚持的原则是对的。我没有在市场化里迷失。我的主导思想一直是想多拍戏，拍好戏。

张戈所谈的还是上海电视台电视剧制作中心成立后电视剧创作

时任上海电视台副台长兼电视
剧制作中心主任宋明玖

与市场化运营向纵深发展的情况。其实，1987年，时任上海市广播电视局党委书记、局长兼上海电视台台长、总编辑的龚学平，决定成立上海电视台电视剧制作中心，从那个时候开始，上海电视台的电视剧创作开始了"自我化缘，少吃皇粮"乃至"不吃皇粮"的历史。

参加过抗美援朝，也是从部队文工团转业回来，在上海电视台担任过导摄科科长、文艺部副主任、副台长的宋明玖出任了电视剧制作中心主任。

虽然当时已有不少电视台也成立了电视剧制作中心，但由于上海电视台已经培养了一批富有经验的导演、摄像师、美工师、化妆师、服装师、道具师，所以电视剧制作中心刚创办，就云集了一百多位精英人才。在局台领导的全力支持下，宋明玖尝试了全新的竞争机制和市场运作的激励机制。中心分成文学部和六个创作组。黄允、黄海芹、方艾等著名编剧在文学部出剧本，郭信玲、薛英俊、李莉、富敏、张戈、孙雪萍等骨干分别在创作组领衔当导演或制片人。剧组实行的是导演中心制。而宋明玖这个掌门人从一开始就是既要抓剧本，又要抓制作，还要抓钱。幸亏在庆祝建台50周年的时候，宋明玖作为老电视人，留下了一段难忘的回忆，这段回忆也是我们对驾鹤远行的宋明玖老台长当年创业辛苦的一段缅怀吧：

电视剧的制作所需要的投入不完全是由国家出钱的。我刚到中心的时候，电视台给我们5分钟的广告时间，但是只有1987年这一年有。那年我们大概筹到了将近1 000万元，这些钱大部分都是制片主任或者其他熟人拉来以后用来拍摄的。当时1 000万元可以说是很值钱了。我们就靠这1 000万元来拍电视剧。我们电视剧中心有一个财务科，这是其他中心都没有的，我们光财务科就有5个人。

20世纪80年代初期，制作拍摄一个简单的电视剧，花费在5 000元左右。那5 000元就是演员的演出费、夜餐费以及买道具的钱等，可以说那时候钱比较少。每一集都要根据戏的具体情况进行预算，控制成本。比如古装戏还是现代戏，人数多少、场景多少等。所以每次拍摄，我都要跟制片主任商量好，我可以给你多少钱，然后让他根据我的预算去拍摄，不准超过。比如李莉的《上海一家人》，讲述的是解放前上海底层人民的生活，用来拍摄的房子租金也很便宜，所以每集的预算比较低。

我们基本上就是靠广告来赚钱。电视制作每年结余的钱就上交。如果拍摄制作经费不够了，则要剧组自己去解决，没钱就别想接着拍。所以那时剧组的工作人员也是非常辛苦的。

宋台长的回忆正好与现任台长高韵斐的回忆，从时间上对上了号。高台长其实是幸运的，虽然高台长1987年到电视台投石问路的时候，在新闻部碰了壁，但刚刚成立的电视剧制作中心慧眼识珠，他一开始虽然干的是扫地、泡开水、拉广告的打杂活，但毕竟跨进了电视台的大门，而且接触了给电视剧拉广告的市场运作的真刀真枪。以后他开发第一财经品牌，担任广告经营中心主任、文新报业集团总经理，再回到老娘家当掌门人，最需要"脑洞大开"的恰恰也是媒体的产业化运作。

如今的中国电视剧市场早已成为文化产业的成熟市场，可又有多少人了解最早的电视剧是怎样问世，怎样运作的？这一段最早电视剧的制作历史给出了答案。

第四节　最早的《纪录片编辑室》

说起中国的纪录片，不能不说到上海广播电视台上星的纪实频道和中央电视台的9频道,这两个都是业界公认的中国大陆影响力最大也是最有特色的纪录片频道。只是这两个一南一北的纪录片频道,其频道排版特色和纪录片风格各有千秋。上海广播电视台的纪实频道,通常都是以栏目化来编排播出纪录片的,即便原本独立的纪录片,哪怕是自拍的或是购买的纪录片,通常都要装进某个类型化的栏目中,有片头片尾,有栏目主持人加进串联词,栏目与栏目间会有广告插播,或者栏目会有某个商业品牌冠名,或者植入式片花等。纪实频道播出的纪录片,相对而言,更细腻精致,更接地气,更国际化。而中央电视台的纪录频道,刻意地淡化栏目概念,通常没有栏目串联,往往直接以纪录片来编排串联版面。央视播出的纪录片以系列纪录片居多,有影响力的系列纪录片,也往往以一季一季的方式来播出。因为央视的独特地位,央视纪录片频道播出的纪录片自然大气恢弘,波澜壮阔,即便有微观切入的细节,也往往具有深广的背景,如《舌尖上的中国》,便是微观与宏观的结合。

　　说起两个纪录片频道的创办历史,自然是上海广播电视台的纪实频道早于中央电视台的纪录片频道。纪实频道成立于2002年1月1日,是中国第一家纪录片专业电视频道,2012年起实行24小时全天候播出,2013年正式实现高标清同播。2014年6月16日起上星播出,成为全国性专业卫视。而中央电视台CCTV-9纪录片频道于2011年1月1日开播,比上海的纪实频道开播晚了9年,其前身是英语国际频道。但央视的纪录片频道一旦开播,便以一系列高忠诚度、高关注度和高美誉度的精彩纪录片迅速成长为中央电视台的标志性品牌频道之一,也已成为中国最具国际影响力的电

纪录片拍摄中

视传播媒介。

而在这两个纪录片频道问世之前，随着改革开放后的国门打开以及电视同行的思想解放，中国大陆的纪录片已然呈现雨后春笋、方兴未艾的探索与发展态势。其中，中央电视台摄制播出的《话说长江》《望长城》（中日合作）、《让历史告诉未来》等耗资巨大、气贯长虹的系列纪录片，以及上海电视台摄制播出的单集纪录片《地下行》《摩梭人》《十字街头》《德兴坊》等，都以不同程度的热烈反响，引起业界和观众的关注。

说起上海广播电视台的纪实频道，就不能不说到《纪录片编辑室》这个堪称中国大陆纪录片里程碑式的栏目，就不能不提及在全国率先开创纪录片栏目《纪录片编辑室》的元老之一刘景锜，就不能不提及由他领导的在全国卓有影响的纪录片创作群体。

刘景锜，1941年生，1963年毕业于北京广播学院（现中国传媒大学）电视摄影专业，毕业后分配到上海电视台，而那时的电视台，对外称电视台，实际还是电台的一个部，叫电视部。充满理想主义的他作为新闻组7位记者之一，开始了早期电视新闻的实践与探索。

早期的电视新闻，采摄编播的流程比现在的电视新闻和纪录片的采制要复杂困难得多。因为是用摄影机拍摄，更因为常常是骑三轮车、自行车或挤公交车去采访，所以早期的新闻片，往往是一条条3到5分钟的微纪录片。上海电视台开创时的第一条新闻片就长达近8分钟，其内容与形式，几乎就是纪录片的方式，只是几位记者，当时近乎玩命一样地抢新闻的时效而已。所以，上海电视台第一批纪录片的骨干群体，几乎就是新闻部的一帮元老们。于是，也有人将上海电视台摄制纪录片的对外部（后来改为国际部，又改为海外中心，再后来改为纪实频道）尊称为电视台的"元老院"。

那时的刘景锜还是个血气方刚的小伙子，而且是位想做作家转而改做了电视新闻的科班出身的才子。如鱼得水的他从灯光、场记、采访、写稿、拍片到写字幕、配音，除了录音和洗印，什么都干，拳打脚踢练就了十八般武艺。1969年，他用阿克发16毫米胶片（感光度8度）摄

刘景锜早年工作照

制了他的第一部纪录片,30分钟的《上海知青屯垦戍边》。改革开放初期,即20世纪80年代初,上海电视台拍摄了改革开放后的第一部纪录片《地下行》,片长40分钟左右。此片的导演是龚学平,秦海是摄影兼导演,郭大康是摄影。此片真实记录了建在上海地下的人防工程派上了新的用场:商场、车库、书店、地下娱乐设施等。片子的摄影、灯光、剪辑都比较讲究,还专门配了歌曲。因为这部纪录片选题新颖,内容也新颖,令人耳目一新。

大家都感觉改革开放了,光是新闻不够了,纪录片应运而生了。于是,上海电视台新闻部成立了一个"纪录片组":2个编导,4个摄影,刘景锜是编导之一。纪录片组除了拍摄新闻,其主要任务是用故事讲清一个事件、一个变化、一个人物。

从电视新闻转到纪录片,从纪录片的起步到上海的电视纪录片在全国产生长期的领头羊影响力,既是时代的变化给刘景锜带来的机遇,也是刘景锜主动创造的机遇。在上海电视台建台50周年的时候,刘景锜留下了这样一段回忆:

20世纪80年代,我们国家发生很多变化,但是我们国家的形象在海外却很模糊,甚至有些人像是从哈哈镜里看到我们国家形象的。我们自己为什么不能有一些东西来反映中国的形象呢?在1984年,中央下令在全国各个电视台成立对外部。对外部不是为了生产文艺节目,也不是为了生产新闻节目,而是为了生产出口的纪录片。这些纪录片就是为了让外国人了解一个真实的中国,一个实实在在、有血有肉的中国。所以我们肩负着这么一个任务。但我们当时的纪录片没有批判精神，而是带有应景的性质和光荣榜的性质。正因如此，我们的纪录片不能深入人心，不能把人们真实的生存环境和生存状态反映出来。1984年底，我到宁夏区参加第二届全国对外宣传工作会议。中央台有一个统计数据：上海电视台从1981年到1984年时间，通过中央台这个渠道一共出口两小时的片子，在全国30个省市中排倒数第三位。四年两小时，其中有1小时还是电视剧，还有1小时是两部纪录片，这两部纪录片的编导都是我。上海电视台作为仅次于中央电视台的大台，上海作为中国最大的经济城市，我们在四年中只有两个小时的节目出口，而且是通过中央台的渠道出口的，这是一个什么景象？我觉得我们太失职了，我们作为电视工作者，没有尽到应有的责任。所以我非常着急，觉得很没面子。回来以后，我就给龚学平同志写了一封信。我说我这次去开会太难受了，我们是不是能够用三年的时间改变这样一个状况。龚学平同志很有魄力，他说："那不行，什么三年？一年就要改变现状！"于是，1985年1月，就从新闻部里抽调了19人成立了对外部。当时给了我一个委任状，让我担任对外部的责任编辑。成立对外部的第一年，也就是1985年全年，我们就从中央台出口了19条片子，一举成为全国第一。

谁能想到上海电视台的纪录片崛起是从对外宣传的需求开始的，而刘景锜的激情写信和龚学平局长的魄力举措，无疑为上海电视台的对外宣传和纪录片的勇立潮头，点燃了第一把薪火。

又有谁能想到，上海电视台的纪录片大打翻身仗，并且引领中国的纪录片潮流，却是采用鲁迅倡导的"拿来主义"。

伟大的鲁迅曾经说过："'送去'之外，还得'拿来'，是为'拿来主义'。"但我们被'送来'的东西吓怕了。先有英国的鸦片，德国的废枪炮，后有法国的香粉，美国的电影，日本的印着'完全国货'的各种小东西。于是连清醒的青年们，也对于洋货发生了恐怖。其实，这正是因为那是'送来'的，而不是'拿来'的缘故。""所以我们要运用脑髓，放出眼光，自己来拿！"

既然真实本是纪录片的灵魂，既然国际上擅长运用真实的纪录片手法，既然我们的外宣纪录片也要通过国外电视媒体的通道，而真实反映现实的纪录片是国外电视媒体欢迎并且能够接受的风格，我们何不"拿来"，学习借鉴国外优秀纪录片的纪实风格。上海电视台对外部的第一任主任周济和刘景锜顶着压力，开始了勇敢的尝试。刘景锜说得很实在：

当时在对外部开会的时候，我说，虽然我们现在成立了对外部，但是我们这些人都是搞新闻出身的，习惯于报喜不报忧和组织拍摄。这样是绝对不行的，我们必须改变。我们要从内转到外。过去新闻是对内宣传，但是现在纪录片要给外国人看，外国人觉得不好就不买你的片子，不放你的片子。从1985年成立开始，我们坚持了三年，采取几个措施来改变过去的错误观念。第一，每周有一天业务学习，主要内容就是看片子。我们看国内外的优秀纪录片，包括获奖作品或者国外比较有名气一些的纪录片。第二，我是责任编辑，我会修改所有的文字稿。从解说词动手，一是"帽子""靴子"一概不要，二是所有的形容词都给删掉。对外的纪录片就是要讲大白话，老老实实的。第三，我们要拍光明的，也要拍些问题。我们不能全是莺歌燕舞，潺潺流水。一个立体的中国，那才是真实的中国。

通过三年的努力，我们知道了海外的电视观众对中国的了解，也就相当于中国小学生的水平，我们必须像对待小学生或者学龄前儿童一样，把中国的事情讲清楚，讲得形象、生动、有趣才行。另外，我们开始认识到纪录片在国内或许仅仅是一个宣传片，但在国际市场上，它就是一个商品。想要把商品卖出去，就必须看看人家喜欢什么样的商品。也就是说，如果要它进入市场有社会效益，必须先有经济效益。必须先要卖出去，才能有社会效益。

中国的纪录片走出国门不仅要转变理念，遵循真实的法则，借鉴国外纪录片的先进经验，而且需要一步踏进文化产业的市场，将纪录片作为文化商品，按照国外观众的欣赏口味和国外纪录片的行情需求，既达到推介宣传真实中国的目的，又与国际纪录片市场接轨。中国大陆纪录片的崛起之路和产业化发展之路，就是这样出人意料却又顺理成章地先从与国外的纪录片合作及商业运作开始的。

善于思考的刘景锜在感悟中打了一个生动的比喻：

> 纪录片究竟是干什么的？我认为是用来沟通的。纪录片把东方的文化介绍到西方去，把西方的文化介绍到东方来。所以有时候我说，纪录片是一头驴，纪录片的编导就是赶驴的人，驴的身上背负着文化到世界各地叫卖，让其他人认识这个文化。这就是纪录片。文化是不可能被完全融合的，它只能沟通，或者说主要是被沟通而不可能被完全接受。所以纪录片最根本的使命在于沟通。

这样的比喻也只有刘景锜才想得出，可比喻得恰当而深刻。何谓纪录片？现在的教课书将纪录片的定义诠释得明明白白：是以真实生活为素材，以真人真事为表现对象，对其进行艺术加工与展现，以展现真实为本质，从而引发人们思考的电影或电视艺术形式。纪录片的核心是真实，其生命力也是真实。

可是科班出身的刘景锜对纪录片的颖悟并非从拍第一条纪录片开始的：

> 我1969年拍第一条纪录片，但那时我也不知道什么叫纪录片，也不知道纪录片和新闻片究竟有什么区别。直到1985年以

后，从事对外宣传工作，通过看书和一些切身体会，才认识到纪录片首先应该有一个现实的价值。当时的现实价值就是能让海外的观众看到中国究竟在发生什么？中国人现在的生活状态是什么样的？中国大地的面貌是什么样子的？然后我又想到一个问题，那就是纪录片不仅仅是为现在而做的。因为纪录片有真实性，因为它是同步的纪录，我们记者在场、编导在场、主创人在场，我们就在事件和人物的身边，所以我们记录下来的应该是真实的、第一手的、有历史价值的。除此之外，我们的纪录片还是一种创作。它不仅仅是纯自然主义的纪录，它还体现了编导的个人风格，他对事物的认识以及对美的发现。所以纪录片还具有审美价值。

尽管有了如此深刻的感悟，并且在纪录片的对外出口渠道和拓展海外市场方面，上海电视台的纪录片已经打开了缺口，引起了海外影视同行的关注和兴趣，奠定了一些地位，但纪录片在上海电视台，乃至中国电视界，还是没有地位。在上海电视台总编室的节目编排中，纪录片通常被当成节目点缀或用来填补空档的，时间从来不固定，有时候在凌晨6点，有时候在中午11点，有时候在午后13点。因为纪录片不是一朝一夕可以摄制完成的，所以台里也往往不将纪录片的从业者作为像新闻部那样一线岗位，给予某些照顾，因而工作条件十分艰苦。因为在国内、在台里没有地位，没有影响，所以也没有人肯赞助。即便我们的纪录片已经打入了国际市场，创收也是杯水车薪，而国内的纪录片市场，完全是死水微澜，看不到一点动静。

天地转，光阴迫。心情郁闷但又不甘冷落的刘景锜和一心想打纪录片翻身仗的同事们，便日思夜想，琢磨着对外部是不是要主动申请创办一个自己的纪录片栏目，固定播出时段，培养观众的收视习惯。回忆起这段创业创新的经历，刘景锜和后来担任海外中心主任的王小平有点不尽相同：

王小平的回忆居然是：长途车里碰撞出来的点子。

　　记得那是在去苏州东山的路上，在一辆中型面包车里，我和汪求实、姜招虎、余永锦、徐之浩等几人坐在车的后二排，那是1992年的夏天，电视里正在播出电视剧《编辑部的故事》，我们科室的氛围也比较"热"——头脑发热，大家坐在车里七嘴八舌地讨论、争论，主要话题是想求变，怎么变法？最后意见比较一致，是要开个纪录片栏目。去的路上将这想法坚定了，回来的路上则讨论如何实现。首要的问题是谁去说服部领导刘景锜。刘老爷子在部里还是有相当威严的，我们都不去，怕把握不大，被他骂出来，想来想去一致认为只有章焜华去跟刘老爷子谈有可能，他们是同学，资格上是同辈的。星期一一上班，就甜言蜜语地哄着章老师去同刘主任提，我们七八个人聚在大办公室等消息。没想到，一会工夫章老师领着刘主任一起来到大办公室，一进门隔老远，刘老爷子就大嗓门地说："王小平，听说你们有重要的事要跟我说。"我想，坏了，章老师还是怕啊，又推回到我们这边来了。谈就谈，豁出去了！

　　刘主任倒也没斥责我们的胡思乱想，只是比较担心背上栏目后会为每一期的节目源疲于奔命。大办公室里围着一大堆人，从我们两人对话到集体大讨论，最后，刘主任挺民主地放下一句话："你们先拿个方案吧。"我们都挺兴奋，这就是说有可能啦！不久，老科长余永锦因公到美国半年，汪求实任科长着手酝酿方案。思路渐渐明晰：纪录片栏目可能要一定的长度，才能容纳下一定的篇幅，内容是要发挥我们已经开始的关注普通人命运的特长，形式上纪实，反对虚假。汪求实咬咬牙，设奖四百元征集栏目名称。最后是章焜华中标，他拿出来的几个名称中有"纪录片编辑部"，我们都感到挺好，平平实实又明白无误，只是"部"大了一点，还是谦虚一点，最后就定下了为《纪录片编辑室》。是栏目就要有主持人，大家认为主持人应是有资历的成熟的男性记者，我说楼下译制部有一个演员名字叫不上，每天来来去去面熟，外形上倒是可能符合这样的定位，他就是刘家桢，从那时一直到今天就是《纪录片编辑室》的主持人。

而刘景锜老师的回忆在细节上与王小平有较大的出入。

2019年元月的一天中午，刘景锜老师与我相约于上海电视台，这位年近耄耋之年的纪录片权威，抱病对我的初稿字斟句酌，补充了很多鲜为人知的细节故事和辛辣中肯的修改意见，那种对纪录片事业的热爱、探索、自豪和担忧，所呈现出来的执着与较真，是我等晚辈及年轻一代少见的。老爷子的厉害果然本色不改。

老爷子对我说：

> 要争取对外部在台里的地位，大家的心情是一致的，但我从来没有反对搞纪录片栏目。事实上，他们给我的方案是办一个小栏目，叫《双日特写》，每次播出10分钟。他们要的是在台里的地位。我看后说：我们是对外宣传职能部门，你们想搞这样的栏目，那就离开国际部，到新闻部去好了。我说：要搞就纪录片栏目，长度按照国际惯例搞一个一小时的栏目，节目50分钟，广告10分钟，每周一期。大家想了很多名字，后来我说还是叫《纪录片编辑室》吧，栏目里一定要有"纪录片"三个字，为纪录片正名。又因为那时有一个电视剧叫《编辑部的故事》影响很大，所以就取名《纪录片编辑室》。
>
> 到1992年底，我们把这个栏目规划好了，把节目时间缩到40分钟，每周一期。我说，我们来一个观摩会吧！然后就把所有党委委员和领导都请来了。我把我们从1988年开始拍的《摩梭人》到1992年拍的所有的纪录片放了一整天，领导们看了一整天。刚调来的新台长盛重庆看了之后说："我们台拍了那么好的纪录片，我怎么不知道？"我说："没有专门的栏目呀，所以看不到呀。总编室给我们安排播放的不知道是什么时段，观众找不到，你们也找不到。"于是，当场他就批给我们栏目时间，星期六晚上8点钟黄金时

段播出，每个星期一次。大家都欢呼，很高兴。

　　尽管回忆的细节有出入，但有一点是一致的。当时纪录片在中国传媒界的生存空间很局促，但是已经有一群热爱纪录片的媒体人在勇敢地探路，探索属于中国特色的纪录片之路。

　　中国的纪录片之路走得并不顺畅。1993 年 1 月，《纪录片编辑室》正式开播了，但这档担当开山使命的新栏目，虽然放在星期六晚上黄金时间播出，刚开播时，收视率却并不尽如人意，观众寥寥，收视率排在十几位。这是一个慢热型的节目，不像《新闻透视》《体育大看台》《国际瞭望》等新闻热点类栏目或《大世界》《大舞台》《今夜星辰》等综艺类栏目，一开播就收视率飙升，一炮打响。这对刘景锜等一群"老法师"来说实在是颇为煎熬的事。

　　刘景锜回忆道：

　　　　一直到《毛毛告状》播放了以后，一下子万人空巷。整个上海都在讨论毛毛告状的事情。街上、电车上、商店里都在讲毛毛，而且我们分成上下两集，观众要等一个星期，才能看到下集。着急啊！就从这部片子开始，我们栏目的收视率一下子跳到了第一位，最高的时候收视率达到 36%。

　　　　那个时候，我们把自己的办公室改成一个演播室。做节目的时候，先由主持人讲，然后放片子，完了以后，有采访对象或者编导的讲述以及专家点评，完全采用栏目的形式而不是纪录片的形式。当时，我给这个栏目规定了片源，三分之一是全国优秀纪录片，三分之一是我们自己生产的纪录片，还有三分之一是购买海外的优秀纪录片。基本上是按照这样一个路子来做的。

　　《纪录片编辑室》创办十周年之际，著名的纪录片导演、诗人王小龙写过一篇回忆文章。他骄傲地宣称：

《纪录片编辑室》是中国电视史上第一个打出纪录片旗号的栏目，推出一批讲述城市平民生活的纪实作品，引起强烈的社会反响，收视率甚至超过电视新闻和电视剧，一时成为上海街谈巷议的热门话题。他以崇敬的口吻报出了《纪录片编辑室》初创时期的创作骨干：有1960年代的大学生，后来长期从事电视新闻工作的王文黎、章焜华，王文黎是极为轰动的纪录片《毛毛告状》的导演，章焜华的获奖作品更多一些，包括《半个世纪的乡恋》《回到祖先的土地》。中间一层有上过战场、读过老庄的宋继昌，有当过工人、农民、教师的汪求实、冯乔、江宁，摄影中有老一辈拍胶片出身的朱盾、赵书敬、祁鸣，有台里公认技术最好的摄影陈正才、汤炯铭、余永锦，有部队记者出身的李晓。

其实，王小龙还漏掉了王小平、王蔚和柳遐，还有第一代电视人伍亚东、资深的音乐编辑庄维淞等。《纪录片编辑室》这些精英，差不多每人都有一部或者几部获国内大奖或国际大奖的作品。这是一支今天看来在中国也仍然难以找到的、整齐的创作集体。刘景锜特别强调：《纪录片编辑室》栏目的产生和成功并非偶然。说起来，机缘首先归功于中国的改革开放，产生了巨大影响的《纪录片编辑室》又卓有成效地推进了对外宣传。又因上海开风气之先创办了两年一次的国际电视节，上海电视台便有意抽调有资历有才干的编辑记者做主要用以外宣的纪录片节目，台里进的第一个研究生、第二个研究生、第三个研究生也都分配到对外部。

天时，地利，人和。一群理想主义的才俊团队，因为外宣的需求，创出了中国第一个纪录片栏目，中国第一个纪录片电视频道，中国第一个开展纪录片国际交流和纪录片产业化运作的纪录片重镇。

当时，《纪录片编辑室》的一群创业者们，自觉地形成了一种学习、交流、借鉴、创新的创作氛围。王小龙说：

摄制组每次外出拍摄，回来就一起看素材，任何讨论和争吵都会引来同事们热烈参与。看片间的机器从来就关不掉，谁找到一部好作品，大家会一遍一遍地观摩分析，年轻的发烧友竟将有的作品每个镜头的长度都记了下来，像画一张解剖图似的。那是个痴迷的时期，单纯的时期。这些人有一定社会经历，责任感很强，都相信纪录片是一个严肃的社会工作，相信纪实的力量可以改变什么。

那真是如饥似渴的年代，连"从满头青丝做到鬓髻如霜"的王文黎、章焜华、宋继昌等老师，为了追求纪录片的真髓，都重新回炉，像重新回到课堂一般，观摩、学习、借鉴了很多国内外优秀纪录片。刘景锜感慨地如数家珍般回忆起那些年看过的经典纪录片：日本纪录片《五平太流转》《父亲从战场上的来信》《大地之心》《小鸭子的故事》等，使我们赞叹其选题之巧妙，结构之曲折；美国纪录片《巴卡·丛林中的人们》《信守诺言》等，让我们看到了一个未曾看到的世界，看到了人类为生存而进行的艰苦卓绝的奋争；《内部宇宙》《肖像》《路易赛特的命运》《汽车联想》《白狼》等，又让我们发现，原来纪录片的品类如此繁多而精彩。处在改革开放中的中国，这些年优秀纪录片也层出不穷。从煌煌巨制的《丝绸之路》《大黄河》《绿色长城》《万里长城》《七大古都》《望长城》到《刘焕章》《沙与海》《藏北人家》《家在向海》等，不仅记录了一个伟大的国家、伟大的民族，也记录了一大批纪录片创作者艰辛的足迹。

令《纪录片编辑室》一飞冲天，并且至今未曾打破这部片子36%收视率记录的纪录片《毛毛告状》的导演，就是王小龙提到的1960年代的大学生，长期从事电视新闻工作的王文黎老师。搜索王文黎的简历，意外地发现1935年出生的王文黎除了是上海电视台高级编辑外，她还是抗日将领国民党精锐师98师少将旅长王禹九之女。她和抗日英雄父亲的战友路景荣之子路月浦定过娃娃亲，淞沪会战之前，路景荣和王禹九同在国民党精锐师98师服役，路景荣是583团上校团长，王禹九是587

纪录片导演王文黎在纪录片拍摄现场

团上校团长。因为路景荣壮烈牺牲，娃娃亲因此而耽搁。70年后，王文黎与路月浦相见，回忆往事，不胜唏嘘。王文黎的故事，本身就是绝好的纪录片题材。沧桑的人生，必然对坎坷的人物命运产生兴趣。

《毛毛告状》讲述的是一位湖南来沪的打工妹谌孟珍，与上海弄堂里的一位残疾青年赵文龙未婚生女，但是毛毛降生后，孩子的父亲认为自己的残疾程度不足以生子，拒绝认子。于是毛毛的母亲抱着3个月的女婴找到法院打官司。王文黎闻知此事，在跟踪采访的过程中，参与了调解帮助，在小毛毛还没到可以作亲子鉴定的法定年龄情况下，通过医疗机构为毛毛做了亲子鉴定。当鉴定结果出来后，在跟拍的摄像机前，毛毛的父亲悲喜交加地流下了眼泪，当场认了自己的女儿。因为这部比虚构的电视剧还要生动的悲情故事，以一家苦命人的命运纠葛，以现场进行的纪实镜头，在父亲到底会不会认女的悬念中层层推进着剧情，加之上集播出后必定要等到一个星期后才能看到下集的结局，一下子勾起了上海观众的好奇心，扣人心弦的剧情最终以一家人团圆结局，让急切等候在电视机旁的观众长长地舒了一口气，也让《纪录片编辑室》栏目出人意外地拉了一根收视长线。

这部纪录片的大获成功，主要的功臣当然是主创王文黎，但题材的甄选和线索的提供，同样离不开《纪录片编辑室》的创作群体，1983年底考进上海电视台，后来也成为著名纪录片导演的冯乔功不可没。据刘景锜回忆：

> 1993年春节前后，打工潮涌进大上海，连续几天的报纸上、广播电视里都是劝说盲目进城打工的农民离沪的新闻。我们请老编辑王文黎来看看能否做点别样的文章。在王文黎紧张采访的当口，另一位编辑冯乔在饭桌上听妻子说起一椿听来的新鲜事：一个打工妹抱着四个月的孩子到上海来认爸爸，可爸爸不认。于是毛毛要打官司，有名有姓，言之凿凿。小冯一想，这里面有"戏"！赶快把这一信息电告老王。老王判断，这个官司无论谁输谁赢，都值得报道。第二天，她带着摄制组找到了那位抱着孩子告状的湖南妹子，记录下了一个真实感人而又一波三折的故事。
>
> 正巧，在《毛毛告状》摄制播出前，1992年，由张艺谋导演、巩俐主演的《秋菊打官司》上映，引起社会反响不小。而1993年《纪录片编辑室》播出的《毛毛告状》分明反映生活在社会底层弱势群体的真实故事。同样都是讲女性打官司的故事，《毛毛告状》采用的是编导在现场跟踪的同期声实况拍摄，其故事的曲折与精彩一点不亚于虚构的故事片《秋菊打官司》。

跟踪式实况采访，追踪讲述寻常百姓生存命运的真实故事，这是如今中国电视纪录片早已熟练运用的创作理念和拍摄手法，但是当时，在改革开放多年后，才由上海电视台一群钟情于纪录片的从业者首次大胆尝试。从1988年的《摩梭人》，到1990年的《老年婚姻咨询所见闻》《呼唤》，乃至1992年的《劳改队纪实》《十五岁的初中生》《德兴坊》《十字街头》《谢晋和他的孩子》等，直到中国第一个纪录片栏目《纪录片编辑室》播出《毛毛告状》这样的追踪平民生存状态的人性化题材，引起轰动效应，标志着这一理念和手法的日趋成熟。

讲真话,拍小人物,看人性冷暖。王文黎在总结《毛毛告状》的成功时感悟到:

> 在竞争日趋剧烈,人情日见冷漠的商品社会,包括我自己在内的芸芸众生更需要有人性和人情的温暖、滋润。
>
> 我们这个社会曾经长期将人性和人情当作资产阶级腐朽思想意识加以批判。我自己就曾经有过许多极"左"的观念。从前对一切人和事往往简单化为是、非、好、坏四个字,而很少去追究这四个字后面的"为什么"。我想前些年如果让我去采访《毛毛告状》这样的题材,我绝对不会去同情赵文龙,采访的时候说不定会义正辞严,作"谴责状"。果真如此,《毛毛告状》就会是另外一种样子,也许根本就拍不成了。

观念的转变,加之于王文黎自己坎坎坷坷的人生经历,使得王文黎情不自禁地在跟踪采访中渗透了纪录片吸引人、打动人、影响人的精髓——世上真正宝贵的,不是高官,也不是厚禄,而是人与人之间的一份信任,一份理解,一份真情。

正是怀着这样一份对人性的敬重,对纪录片真实原则的敬重,王文黎的跟拍手法,从最初残疾人赵文龙的抵触,逐渐得到他的认可和配合,乃至后来发展到遇事请教,充分信任。

《毛毛告状》拍摄中

《毛毛告状》纪录片的跟踪拍摄过程,本身也是一段令人感慨的精彩故事。王文黎回忆道:

> 像《毛毛告状》的男主人公赵文龙那样在镜

头前无顾忌地讲话的人是不多的。他对摄制组的采访也有过抵触。记得第二次去采访他时，他提出"不拍镜头我就说，要拍摄，我就不讲"，我们当即答应了。后来谈话的气氛越来越融洽，谈到他残疾后遭遇的坎坷和不平，我们又开机他也没有再说什么了。7月19日《毛毛告状》的预告片播出以后，他发现"邻居的眼光都变了"，感受到了沉重的压力，连续三次打电话问我们是否能不播？我们耐心地说服他，最后他总是说一句"我相信你们不会害我"而同意播出。可见采访和播出都需要采访对象对摄制组的信任，没有这一点要想拍出好的纪录片是不可能的。

等闲识得东风面，万紫千红总是春。就这样，从《毛毛告状》开始，名不见经传的《纪录片编辑室》忽然走红了，用上海话说就是"火热得得滚"。上海乃至全国的观众忽然发现，不仅仅是《毛毛告状》，一部部类似《毛毛告状》的关心小人物生存状态的、故事进行时的、充满动感的、充满悬念和视觉冲击力的跟拍式纪录片，一下子在电视屏幕上蹦突出来，成为相当一段时间荧屏新看点和新亮点。关注人生、关注社会、关注小人物、关注时代的嬗变，已然成为中国第一个纪录片栏目的名片和引领纪录片异军突起的旗杆。

王小龙不无自豪地以数据说话：

2003年5月，中央电视台在近20个栏目被删除的情况下，《纪录片》被保存下来并改版为《见证》。《见证》首播的节目为纪录片系列《时间的重量》，该系列汇集了一批有一定影响力的纪录片。这是一次对20世纪90年代以来中国纪录片成长历程的再梳理。"时间的重量"选择的第一批50多部纪录片中，我们上海电视台《纪录片编辑室》的作品占了8部，包括《大动迁》《妈妈不在的冬天》《重逢的日子》《茅岩河船夫》《德兴坊》《半个世纪的乡恋》《毛毛告状》和《一个叫做家的地方》。

这8部作品的导演都是重量级的纪录片导演，更是《纪录片编辑室》的功臣，他们分别是：

《大动迁》——导演章焜华，本片获1995年中国纪录片学术奖特等奖，上海广播电视优秀节目一等奖、上海外宣银鸽奖一等奖。

《妈妈不在的冬天》——导演叶卉，本片获第六届上海国际电视节白玉兰短片大奖，第十五届大众电视金鹰奖纪录短片大奖，国务院新闻办、中国广播电影电视部中国彩虹奖，中国纪录片学术委员会学术特等奖，上海电视台百花特等奖。

《重逢的日子》——导演王蔚，本片获1994年全国外宣节目二等奖，入围1996年荷兰阿姆斯特丹国际纪录片节，1999年意大利佛罗伦萨国际纪录片节。

《茅岩河船夫》——导演宋继昌，本片获1994年上海国际电视节最佳白玉兰短片奖。

《德兴坊》——导演江宁，本片获第四届上海电视节记者奖，第四届上海电视节观众最喜欢的纪录片奖，入选1999年意大利波波利电影节中国纪录片回顾展。

《半个世纪的乡恋》——导演章焜华，本片获第二届华语电视最佳纪录片金龙奖，中国电视纪录片学术委员会特别荣誉奖。

《毛毛告状》——主导演王文黎，本片荣获1993年四川国际电视节熊猫奖。

《一个叫做家的地方》导演王小龙，本片荣获上海电视节最佳人文类纪录片奖。

获得大奖并获得社会美誉的岂止这8部，一路走来，列入《纪录片编辑室》光荣榜堪称经典的纪录片还有《上海最后的三轮车》《走进罗布泊》《沈漱舟的家》《回到祖先的土地》《婆婆妈妈》《劳改队纪实》《我的谭子湾小学》《下岗以后》《Bobby老师：您好》《呼唤》《老年婚姻咨询所见闻》《十五岁的中学生》《上海里弄》《上海石库门》

《逃亡上海》《威海路20号》
《出狱》《谢晋和他的孩子》
《干妈》《远去的村庄》《红跑
道》《房东蒋先生》《毛毛十
岁》《教育能改变吗？》《喀什
四章》……

　　继往开来造就的一代代
纪录片精英的还有应启明、
干超、李涛、王韧、王文煜、周
雯华、黄赢灏、袁维晖、朱宏、
李菁、刘丽婷、徐冠群、吴海

《走进罗布泊》编导宋继昌、摄像李晓和主人公余纯顺合影

鹰、许盈盈、唐俊、王锋、张伟……

　　每部获奖片都有一段精彩的幕后故事。列入央视中国纪录片展映丰碑的由上海电视台《纪录片编辑室》创制的8部纪录片中，章焜华独占两部。

　　出生于1939年，从电视台文艺编辑转型到纪录片的章焜华，始终有着纪录片的情结，他早年拍摄的反映著名书法家、上海市书法家协会主席周慧珺砥砺成才故事的纪录片，就是一部跟踪采访的纪实片。直到退休，他始终坚持纪录片不应虚构不应情景再现的原则，他在一系列回忆及论文中反复强调这一点：

　　　　我在电视台文艺部的时候，当时对纪实的手法认识还很不够，对一些已成过去的真人真事如何拍很迷茫，而我们又要拍，有时就只能用笨办法，让人重新扮演。比如说我在拍摄《龙华桃花别样红》的时候，就让刘文国扮演过殷夫，让胡志芳扮演过冯铿，还把烈士作品里头的话编成台词。也许拿今天时髦的用语，这可以叫"真实再现"，但我内心是挣扎的，纪录片能这样拍吗？

　　　　我从上海电视节得到的最大收获，就是能够看到世界上各种

《纪录片编辑室》的工作照：主持人刘家桢和编导章焜华

不同样式的纪录片，真正是万紫千红，美不胜收，非常过瘾。那段时间，我们看到的纪录片的主要手法是纪实，那些片子的拍法和我们大不相同。我们的拍法是"马后炮"，他们是跟事件同时进行，同步拍摄的。所以与事件发展同步拍摄是我们上海电视台纪录片人从上海电视节中学到的，多年困扰我们的问题总算找到了出路。这是非常了不起的进步。现在有些人叫"真实再现"，这提法不准确，它应该叫"情景模拟"。现在一些纪录片的手法，我很不赞同的。他们将"情景摸拟"的镜头通过技术处理做旧，然后又跟以前真实记录的历史镜头拼接在一起，让人分不清哪些是"模拟"的，哪些是纪实的。如果大家都这样做，恐怕若干年后，我们的大学历史系就要专门开设一个专业，像鉴别文物真伪一样去鉴别我们纪录片影像的真伪了。

章焜华用"沧桑巨变"四个字来形容第一代《纪录片编辑室》创业创新者创作观念和操作规则的变化：

过去的纪录片给人的感觉是摄影机（摄像机）似乎总是在半空中远距离地俯视生活。如今许多纪录片编摄人员已经把摄影机（摄像机）从空中降到地面，贴近社会，贴近生活。由摆布调度转为发现、跟拍、抢拍。他们领悟到真实地记录生活，展示生活的原生状态，这才是纪录片的魅力所在。

自从找到了同步拍摄的纪实手法，我和"情景模拟"就永别了。我不反对别人做，但我自己绝不做。我拍过一些片子，像《大动迁》这类，因为是采用跟踪手法进行拍摄的，所以不存在模拟的问题。而像《半个世纪的乡恋》，讲述的是半个世纪以前发生的事情，但我还是坚持不用模拟和扮演的办法。在这部片子里，我抓住当事人，也就是片中的老太太寻找弟弟这一条线，因为这条主线是正在发生的，我在拍这个现在进行时的主线的时候，就可以不断地把她以前的事情表现出来，她自己可以回忆，周围人也可以讲，包括她的养子，她的丈夫以及她在韩国找到的一些人，这些人都可以让我们拍到大量生动的深刻的东西。此外，还可以通过一些影像资料、照片等，把业已过去的故事，表现得有血有肉，有笑有泪，而且这些都是可以作为档案摆出来，让观众信服的。

可以这么说，不出国门，取得了真经，应该归功于改革开放，归功于主动与国际接轨的上海电视节，归功于一群胸怀纪录片理想、勇于借鉴更勇于探索，让纪录片回归真实、回归本源、回归人性的纪录片开拓者。

复旦大学新闻学院一位年轻教师吕新雨博士，正是从关注《纪录片编辑室》这个栏目起步，开始了对中国新时期纪录片的研究，十年后她的一本研究专著《纪录中国——当代中国的新纪录运动》出版。她在一篇文章中特别提及《纪录片编辑室》诞生的时代背景和社会意义：

　　1993年，邓小平南方谈话的第二年，继南方的特区之后，上海的浦东成为中国改革开放的前沿：一年一个样，三年大变样——上海进入超速发展的轨道，由此伴随的民工潮也越来越强烈地撞击起这座中国最大的沿海城市。这是一个城市大变革、大发展的前夜，作为中国最重要城市之一的上海开始承受巨大的社会转型的阵痛，充满了痛苦、焦灼与希冀。几乎所有在这个城市生活的人都无可避免地卷入到这个过程之中，并从此改变了命运。然而，在一个"摩登"的消费主义塑造的上海形象背后，一个平民角度叙述上海的可能性还存在吗？

　　正是1993年的初春2月，上海电视台8频道，作为当年上海最重要的电视媒体，在它的黄金时段开始了一个叫做《纪录片编辑室》的栏目，它也是"当代中国新纪录运动"在体制内确立的重要标志，这个时间点的确立并非偶然。这个运动以关注小人物和边缘人群为自己的主要特征。《纪录片编辑室》是全国开辟的第一家以纪录片为名的电视栏目，也是当代中国新纪录运动在体制内的重要代表。它有过这样的广告语："聚焦时代大变革，记录人生小故事"。在上海市民中，它享有很高的知名度。

　　需要指出的是，几乎所有的《纪录片编辑室》开创者的回忆中，除了播出、国际交流、参赛、研讨、存档等常态性事务，都不曾提及当时《纪录片编辑室》的创制经费从何而来？纪录片和栏目是怎样进行市场化运作的？《纪录片编辑室》是如何建立以知识产权为支点的IP模式在文化产业的舞台上长袖善舞的？当时的情况是，节目经费只是掌门人刘景锜操心的事，编导只管将节目做好就是。当《纪录片编辑室》潮起潮落，一度被称为"悲情故事"模式有所程式化或者同质化，纪录片的题材选择或者机制运营受到种种限制的时候，很少有人从纪录片的战略规划乃至文化产业的机制化运行方面，去深层思考与研究。

　　2003年，中国媒体曾经发起过一场"中国新纪录运动怎么啦"的大讨论，曾经担任上海电视台海外中心主任的王小平对纪录片出现的潮起潮落现象，就借鉴国外纪录片运行机制和市场运营，提出了引起争议的思虑：

> 是缺钱？缺人？曾经也这样想过，但作过一些调整后发现并不解决问题。多次碰壁苦苦思索后，终于发现问题是我们制作观念上没有变化，是我们运行机制的创新没有跟上。"逆水行舟，不进则退"。本来，中国新纪录运动就是改革开放时代的产物，本来纪录片栏目的产生就是电视"求变"的结果。"神话"已经结束，我们需要理性思维。
>
> 记得1993年学术界曾热烈展开过"什么是专题片，什么是纪录片"的讨论。今天是否应再次讨论"什么是纪录片"呢？为什么许多人回到家热情地收看美国探索频道的《白浪探险》《医学探险》，却要批评《纪录片编辑室》到非洲、到南极去拍片？可美国探索频道明明是个专业纪录片频道。为什么不少台热情地引进BBC的历史长片、野生动物片和美国地理杂志的环境片，却并不对中国纪录片中尚有许多空白点而感到危机？我们曾经从"讲述身边百姓故事"出发，但不能把这定义为纪录片的全部。再来大讨论"什么是纪录片"实在是没有必要。纪录片是那么一个丰富多彩的世界，观众又有那么多方面的需要，我们为什么要把路越走越窄呢？
>
> 在生产方式上，我们一直没有形成真正意义的制片人制，这也是一个很大的问题。国外纪录片制作机制的核心是制片人制。不论是电视台还是独立制作公司，制片人管策划、确定项目、找资金、定导演、定成本，制片人对最后的成片质量和经济效益负责，导演只对艺术负责。我们的制片人更像个科组长，在经费运作和选题立项上都没有自主权。一层层管的人太多，制片人最后就成了个上传下达的角色。导演的怨言也很多，想到你是纪录片时就用纪

录片的标准来要求你,不想到你是纪录片时就把你当应景文章来要求。现在开始讲成本核算了,又要导演自己去面对经费压力。我们渐渐丧失了一种精神,一种好纪录片导演应具备、应坚持的精神,那种个人独立的思维,那种个人独特的对周围世界的敏感和责任心。拍片不再是生命的需要,不再有冲动,不再有激情,只剩下为工作而工作。

中国电视业的环境这几年已有很大的变化。电视剧从10年前互相交换几十元一集到现在渐渐形成市场,按质论价,制作公司优胜劣汰。数字化新技术、网络时代新经济、制播分离、WTO前景,使电视制作机制日渐活跃和多样化,最终形成市场,也是迟早的事情。中国新纪录片运动走了10年,是不是该在如何良性运作方面成熟一点?

国外电视中的纪录片大致有两种:一是专业的纪录片频道,美国有"历史频道""地理杂志频道""探索频道",欧洲有法国的"艺术频道"等;另一种是电视台有纪录片栏目,像美国公共电视台、日本NHK、英国BBC等。内容上一类是新闻杂志型,像《六十分钟》《四十八小时》,像BBC的《大广角》,除此之外,可以说纪录片内容是包罗万象的,天文地理、人文历史、科学和经济,运用纪实手法,有一定长度和内容深度,有导演个人艺术风格的,都是纪录片。制作方式上也有两种,一种是大量的委约外制,美国几大纪录片频道80%以上的作品是这样制作的,有制作公司拿着策划方案上门的,也有电视台有了计划对外委托制作的。一来二去,信誉好且有专业水准的,成了一些长期联系的制作单位,但新人也常有机会。另一种是自己制作,除了新闻类纪录片大多自己制作外,BBC、NHK和许多大台也自己制作其他各类纪录片。这些纪录片不仅到处拿奖代表了大台的制作实力和权威性,更是这些台"生财有道"的主要来源之一。他们有纪录片部,有很强的策划人、制片人、导演、摄影,这些常常是项目定下来后外请,但电视台有很好的技术部，专门提供各类适合纪录片拍摄需要的设备器材。不论是哪一种制作方法，纪录片的投入都很大，一般国内一小时为10万美元，海外制作一小时为50万至100万美元。这么大的制作成本怎么回收？靠规模化制作，靠市场化经营，靠纪录片多次多地甚至是长时间的卖片价值。也有的到别的市场上去包频道、包时段播出。

我们纪录片要想从目前制作的尴尬中解脱出来，从怪圈突围出来，就要向国外纪录片比较成熟的制作体系学习，按不同的功能要求分开来，做得单纯一些，符合规律一些。有条件的台可以搞新闻纪录性纪录片栏目，像《六十分钟》《四十八小时》那样的，专门针对本地观众，观众特别关注的焦点、难点，有深度、有时效，是肯定有高收视率的。但卖片呀，冲国际奖呀，外宣呀就不要强加给这种纪录片人做了，太难为他们了，也做不好。新闻类之外，还有相当大的一个纪录片的天地，电视台要搞，就拿出好策划，找到好制片人，找到投资人，找准市场。什么时候国内纪录片制作分类明确、分工明确，真实按制作规律办事，"中国新纪录运动"才能真正走出幼稚期，走向成熟。

说是"中国新纪录片运动怎么了"的大讨论，其实也是大争论，就如同中国的改革开放一样，一味照搬国外的一套，是不行的，必须结合中国的国情。理论和观念的冲撞是探索，而实践的探索始终没有止步。比如刘景锜老师认为"中国新纪录片运动"的提法有待商榷，他说：

人们把20个世纪80年代中国纪录片的勃兴定义为"新纪录片运动"，当然也可以，但是20世纪80年代以前，从实践者到理论界，中国当时没有人认为有纪录片这个东西，有的只是"专题片"。我们这样的从广播学院毕业的科班生，也只是在学校里听到有纪录片的名字，并看了一些国外的作品（主要是苏联的）。到电视台工作后，就再也不见有人提起了。因此，我个人倒倾向于将20世纪80年代开始的纪录片的发展概括为"中国纪录片的崛起"。

于是，刘景锜老师将1994年由上海电视台国际部主办的全国纪录片研讨会定名为"中国纪录片的崛起"。

作为中国纪录片崛起的实践者、组织者和宣传者，刘景锜在操心纪录片的外宣效应和社会效应的同时，也在操心纪录片的经费和节目的经营。他担任海外中心主任的时候，纪录片播出还没有独立的频道，但海外中心的一档节目，放在上海电视台外语频道播出，全年的广告收入就达到1 400万元人民币。那可是1995年，1 400万元意味着什么？不言而喻，中国的纪录片除了社会价值，同样具有市场价值，中国的纪录片通过市场运作也开始创收了。

刘景锜老师的创业时代，精力主要放在中国纪录片的崛起，扩大纪录片在海内外影响力，而对于中国纪录片走向市场、建立纪录片IP模式的产业链，十分低调。客观地说，那个时候，我们国家还不曾提出"文化产业"的说法。2000年10月，在党的十五届五中全会通过的《中共中央关于制定国民经济和社会发展第十个五年计划的建议》中，第一次在中央正式文件中使用了"文化产业"这一概念，这一概念的提出是建立社会主义市场经济体制对文化发展的必然要求，是有中国特色社会主义文化发展的必然选择，是文化产业自身实践和理论研究的必然结果。

联合国教科文组织关于文化产业的定义如下：文化产业就是按照工业标准，生产、再生产、储存以及分配文化产品和服务的一系列活动。从文化产品的工业标准化生产、流通、分配、消费、再次消费的角度进行界定。文化产业是以生产和提供精神产品为主要活动，以满足人们的文化需要作为目标，是指文化意义本身的创作与销售。

响应发展文化产业的号召与要求，在坚持正能量"内容为王"的导向下，按照纪录片产品的工业标准化要求，有规划、有规模地开展纪录片作品的生产、整合、推广、流通、消费，使之形成海内外拓展的中国纪录片的品牌效应和产业链，这一使命，毫无疑问地落在了上海电视台的后起之秀黎瑞刚、应启明、干超、李逸等率领的团队身上。

应启明，这位当过轮渡公司员工、中学语文老师、电视台编导，因摄制系列纪录片《毛泽东在陕北》《长征——世纪丰碑》，创办知名电视栏目《今日印象》《有话大家说》，特别节目《财富对话》而扬名立万，在海外中心担任副主任期间，却因为国内的纪录片跌入低谷，事业面临瓶颈而到一家有着外资背景的影视公司担任两年高管，尝试着制播分离下的国外引进节目《世界财经纵横》的市场运作。其间，2002年，上海电视台在黎瑞刚的率领下，推行小巨人的品牌战略，在累积了492期的名牌栏目《纪录片编辑室》基础上，将其扩大成包含追踪历史、反映现实、解读自然等18个栏目在内的国内第一个专业纪录片频道——纪实频道。但是如同《纪录片编辑室》初播时，纪实频道广告收入虽有所递升，前两年广告收入均为2 200万元，2004年增长至2 500万元，但依然连续三年亏损。在这种情况下，应启明重回体制，2005年出任纪实频道总监，在集团领导的鼎力支持下，对纪实频道的整体运作进行了大刀阔斧的改革，不仅扭转了纪录片的颓势，频道定位精准，节目品质齐整，屡获大奖，而且当年创收4 800万元，几乎是2004年收入的翻番，一举扭亏为盈。以后连年递升，2006年达到7 200万元，2010年，纪实频道单广告收入就达到了1.24亿元，纪实频道一度神奇地进入让国内纪录片人惊叹艳羡的快速发展期，受到中宣部、广电总局和市委领导多次批示表扬。

经过"围城"内外磨砺，尤其是经历过市场经济、公司化管理与经营洗礼的应启明，不向政府伸手的意识非常强烈：

> 我们纪录片界开会的时候很多人呼吁政府的支持投入，我的观点恰恰相反，从一个纪录片人的良心来讲也不应该讲这个话。不要看中国政府财政收入、税收收入有这么多钱，但是，要讲投入

的话，现在中国急需要解决的教育、医疗、养老、住房等问题中，纪录片应该排在什么位置？纪录片只是在某些特定阶段需要的一种宣传形式，需要国家扶持。剩下的就交给市场自己解决。更多时候，国家只是多从税收政策方面偏向一些就已经非常好了。

有一篇报道这样介绍应启明走马上任纪实频道总监的"三把火"：

首先是节目的"格式化"播出。

"格式化"理念的执行，第一步就是聘请专业设计师对频道定位、形象、logo进行整体系统的包装设计，使每个栏目适应规模生产；第二步是将一些零碎的小节目改版成为整点播出的日播节目，有利观众形成收视习惯，将节目预告、形象宣传片与广告糅和，节目与节目之间实行无缝播出，大大提高广告收视率与广告价格。

应启明说："我们是一个小众化的相对弱势的频道，现在有这么多播出时间不固定不连贯的小节目，就像一块一块的自留地，需要一个规范的系统，让他们成为齐整的大棚菜。我们很多纪录片人很自恋，结束以后有很长很长的字幕，一分钟的都有，可是这不是在电影院里，除了自己的亲友，电视机前的观众没有人会关注这些，一看到很快就会转台。后来我给他们规定，七秒之内必须解决。"

其次是逐步建立一系列日播的黄金时间核心栏目，并通过核心栏目带动周边。应启明强调："一个频道要办得好至少要有一个黄金时间的核心栏目做支撑，对纪录片来说，这个黄金时间可能是八点也可能是九点、十点，节目的时长要达到一个小时，通过这个核心栏目发挥带动效应，比如现在我们做的《见证》等，虽然还没有完全达到核心的标准但是已经初现端倪。"

为了满足大量日播节目供应，纪实频道还对纪录片的生产方式、流程和播出机制进行了改革，改编导中心为制片人中心，推进规格化、规模化、流程化与团队作战的新模式，将成本、时间、风格、质量都纳入可控制范围，大大降低了成本和市场风险。比如10集系列片《唐山大地震》，在一两个月内，将几百个采访对象集聚在唐山，集中拍摄，流水操作，节省了60%的费用和时间，而其节目除了卖给内地多家电视台和香港亚视、凤凰卫视之外，销售远至东南亚甚至加拿大电视机构。

运用工业化流程组织纪录片生产，使SMG纪实频道在短短几年中推出了《往事》《文化中国》《档案》《经典重访》《真实影院》《探索》《传奇》等18个栏目，囊括了自然与社会、历史与现实的各个方面，形成了专业频道口述类和纪实类琳琅满目的风格样式与内容。

再次就是广告策略的调整。应启明认为：寓教于乐、老少皆宜这种话我是不赞成的。我们需要把我们的目标受众定位得很清晰，就为这些人服务，这个节目这些人不欢迎我们就不要它。这些受众就是我们的广告受众，我们需要为广告客户"精确制导"，广告客户与我们观众群是吻合的，那么广告就是"精确制导"的。"精确制导"要比普通炮弹贵，但是要比盲目的地毯式轰炸要便宜很多，我们就是按照这个广告思维去做的。

这种广告思维根本上还是源于对纪实频道资源的深刻认识。与国内其他地方性纪录片频道相比，应启明觉得，作为地处上海的地面频道，SMG纪实频道的优势在于"拥有大批高端品牌的广告客户"，其观众群多为35岁至55岁的社会地位较高的中年男性，而这些人恰是高端广告客户的目标群体，而上海又是诸多国际高端品牌进入中国市场通常会选择的第一站，这个资源优势别的地方无法复制。

这"三把火"紧密相连，精准严谨，把把烧到了点子上。难怪报道者感叹：

"会赚钱"在当下的中国纪录片界是一种难得的才华。中国才华横溢获奖无数的纪录片人比比皆是，财大气粗精明善营的文化商人也不在少数，但是既能够深刻理解纪录片的本质又能够运用商业管理方法，让一直以来以精英、小众为代名词，以教育、引导为己任的纪录片不落俗套地获得收视和广告的青睐，获得市场的认可，委实不易。

岂止是"三把火"，摘掉了亏损帽子的纪实频道，在黎瑞刚"小巨人"品牌战略的主导下，推出了一系列堪称大手笔的纪录片品牌化、产业化的大动作。且看纪实频道的后续动作：

2006年，纪实频道推出第一届"真实中国·导演计划"。

2009年，纪实频道成立真实传媒有限公司，进行公司化改革与运作，成为SMG媒体板块中的重要组成部分。

2012年7月30日起，真实传媒负责运营SITV下属"全纪实"数字频道节目提供、频道包装（审片、编排）等，每天首播节目达6小时，24小时四轮滚动播出。真实传媒作为专业纪录片频道的制作机构，一并运营纪实频道和"全纪实"数字频道。

让我们解读一下充满创意的"真实中国·导演计划"。

"真实中国·导演计划"的启动，旨在吸引那些富有创意的纪录片专业人士和爱好者，鼓励本土纪录片制作人的成长，支持中国纪录片发展，服务海内外华语市场，构建一个面向世界的优秀纪录片播出平台，倾力打造一个本土化的纪录片品牌。

"真实中国"纪录片创作计划，是一项长期发展计划，每年举办一次。首届"真实中国·导演计划"从2006年6月起面向海内外征集富有创意的纪录片故事提案，主题是发现和纪录时代背景下的人物命运故事，申请者只需提交一份纪录片故事大纲和一份适当的制作预算，即可参加初步遴选。由专家组评定后，最终将评选出8位优胜者。纪实频道将给8位优胜者提供充足的拍摄资金和全程的技术支持。最后，这8部作品将在纪实频道集中展播。此外，优胜者还将有机会参加本次"真实中国·导演计划"特设的大师培训计划，与中外纪录片大师们进行面对面的交流。纪实频道也将力荐其中的优秀作品参加国际性纪录片赛事，为优胜导演创造更大的，展示才华的舞台。

这场以选拔优秀纪录片导演为宗旨的"海选"，一经发布，立刻引来了全国19个省市的480余名纪录片专业人士和爱好者踊跃参与。初选入围的20名选手参加了由知名导演张元、赖声川等人主持的培训班，再通过公开竞标，阐释自己的创意，以赢得"真实导演"大奖，获得充足的拍摄资金和全程技术支持，实现自己的纪录片提案和创作梦想。最后经过终评的激烈角逐，朱鹰文、王云龙等8名导演凭藉《最后的枪手部落》《寻房》等作品赢得了"小金人"。

何为核心竞争力？核心竞争力是指能够为企业带来竞争优势的资源，以及资源的配置与整合方式。

美国学者普拉哈拉德（C. K. Prahalad）和哈默尔（G. Hamel）认为，核心竞争力首先应该有助于公司进入不同的市场，它应成为公司扩大经营的能力基础。核心竞争力是一个企业或者国家或者参与竞争的个体能够长期获得竞争优势的能力，是企业所特有的、能够经得起时间考验的、具有延展性，并且是竞争对手难以模仿的技术或能力，而且随着企业资源的变化以及配置与整合效率的提高，企业的核心竞争力也会随之发生变化。

自打《纪录片编辑室》创办问世，一系列振聋发聩的平民故事纪录片，以人文关怀时代沧桑的真实视角，引领中国新纪录片运动的潮流，以致中央电视台陈虻专程来《纪录片编辑室》研讨会"取经"，他回京不久，"东方时空"的《生活空间》栏目改版为九分半钟的纪录片栏目，片尾总会响起的那句"讲述老百姓自己的故事"，和上海《纪录片编辑室》宗旨一致，也获得了巨大的成功。以致著名作家王安忆看了《纪录片编辑室》播出的《毛毛告状》，深深感叹：这样的纪录片以"真实"挑战了文学，它推翻了文学中"很多虚伪的东西，假的东西"。以致应启明一度想以新创办栏目《真实第25小时》来升级，但最后还是扛不住《纪录片编辑室》的知名度与魅力，宁可停播《真实第25小时》，也要恢复《纪录片编辑室》。直到现在，《纪录片编辑室》的不少经典老片，还在不断重播，依旧受到观众的青睐。

这就是《纪录片编辑室》创造的最初的核心竞争力。

2014年3月，应启明卸任上海文广新闻传媒集团纪实频道总监、真实传媒总经理，他充满感情地留下了一段卸任告白：

> 今年SMG将进入大改革，这是一次向市场化深刻转变的一次改革，真实传媒也将在改革中获得转型发展，相信新班子一定会比我做得好。遗憾自己不能与大家一起亲历这次艰巨而伟大的征程了，好在我和大家的距离并不遥远，我会举起双手，为你们鼓掌，为你们加油。

应启明的接力棒交给了年轻帅气、才华横溢的干超。屡获殊荣，尤其以一部纪录片《红跑道》获得十多项国内外大奖的干超，一上任，便面临黎瑞刚所统领的上海文广新闻传媒集团向市场化深刻转变的大改革。与其说是大改革，不如说是大嬗变。因为干超直接面临新媒体崛起所引发的对传统媒体前所未有的冲击与挑战，其直接的冲击便是本就是高端小众的观众分流，收视率下降，导致广告收入锐减，严重影响纪实频道，或者说真实传媒的产业链拓展及其整体效益。

这些年在媒体的产业化运作方面卓有建树的高韵斐，以上海广播电视台台长和集团总裁的新身份重新回到台里不久，便先到纪实频道开展调研。他的一番"从战略高度重塑纪实频道新辉煌"的讲话，引起业界高度关注：

> 从集团战略层面而言，需要考虑这样的问题：哪些是我们集团自身的核心竞争力？哪些是我们在未来还能掌控的核心资源？我的判断是：除去新闻，纪录片作为一种最能够反映现实生活、具备导向作用和教化作用的节目样式，在未来依旧是我们电

视台的核心能力。因而，纪录片创作在我们上海电视发展史上有着优良的传统，也历来是上海电视的传统强项，在全国处于领先地位。二三十年前，上海电视台国际部老一辈的纪录片工作者制作了一大批有影响力、有长久价值的纪录片，至今为观众所津津乐道。现在的关键是什么？就是在互联网冲击下、在传统电视下滑的状态下、在市场经济的大潮前，我们不能着慌，必须稳住心神。纪录片发展到今天，应该有新的运营方式了。纪录片制作的门槛不像过去那么高了，在这种情况下，纪录片生产的理念一定会发生改变，我们必须随之改变，不能固守原来的内容生产方式。我们应该把平台搭建好，在这一前提下，是否可以通过内容众筹的方式，鼓励受众一起来参与纪录片生产？在视频制作门槛越来越低的情况下，我们应该考虑用互联网思维办好新的电视频道，创新地实现平台运营。用创新的思维建立新的商业模式、新的电视制作理念，这是交给我们团队的一个非常重要的任务。

在上海电视界，有一个奇妙的现象，电视界创业创新的领军人物，绝大多数首先是创制电视节目的业务精英，当创制节目的同时，生存与发展的使命又要鞭策他们从事文化产业的运作，他们心有灵犀，不忘初心，锲而不舍地在传承与创新中投入一次次创业。纪实频道及其麾下的云集将来传媒公司就是这样一面继续整合弘扬前辈创造的纪录片原创力、营销力、品牌力资源，一面以研创《跟着贝尔

上海广播电视台台长、上海文化广播影视集团有限公司总裁高韵斐

去冒险》《本草中国》等纪录片为创新标杆,通过新成立的云集将来传媒(上海)有限公司构建纪录片全产业链平台。且看云集将来传媒的自我推广:

云集将来传媒(上海)有限公司成立于2015年4月,自设立以来,以优质的资源投入,汇聚国内外优秀专业人才,打造纪录片开发、制作的产业高地;以前瞻性的运营视角,构建纪录片全产业链平台,塑造真实类内容领域的产业标准;以全球化的开拓布局,携手世界传媒讲好中国故事,创造华语纪录片的国际品牌。

云集将来传媒与中央电视台、全国卫视、BBC、FOX、探索频道、KBS、优酷、腾讯、爱奇艺、哔哩哔哩等媒体平台深度合作,开发真实类内容产业,出品纪录片、纪实娱乐、纪录电影、新媒体纪实内容等。公司设制片部、创作部、市场运营部、品牌公关部、行政管理部和财务部。以内容IP开发为核心,建立具备坚实基础、明确目标、精准执行、重点突破的产业运营格局,树立专注、极致、新锐、合作的文化理念。

云集将来传媒旗下设立一家合资子公司:上海香蕉云集新媒体有限公司。上海香蕉云集新媒体有限公司由云集将来传媒(上海)有限公司与香蕉计划游戏传媒合资成立,由王思聪先生担任董事长。香蕉云集依托强大的制作力量和产业资源,以全新思维打造电竞视频产品,构建电竞新媒体平台,驱动产业变革和产业标准的塑造,目标成为中国电竞泛娱乐新媒体优质的视频内容提供商。

欲穷千里目,更上一层楼。云集将来传媒的定位显然是在传承的基础上更前瞻、更新锐、更具IP、更全媒体、更产业链、更全球化。

王思聪何许人也? 赫赫有名的财富巨子万达集团王健林的独子,北京普思投资有限公司董事长、IG电子竞技俱乐部创始人、万达集团董事、网络红人。

香蕉计划游戏传媒本是王思聪电子竞技泛娱乐类产业平台,旗下有电竞赛事、主播明星、俱乐部等电竞产业上下游资源。从电竞到直播,再到王思聪本人都玩得很溜的网红产业,他所看中的产业不约而同地都成了如今的风口产业。

得益于王思聪秀出的一口纯正英语,王思聪出镜BBC纪录片《中国的秘密:适者生存》,这部讲述电子竞技在中国现况的纪录片在网络爆红。或许就是受这部纪录片的影响,王思聪产生了把旗下的电竞行业参与纪录片市场化运作的冲动。又或许看中了真实传媒是中国纪录片当之无愧的最具创新活力的产业领导者,与国内外主流媒体、民营制作力量建立了长期亲密的伙伴关系,在纪录片产业链运营上独具强大的影响力,尤其是看到了干超导演的《跟着贝尔去冒险》《本草中国》等纪录片在全媒体产生的巨大影响,所以王思聪格外重视与云集将来传媒的合作,洽谈合作细节的时候,王思聪几乎每次出场。

在接受媒体采访的时候,干超毫不遮掩自己的新思维:如果要发展纪录片,就应该发展这个产业,要能持续不断地出精品佳作,并拥有各种平台空间,释放商业价值。在我看来,时间是决定纪录片的一个因素,但不是唯一的因素。纪录片的拍摄技巧、运作模式、市场开发等都是决定纪录片成败的因素。比如,Discovery的纪录片系列,导演会用一个讲故事的模式,主人公面前有一个起点和想达到的终点。3分钟时主人公碰到一个障碍,5分钟时解决掉,7分钟时又一个障碍,然后再解决。

近年来,纪录片的发展虽然又遇到了某些瓶颈,但时不时有几部出色的纪录片唤醒了人们对纪录片行业的关注,尤其是令人意想不到的广告效应和新媒体的影响力。譬如《舌尖上的中国》,其第三季独家冠名拍出了1.18亿元的高价。这从另一个角度印证了,除了电视媒体,产业化的纪录片在中国市场上仍然有广阔的空间待开发。再譬如意外走红的《我在故宫修文物》。仅仅3集的容量，讲述了故宫文物的修复过程以及修复者的生活故事，成功地在以"90后"为主的哔哩哔哩网站（简称B站）圈粉大批观众。公开资料显示，这部纪录片的制作团队来自一群年轻人，经历5年项目调研、4个月不间断拍摄才完成。

也许看到了纪录片产业链的巨大市场空间，也许是新媒体冲击下的背水一战，2017年底，由新媒体"广电独家"记者林沛撰写的一篇报道，展示了纪实频道和云集将来传媒的大手笔：

东方卫视放"狠料"！

10分钟内发布15个纪录片项目，而这还不是全部！

东方卫视2018年将率先在全国一线卫视推出纪录片黄金时段的事，很快引起了广电界的震动。

在11月10日举行的招商会上，SMG纪实频道和云集将来传媒以"真实：超乎想象的巨大价值"为题，在短短10分钟内发布了15个纪录片项目，让熟悉卫视招商会套路的广告主们眼前一亮，而这还不是全部。

随着东方卫视招商落下帷幕，四大卫视年度排播也相继浮出水面。

其中，周间档的晚间黄金时段纪录片单元的加入，不仅意味着东方卫视将是其中唯一固定排播纪录片的卫视频道，更意味着纪录片首次规模化地登陆一线卫视黄金时段。

作为新闻、综艺、电视剧之后的"第四驾马车"，纪录片具备了"翻天覆地"的平台筹码。

而东方卫视所公布的纪录片项目，无论从何种角度看，都极具市场的杀伤力和吸引力。品类多样跨界、视野广阔深邃、题材新颖独特、视角当代新锐，充分展示了SMG纪录片创作上的综合实力。

类型	片 名	看 点
宇宙探索	《被点亮的星球》	云集将来、国家地理频道联合出品，电影《黑天鹅》导演达伦·阿伦诺夫斯基第一部纪录片巨作
	《火星计划》	云集将来、FOX、国家地理频道联合出品，讲述人类从探索宇宙到2033年登陆火星的全过程
传统文化	《本草中华》第二季	带领观众走入神秘而充满活力的本草世界，传达疗愈生命的中国智慧
	《中国美》	三十位中国顶级艺术家，讲述中国传统美学在当代世界大放异彩的故事
	《时间的旅行》	一场以节气为主题的旅行，明星吴倩将走进中国的"小森林"，寻找花开花落，春夏秋冬
商业财经	《中国老总》	柳传志、刘庆峰、李彦宏、董明珠，八位中国老总讲述转型升级时代的梦想、信仰和奋斗
	《激荡四十年》	巴九灵文化吴晓波频道、云集将来、第一财经联合出品，吴晓波继《激荡三十年》后的新作，观察改革时代和商业社会的变迁
	《超级亚洲》	现象级纪录片《超级中国》的续篇，讲述中国引领亚洲经济发展，融入和改变世界的故事
自然地理	《水下中国》	以一个从未见过的视角认识中国。神秘、柔情，蕴含着故乡、信仰和力量
	《西藏，自然之路》	真实传媒出品。人们在大河之源和雪山之间营造乐土，悉心维持着人与自然之间的平衡
	《中国最美公路》	挂壁、跨海、飞天。中国故事，由中国的道路书写
	《格萨尔的英雄草原》	真实传媒出品。发掘果洛草原深厚的格萨尔文化资源
社会现实	《生命里》	描述了临终病人们最后时光中的豁达、平和、深邃，也展现了家庭、医护人员、志愿者们的关爱之于生命尊严的重量
	《人间世》第二季	SMG融媒体中心制作，以医院为拍摄原点，聚焦医患双方面临病痛、生死考验时的重大选择
	《你好，陌生人》	二次元年轻人的另一个自我，网络、跨界、超越是关键词
	《72小时》	对同一地点、同一活动或同一群人物连续纪实拍摄72小时，纪录片版的《深夜食堂》

续　表

类型	片　名	看　点
社会现实	《我从非洲来》	首部由中国和非洲导演联合制作的纪录片，记录非洲人在中国生活和打拼的故事
	《追眠记》	首部关注国人睡眠状况及背后社会问题的系列纪录片
历史人文	《大上海》	立足"百年中国看上海"的定位，讲述上海城市精神和中国现代化历程。
	《石库门》	真实传媒出品，讲述石库门里的中国故事、上海故事，展现一个立体、多元的上海
	《造物传》	讲述世界顶级工艺背后的历史和故事。
	《时间的居所》	真实传媒出品，聚焦现代城市历史风貌保护，带领观众走近那些留住时光与记忆的建筑
其他系列	《我的故乡来自八十年代》《青春旅社》《远望》《地铁》《南京路》《为歌而行》《纪录片编辑室系列》《MIDA青年导演作品系列》等	由SMG旗下频道策划的制作

看着这张满满的片单，纪实频道的掌门人却很冷静："真正的大片，是那些有生命洞见和思想深度的纪录片。组织创作时，跟着时代审美的惯性走是难免的，但最终哪部纪录片有价值，时间会做出回答。"

SMG对新闻纪实手法的重视在业内都是少见的。近些年，不仅仅是纪实频道和真实传媒，融媒体中心等部门推出的纪录片《人间世》《梦想改造家》《急诊室故事》《海上丝绸之路》等也赢得了不少的荣誉与社会肯定。

SMG董事长王建军也曾指出，"我们有着国内顶尖的纪录片团队，纪录片内容制作能力和IP开发能力是我们的看家本领，也是我们的核心竞争力所在。"

1993年，中国第一个纪录片栏目《纪录片编辑室》诞生于上海；上海纪实频道是中国第一个纪录片专业频道；作为第一个台属专业纪录片公司的真实传媒，在国内电视体制下打开了纪录片的市场可能性；而"越野""贝尔""本草"等IP的制作方云集将来也诞生于SMG的土壤，近年来风生水起，领跑纪录片产业。

而在已被广泛验证的社会价值之外，兑现可匹配的商业价值，才能使纪录片的"核心竞争力"名副其实。

上海广播电视台党委书记、上海文化广播影视集团有限公司董事长王建军

2017年2月，《越野千里》以东风日产为总冠名，百度总裁李彦宏等一众嘉宾驾驶着品牌SUV车型，驰骋在草原、高山与河谷。

作为《跟着贝尔去冒险》的升级版，云集将来出品的《越野千里》达到1.09%的最高收视率，广告与版权销售价格超越前作《跟着贝尔去冒险》两倍。

此外在2018年9～10月，同一团队以《本草中华》登陆东方卫视

《本草中华》海报

周日晚8点档，创下35城0.94%的纪录片收视纪录，同时段全国第二，超越了众多电视剧和综艺。

尤其引人关注的是年轻用户对这一传统文化题材纪录片的热捧，电视端收视显示，35岁以下观众占到65%的比例，而这一数据在互联网端竟高达95%，豆瓣评分达到9.0。

《本草中华》树立了中医药产业在大众传播的新标准。据透露，"目前已有20多家客户寻求合作，第二季6集节目的冠名价值已经达到2 500万元。"

"包括纪录片在内的真实类内容，具有巨大的商业价值。"他说，"纪录片产业是在做一场革命。不是高高在上，不是'性冷淡'，而是关心用户的需求，关心社会柔软的地方，关心传播的效果，关心客户价值的充分体现。"

"大片"的设定与实践，使真实类内容本就具有的商业价值成倍放大。

以"真人秀+纪录片+硬科幻"的形式，东方卫视、云集将来携手美国FOX、国家地理频道联合出品全球首部宇宙探索真人秀《火星计划》，搭载好莱坞级的制作和创意，展现人类从探索宇宙到2033年登陆火星的全过程。

2018年各卫视招商落下帷幕，周末时段"死咬"、增值空间越来越少，周间时段的归属成为各大卫视的创新点：湖南卫视主打女性、家庭的节目或剧，浙江卫视全线贯通打造定制节目，江苏卫视则以"晚间生活服务节目带"聚焦垂直领域。东方卫视则首开纪实类"大片"攻占时段的先例。

在策划者看来：高品质、高收视率、高市场价值、高社会效益，纪录片是可以同时做到这四点的。随着中产人群和受高等教育人群的增加，越来越多的人从纯娱乐转向接受更原创、更有见解、更真实的内容。随着年青一代的成长、他们渴求知识和视野，渴求属于这个时代的真情实感，渴求真正高品质的内容。这就是文化消费升级的时代，真实类内容将点亮下一代中国荧屏。

SMG列出的节目单中,有一行"《纪录片编辑室》系列"的小字,可就是看似不起眼的一行小字,分明是中国纪录片的一座耀眼的里程碑,也是改革开放后中国纪录片与国际接轨逐步走向文化产业的一点星星之火。

没有1985年,龚学平听取刘景锜建议成立对外部,上海电视台对外交流的纪录片一跃为全国第一,何来上海电视节纪录片的国际交流的红红火火?

没有1986年首届上海电视节的举办,全世界顶尖纪录片评委以及海外优秀的纪录片作品纷至沓来,让上海电视人推开了一扇学习海外优秀纪录片的窗口,何来《纪录片编辑室》的惊艳出场?

没有《纪录片编辑室》引领中国纪录片的如火如荼,以及创制积累了一大批重量级的纪录片经典作品,并被评为上海十大文化品牌(1994年),以及一大批星光璀璨的纪录片精英(国际部被评为上海市劳模集体、余永锦被评为广电部劳模、王文黎被评为三八红旗手、章琨华被评为全国百佳记者、柳遐被评为全国德艺双馨电视艺术工作者等)的卓越奉献,何来中国第一个纪实频道,第一个上星的纪录片频道?

没有中国第一个纪实频道,又何来上海成为中国乃至世界瞩目的纪录片重镇,又何来真实传媒、云集将来传媒构建以各种类型的纪录片IP开发模式为核心的全媒体纪录片产业链,为中国的文化产业推波助澜?

在上海电视节白玉兰"中国纪录片产业新势力"论坛上,中国传媒大学教授、中国纪录片研究中心主任何苏六如是论断:

"就全国而言,上海的纪录片观众应该说是最成熟的,才有可能一个栏目延伸出一个频道,变成庞大的集团,始终在引领中国纪录片的发展。这种引领无论是美学,还是市场,甚至政策博弈,都功不可没。"

何苏六口中的"一个栏目",便是《纪录片编辑室》,便是撬动中国纪录片产业的一个小小的支点。

除了精良的内容制作与可观的收视表现，事实上，从上海纪实频道到东方卫视，纪录片平台时段的多次进阶，与SMG高层的重视与推动密不可分。

然而，当笔者费尽心力写完这篇一度放弃却又补写的重要章节《最早的〈纪录片编辑室〉》时，听到了业内传来的信息：

纪实频道经济效益大滑坡，干超跳槽到了一家新媒体，依旧从事纪录片创作和产业化运作。

这两条信息给业界的震惊可想而知。

而当我即将完成本书的第六次修改时，上海广播电视台又发布了一系列关于纪录片调整与发展的大动作——

2019年4月15日，上海广播电视台、上海文化广播影视集团有限公司纪录片中心正式揭牌，形成了"三块牌子一套班子"的运营管理模式，由先后担任过外语频道副总监、SMG广告经营中心主任、上海广播电视台总编室主任、东方卫视党委书记的少壮派李逸，出任SMG纪录片中心主任、上海纪实频道总监、真实传媒总经理。用上海广播电视台台长、SMG总裁高韵斐的话说：

"我们大胆尝试纪录片制播体制改革，通过优化调整人力资源结构，把分散在融媒体中心、东方卫视中心、第一财经版权中心等全台多个部门的纪录片制作力量集中起来，成立SMG纪录片制作中心，对纪实频道进行全新改版。"

李逸在接受媒体采访的时候，分析了当下的纪录片市场和整合应对的良策：

> 目前整个市场，内容把控的要求越来越严格、投资风险也越来越大。电视剧和综艺之外，纪录片是一个受到关注的市场方向。从受众方面来说，大众口味也在发生变化，大家很愿意观看真实非虚构的内容。其次，从客户角度来说，广告投放逐渐变为内容投资，电视剧、综艺投资额度较大，投纪录片可能是比较好的选择。

我们发现有越来越多机构愿意参与纪录片合作，其中有一些来自政府。

上海纪实频道具备纪录片的生产实力，但是一直以来，在上海广播电视台内部，它只是一个主力队员。上海广播电视台的纪录片专业人员和团队是分散在各个频道中的，很多频道都可以承制外部的合作项目，存在互相压价的情况，这其实对集团整体发展是不利的。因此，从人员到生产上进行一次整合十分必要。4月挂牌成立的纪录片中心，就是解决这一问题的一个路径。这样一来，纪录片中心就有150人的规模，目前，在纪录片面临严峻挑战的关口，我们仍然保有全国广电当中一支建制完整、实力强大的纪录片团队。

我们对集团内部的纪录片专业人员进行了整合，同时在集团整体的战略布局下，我们将统筹规划全集团三至五年纪录片项目选题，面向外部市场统一出口，避免频道与频道之间的不良竞争，提高生产效率和对外的竞争力。面向集团内部，纪录片中心的内容生产不只针对纪实频道，还面向东方卫视、新闻综合频道、第一财经等多平台输出。所以我们除了运营自己的频道，还要成为集团内部的纪录片供应商，以及面向市场的纪录片供应商。这样思路打开了，理顺了，无论是内容创作还是市场运营空间都会越来越大。

在生产机制上，纪录片中心统一管理，将成立很多个工作室。纪录片需要花时间钻研，在某一个领域要进行深挖，我们鼓励团队做深做透。在与新媒体的竞争中，电视对内容的深入挖掘，才是我们真正的优势。同时，我们也赋予工作室半市场化的灵活机制，把他们推向市场，让他们去了解怎么获得预算，怎样进行面向市场的选题策划，让他们有更强的市场竞争力，进而生产出更多更优的纪录片。

李逸认为，纪录片传播要关注两端，一端是小屏幕，一端是大屏幕。我们制作了大量短视频纪录片，在小屏幕移动端投放，也尝试做竖屏纪录片在微信公众号、短视频平台投放。比如，策划投放了的100条上海老建筑的短视频。我们的盈利方式既有与短视频平台的分成合作、订制合作，也有一些整合营销收入。当然，也有版权售卖，比如B站就购买了我们很多纪录片内容。

上海纪实频道的纪录片版权资源比较丰富，有不少获得过国内外大奖，利用好现有IP，做更多端的开发，具备一定的基础。除了线上多种新媒体的分发合作，从线上到线下，上海纪实频道也尝试推动了纪录片进院线，5月上映了《尺八·一声一世》，2019年还要推动纪录片《人间世》进院线上映。

令人意外的是：2019年6月16日，上海纪实频道迎来了又一次全新升级。从6月16日起推出全新版面，这是该频道近年来规模最大的一次改版。

这次改版，最大的动作是：新版面在时段内容的安排上有重大突破，改变了以栏目结构版面的传统思维。从18：00到22：00，依次为自然动物时段、上海文化品牌时段、现实类纪录片时段、历史类纪录片时段、精品纪录片时段、探索未知时段、纪录电影时段。每个周日21：00，纪实频道还专设了一个纪录电影时段，近期将推出《美人谷》《生活万岁》《尺八·一声一世》等作品，助推国产纪录电影发展。

这样一来，本章开头所解析的纪实频道原有的与央视纪录片频道迥然不同的以栏目来串联版面的拍片风格，从此不再保留。为了打消

纪录电影《美人谷》剧照（改版后的纪实频道专设了纪录电影时段）

忠实观众以及纪录片前辈的顾虑，将拥有26年历史的上海电视台老牌经典纪录片栏目《纪录片编辑室》回归上海地面主频道——新闻综合频道。因为《纪录片编辑室》当年创办时就是在新闻综合频道首播的，而在上海地区，新闻综合频道的收视率始终高于纪实频道。这既体现了对纪录片品牌栏目和纪录片优秀传统的的重视和继承，也是纪录片中心在媒体融合新时代的战略整合与营销方式。

这又一次证实了文化产业自身发展的多面性和复杂性，以及中国纪录片的发展在独特社会条件下的市场运作的特殊性，当然更证实了新任上海电视台台长高韵斐在台庆60周年庆典大会上所说的："互联网风暴、5G时代的来临颠覆了一切现成的模式。"

继承《纪录片编辑室》一路创业创新优秀传统的新一代纪录片精英们记住了高韵斐走马上任到纪实频道调研时毫不动摇的表态："纪录片作为一种能够反映现实生活、具备导向作用和教化作用的节目样式，是我们台的核心能力。因而，从集团战略层面上，必须把纪录片生产放到坚守阵地的高度来认知。"

纪录片中心为此专门请来《纪录片编辑室》的一群老功臣前来座谈。座谈会上，为《纪录片编辑室》殚精竭虑的前辈们语重心长，期望殷殷。

《纪录片编辑室》第一任制片人汪求实说，不讲大话，不唱高调，要平实。

《纪录片编辑室》资深编导宋继昌说，拍什么？怎么拍？靠谁拍？这是纪录片创作者必须不断回首和自省的问题。聚焦现实，讴歌时代，关注社会变迁，书写人间冷暖，这些上海纪录片的优良传统，要弘扬传承。

《纪录片编辑室》资深编导冯乔说，一要咬定青山不放松，二要打破沙锅问到底，三要敢叫日月换新天。

优秀的纪录片如何打开市场？《纪录片编辑室》资深编导周雯华说，当下的纪录片中心要有两支队伍：一支队伍打磨大片精品，走向国际舞台；另一支队伍制作纪录片短视频，面向市场。我们的纪录片要创造市场，创造美的价值。

新的考验，新的挑战，新的创业，新的机遇。中国的纪录片舞台已然不是纪录片刚刚崛起时的寸土寸金，中国的纪录片产业将在更大更广更全更深的领域展开。

最早的《纪录片编辑室》负重道远，还在路上。

谁是真正的赢家？时间会给出答案。

第五节　最早的选秀冠名：卡西欧冠名
"家庭演唱大奖赛"

随着电视事业和媒体技术的快速发展，现在中国的观众要收看上百个电视频道节目已不足为奇，而在20世纪80年代，电视频道的数量寥寥无几，所以，那种全民互动、平民踊跃参与的选秀类节目，虽然形式远不如现在丰富，包装也远不如现在奢华绚丽，但因其收视率远远超过现在，开始受到有眼光的商家，尤其是海外商家的关注与青睐。

1985年5月，由日本卡西欧株式会社与上海电视台联合举办的《卡西欧杯家庭演唱大奖赛》拉开了帷幕。这档以家庭为单位的歌唱大赛取得了空前的成功。其决赛选择在除夕夜举行，当时上海万人空巷，收视率达到94%。《卡西欧杯家庭演唱大奖赛》之所以成功，就在于它以海选的方式，让普通的草根家庭第一次走上荧屏，让普通观众看到身边的亲友也能获得表演的机会，也能上电视露一手，也能成为电视明星。

连续十届的卡西欧大奖赛还真的培养了一批平民明星，比如"读书郎"小曹蕾、周冰倩、巫慧敏等。当时的大奖赛曾经录制了一档《20年后再相会》的节目。20多年后的2008年9月21日，曾经参加当年盛会的20多个家庭近百人，从世界各地汇集上海，在上海电视台艺术人文频道《我们再相会》录制现场再次大聚会，拍下了一张巨大的"合家欢"。他们中有金少白、巫洪宝、任桂珍、陈海燕等冠军和名人家庭，也有从大奖赛一举成名的周冰倩、巫慧敏、孙鸣洁等明星。

著名歌唱家任桂珍和陈海燕这两位歌剧舞台上的"江姐"，是1985年最初在荧屏上点旺家庭演唱这把火的积极参与者。因为电视台发起举办家庭演唱海选大赛，开始报名者很少，她们是作为示范者和家人一起登台演唱的。而比赛开始引起热烈反响后，任桂珍、陈海燕等专业歌手家庭便悄然隐退了，目的是为了让更多非专业的普通百姓家庭参赛有个公平竞赛的氛围。由此，上海电视台授予任桂珍家庭特别荣誉奖，任桂珍当场就把奖品一架电子琴捐给了福利机构。

特地从日本赶来的巫慧敏感慨地说，正是家庭演唱大奖赛使她改变了命运，成了歌坛明星。她的一家，父亲巫洪宝、母亲谢根娣、姐姐巫谢慧，加上她，当年表演的一曲《卖汤圆》，获得了首届《卡西欧杯家庭演唱大奖赛》的冠军。当时老爸巫洪宝煞有其事地弹着"碗琴"，姐姐巫谢慧弹着吉他，她和妈妈则忘情地伴唱。当年她家住房简陋狭小，爸爸没法练习自制"碗琴"。热情的邻居知道后，还借出新盖房屋给她家排练。

曾夺得第二届家庭演唱大奖赛冠军的金少白家庭因为用锯琴演奏的独门绝技，当年在上海滩家喻户晓，并在上海音乐厅、解放剧场连演了12场，欲罢不能。提起20多年前的海选竞演，已是耄耋老人的金少白依旧激动不已。当年他家为了参加比赛，儿子金亚军和女儿金小玲还分别从银川和珠海乘坐火车赶来，参加初赛、复赛、决赛，一路闯关。20多年过去了，这一家除大儿子金大军留

用"碗琴"夺得首届《卡西欧杯家庭演唱大奖赛》冠军的巫洪宝家庭

守上海外,其他兄弟姐妹和金少白夫妇分散在澳洲、日本和香港等地,但一听到《我们再相会》发出邀请,全家又是倾巢出动,自己花费数万元机票费,特地赶来相聚。当年最小的4岁小外孙已然变成了身高1米83的帅小伙。

《卡西欧杯家庭演唱大奖赛》不仅使得平日默默无闻的民间达人一举成名,同时还使得平日名气不响的主持人一举成名。

被誉为"申城第一名嘴"的著名主持人叶惠贤当时还是一位相声演员,由于《卡西欧杯家庭演唱大奖赛》打破了主持人装模作样背台词的模式,主持人必须现场脱稿即兴发挥,于是才思敏捷的叶惠贤临场发挥妙语连珠,赢得了观众的格外好评。

叶惠贤在《上海电视50周年征文选》一书的回忆中,用一种感恩的心情回忆了当时的情景:

> 20世纪80年代初期的《卡西欧杯家庭演唱大奖赛》,为主持人的现场发挥提供了极大的空间,照本宣科式的报幕濒临危机。于是,当时在上海广播电视艺术团说相声的我便被一眼相中,我似乎也没有辜负众人的希望:这一天丈母娘带着女婿出赛,我随口便问:"女婿平素待您怎么样?"丈母娘回答:"很不错。"我说:"这就叫丈母娘看女婿……"她便紧接着说:"越看越有趣。"现场观众笑了起来。我接着问女婿:"唱什么?"他说:"《再见吧,妈妈》。"我故意板着脸不紧不慢地说:"这你就不对了,丈母娘再好,就'再见吧,妈妈',这也不合适啊!"全场一片笑声夹着掌声,参赛者完全松弛了。等女婿唱完,我又上前说"听得出来,你对妈妈还是很有感情的!"一放一收,场内气氛活跃极了。

> 20多年后的今天,这样的主持方式早已不足为鲜,但在当时却成了节目的亮点,主持人的光环。决赛是在除夕之夜举行的,千百万观众围坐在自家电视机前一睹为快,收视率高达百分之九十几,冠军一夜间成为明星家庭,主持人也瞬间变成了电视宠

儿。于是，"卡西欧"成了我的代名。每天，电视台的大门口，簇拥着一大群观众要看看"卡西欧"。我走在路上，居然会有一排汽车同时停住，全体司机同时钻出脑袋，一起喊"卡西欧"，并能背诵出我即兴主持的台词。

因自然、大方、庄重的主持风格和圆润靓丽的嗓音深受沪上观众和听众喜爱，被很多"70后""80后"誉为"上海之声"的金话筒得主、著名主持人张培，以及被孩子们誉为"燕子姐姐"的著名主持人陈燕华都是从《卡西欧杯家庭演唱大奖赛》中脱颖而出的。张培刚从部队转业，正巧遇上第三届《卡西欧杯家庭演唱大奖赛》，她直接参加了"海选"，而陈燕华当时也刚从木偶剧团进台不久，就遇到了挑战自我的好机会。当时主持资格最老的无疑是刘维，这位上海第一代的主持人，其普通话虽稍稍有点山东方言的腔调，但还是因其老练大方的老大哥形象，在上海滩家喻户晓。

《卡西欧杯家庭演唱大奖赛》中的主持人（左起：叶惠贤、陈燕华、刘维）

应该说，《卡西欧杯家庭演唱大奖赛》创造了中国电视史上的两项纪录。一项是，《卡西欧杯家庭演唱大奖赛》20多年前就创办了中国大陆第一档具有轰动效应的选秀类节目；另一项是，《卡西欧杯家庭演唱大奖赛》开启了中国大陆电视节目冠名和植入式广告的商业运作。

卡西欧（CASIO）是个总部位于日本东京，生产电子仪器、电子计算器的公司。这家公司于1946年4月由樫尾和雄创立，他是一名精通装配的工程师。公司的名字来自"樫尾"的日语读音"Kashio"，首款产品是香烟指环，用者可把香烟套在指环上，从而可在没有烟灰缸时，不需以口或手指拿烟。香烟对当时的日本来说是一种价值商品，因此该款香烟指环十分成功，为樫尾赢得了第一桶金。卡西欧手表是日本三大品牌之一，多年来以真正多功能的G-SHOCK手表著称于世。卡西欧手表所代表的活力、年轻、时尚、多功能的品牌形象深入民心。一向以技术领先于同行为己任的卡西欧公司，还先后开发了超薄卡片机、超高速数码相机、收银器、手提电脑、打印机、投影机、电子辞典、电子琴等创新产品。

他们正是以"创造贡献"的经营理念和战略眼光，瞄准了改革开发中的中国市场和刚刚起步的文化产业，积极地与上海电视台牵手，以冠名、广告及植入式商业元素宣传的方式，既为上海电视台提供节目制作经费，又为卡西欧产品尤其是电子乐器的市场拓展弹响渗入人心的乐章。

卡西欧株式会社于1980年1月才推出电子琴Casiotone201，1983年4月推出了带ROM的电子琴。1987年8月推出带多种音色选择功能的电吉他。使用卡西欧电子琴不需要长年累月的枯燥练习，容易让更多的初学者对音乐产生兴趣。这也正是卡西欧开发乐器的理念。卡西欧乐器通过引导初学者弹奏的发光键盘系统、自动伴奏等功能，传播音乐的魅力和学习音乐的乐趣。

1985年8月卡西欧株式会社在中国北京设立办事处，却在5月份就与上海电视台联合举办了《卡西欧杯家庭演唱大奖赛》，一办就是十年。随着《卡西欧杯家庭演唱大奖赛》风靡中国大陆，卡西欧的电子乐器及其系列产品，尤其是计算器系列产品也是家喻户晓，迅速占领了中国大陆市场。1995年3月卡西欧株式会社在中国广东省成立两家合资公司：卡西欧电子（珠海）有限公司和卡西欧电子（中山）有限公司，前者生产和销售电子琴，后者生产和销售计算器及电子记事本。还推出了带液晶显示屏的QV-10数码相机。11月在中国深圳成立合资公司卡西欧电子（深圳）有限公司，负责钟表设计及其零部件采购。

在创办《卡西欧杯家庭演唱大奖赛》初期，节目组也面临了"巧妇难为无米之炊"的窘境，因为普通老百姓对于"海选"没有概念，已经过世的连续担任过多届《卡西欧杯家庭演唱大奖赛》编导的庄云飞曾经透露：

> 人家都不知道这是什么样子的节目，在当时要向社会推广非常难。我记得那一年我们在筹备这个节目的时候，节目马上就要开始录像了，进入正式比赛赛程了，但是我们的报名人数还不到预期的一半。即使那前一半也是我们做了很多动员才来的。当时我记得我们想了好多可笑的办法，比方说，我们当时在南京路电视台大院的门口摆个摊，谁愿意来参加我们家庭比赛的，只要你报名，我们就可以给你一只闹钟。这闹钟本身价值大概就是二三十块，所以我们就吆喝："快来啊，5块钱送一只30块的闹钟！"

提起与日本卡西欧株式会社的双赢合作，30多年后，龚学平十分感慨地回忆起当时与日本卡西欧株式会社合作家庭演唱大奖时一波三折的幕后故事。

> 1983年，"清除精神污染"极左思潮一度影响到上海，当时连许多带有外国品牌的户外广告全都撤换了。中宣部领导到上海开座谈会，一位媒体老总提出，上海电视台的《卡西欧杯家庭演唱大

奖赛》,用日本的企业品牌是不是不太好？龚学平当场毫不客气地顶了回去：现在老百姓对我们的电视节目不满意,可是我们电视台要办好节目,却没有钱,怎么办？我们用老外的钱唱中国的歌,这究竟有什么不好？

龚学平的观点得到了时任《解放日报》老总王维的支持,他还专门派记者写内参,通过调查,称道《卡西欧杯家庭演唱大奖赛》办得好,一炮打响,深受观众欢迎。

日本卡西欧株式会社虽然热衷于与上海电视台合作,但一开始,他们对家庭演唱大奖赛能否成功持怀疑态度,承诺好的一年赞助25万美元,改成先付5万美元,看播出效果再决定是否继续合作。结果《卡西欧杯家庭演唱大奖赛》场场爆满,收视率飙升,日方当然高兴地兑现了承诺。后来追加到每年赞助50万美元,100万美元,最后涨到了250万美元。

也就是从那时起,中国大陆的电视综艺节目开始了商家冠名、商业广告植入的市场运作。这种节目与商家双赢的成功尝试,既为经费拮据不得不靠政府拨款运作的电视台找到了合情合理合法的生财之道,也为国内外商家找到了宣传与促进销售的有效渠道。

要点回顾

▲ 20世纪80年代,上海电视台的改革与创新走在了全国前列,摸着石子过河的"上海制造"电视节目,以其耳目一新的节目内涵和表现形态,令中央电视台和各地同行刮目相看,央视领导和各地电视台领导纷纷带队前来上海取经交流,一时间,"上海制造"的电视节目,如同曾经辉煌一时的"上海制造"的轻工产品,美誉度达到了巅峰状态。

▲ 何为核心竞争力？核心竞争力是指能够为企业带来比较竞争优势的资源,以及资源的配置与整合方式。

美国学者普拉哈拉德(C. K. Prahalad)和哈默尔(G. Hamel)认为,

核心竞争力首先应该有助于公司进入不同的市场，它应成为公司扩大经营的能力基础。核心竞争力是一个企业或者国家或者参与竞争的个体能够长期获得竞争优势的能力，是企业所特有的、能够经得起时间考验的、具有延展性，并且是竞争对手难以模仿的技术或能力，而且随着企业资源的变化以及配置与整合效率的提高，企业的核心竞争力也会随之发生变化。

▲ 内容为王。这条铁律至今没有过时。最早的综艺类节目《大世界》《大舞台》、最早的体育杂志型栏目《体育大看台》、最早的冠名选秀类节目："《卡西欧杯家庭演唱大奖赛》、最早的瞭望世界的杂志型栏目《国际瞭望》、最早的智力游戏节目《60秒智力竞赛》、最早的纪录片栏目《纪录片编辑室》、最早的电视剧创制等这些深受观众喜爱的创新节目，引领了全国电视界改革开放的潮流，形成了20世纪80年代上海电视台在节目内容方面的核心竞争力，也因为其广泛的美誉度和影响力，构成上海电视台的优质资源，带动了广告创收、节目冠名、商业植入等商业化运作的爆发性效应。

▲ 2000年10月，在党的十五届五中全会通过的《中共中央关于制定国民经济和社会发展第十个五年计划的建议》中，第一次在中央正式文件中使用了"文化产业"这一概念。这一概念的提出是建立社会主义市场经济体制对文化发展的必然要求，是有中国特色社会主义文化发展的必然选择，是文化产业自身实践和理论研究的必然结果。

▲ SMG董事长王建军指出，"我们有着国内顶尖的纪录片团队，纪录片内容制作能力和IP的开发能力是我们的看家本领，也是我们的核心竞争力所在。"

▲ 卡西欧株式会社正是以"创造贡献"的经营理念和战略眼光，瞄准了改革开放中的中国市场和刚刚起步的文化产业，看准了上海电视台研制选秀节目的创新实力，以冠名、广告及植入式商业元素宣传的合作方式，既为上海电视台提供节目制作经费，又为卡西欧产品尤其是电子乐器的市场拓展弹响渗入人心的乐章。

第四章

多种经营：不再向国家伸手

第一节　电视软广告的兴起

就像电影电视刚刚诞生时一样，最初的电影电视不讲什么剧情片、纪录片，后来发展了，分类也就细化了。电视广告也是，最初也不分什么硬广告、软广告。

尽管所谓"软硬兼施"的提法似乎有点不上大雅之堂，很难表述得十分精准，但随着电视事业和电视广告事业的发展，更多地是为了电视台创收的需要，客观上，以电视台来定义，或者某个地区、某家视频媒体约定俗成的电视硬广告、软广告的实用主义运营，还是起到了引导消费、促进流通、活跃节目、带动创收、发展电视的积极作用。当然有时也会有些负面作用，可是加强监管和改进后，电视广告"软硬兼施，并驾齐驱"的商业模式还是成立的，而且至今还在盛行。

何谓电视软广告、电视硬广告？笔者曾经在2009年6月，就上海地区的运作，写过一篇博客文章《电视硬广告与软广告》：

> 现代商业活动离不开广告，"酒香不怕巷子深"的传统观念在市场经济的今天早已被证明是行不通的。企业开展广告活动是市场竞争的直接结果，是企业决定参与市场竞争的标志。从某种意义上来说，一个企业的广告就是该企业进入市场竞争的宣战书。广告对企业在开拓市场、促进销售、改善企业公关形象、提高企业的整体竞争力和社会影响力上有着十分重要的作用，是连接企业和社会与消费者之间的桥梁。电视硬广告、电视软广告的蓬勃发展是现代经济发达的产物。对于二者，您是青睐硬广告，还是选择后者，还是"软硬兼施"呢？

因为迄今为止，在我国广告学教科书或理论阐述上，并没有电视硬、软广告的明确定义，也没有明确的范围界定。从某种意义上说，所谓"硬广告"和"软广告"只是广告界和媒体在实际操作中约定俗成的行话，目前仍有各种解释或操作的潜规则，有的甚至只可意会不可言传。笔者仅就相对集中的有关电视硬广告和电视软广告的潜规则作一些解释，仅供参考。

一、何为电视硬广告、电视软广告？

通常情况下，电视硬广告、电视软广告有如下区分：

（1）电视硬广告一般是放在黄金时间（晚上18：00至23：00）投播的广告。即便是白天也能看到同样的广告，往往是电视台对投放黄金时间后的客户一种或免费赠送或增加套播次数的优惠政策。

电视软广告一般是放在非黄金时间（7：00至17：00或23：30至凌晨）或准黄金时间（双休日白天时段；平时中午12：00左右、下午17：00至18：00、晚上23：00至24：00）投播的广告。

（2）电视硬广告的时间长度一般为30秒、15秒、5秒。

电视软广告的时间长度一般为30秒以上（含30秒），但一些大的国外品牌如麦当劳、雅芳、IBM等即便有30秒以上广告，电视台也不允许作为软广告播出，而有些国产大品牌如果改编成60秒以上广告，往往可以享受软广告待遇了，如五粮液除了30秒、15秒广告是作为硬广告投放外，还拍过一个3分钟软广告，宣传其酿酒历史、酒厂规模、酒文化等。脑白金除了30秒、15秒、5秒关于送礼篇的硬广告外，还拍过一个60秒的介绍脑白金原料来自美国，其生产工艺如何先进、流水线如何现代化的软广告。其3分钟广告的投放，享受的是软广告的价格优惠。

（3）电视硬广告一般制作精良，成本昂贵。多半是动用电影胶片拍摄，至少是最好的数码摄像机拍摄，最少也要30万元以上投入，多的甚至数百万元，上千万，有时请一位著名演员，出场费就要数百万元人民币。

电视软广告一般制作成本较低，制作精良程度也不如硬广告，一般都是动用数码摄像机，当然根据制作成本，数码摄像机的级别也不同（数码摄像机最低只需3万元，最高的有SONY-DVW790系列，要30多万元一台），拍摄的画面经过磁转胶和胶转磁，可达到相当电影胶片效果。目前为降低成本，一些硬广告就选择SONY-DVW790数码摄像机来拍摄，有的要求较高的软广告（超过10万元的广告），也是选择SONY-DVW790数码摄像机来拍摄。

（4）电视硬广告一般投放价格昂贵，因为硬广告通常都是大品牌（跨国企业的产品偏多，如通用、可口可乐等，即便是国内品牌，一般都是资金实力雄厚的大企业，如娃哈哈、格力空调等），他们在一家电视台一年投放的广告通常都是超过千万元以上，所以舍得在强势频道黄金时间投放，如上海电视台新闻综合频道晚上18：45至19：15之间的广告刊例价为30秒广告1次168 000元，最低优惠只能是7.5折，也就是说1次30秒就要126 000元。

电视软广告因为是在非黄金时间和准黄金时间播放，一般价格很低，其客户一般都是投放资金有限，意在培养市场的国内商家，通过其高频次、低价格的宣传策略，来吸引消费者，同样达到拓展市场、提升企业知名度的良性效果。如同样是上海电视台新闻综合频道一天3次30秒（10：55，13：55，23：10左右），加上另一个强势互补频道艺术人文频道一天3次30秒套播，一周两个频道套播共42次，其刊例价才150 000元，而且可以优惠到3.5折，即52 500元，平均1次才1 250元。也就是说，在新闻综合频道投放1次硬广告的价钱，可以投放新闻综合频道和艺术人文频道两个强势频道软广告（均是无线频道，覆盖长三角上亿人口）2周（84次）。以收视率做比较，新闻综合频道黄金时间硬广告收视率1次为13个收视点，而两个频道42次软广告的收视率合计至少近80个收视点（新闻综合频道1次平均1.5，艺术人文频道1次平均

0.4）。如此性价比，孰优孰劣，一目了然。

（5）电视硬广告一般不强调企业地址、促销方式（电话、优惠活动等），以纯粹宣传企业或品牌为主。电视软广告一般除了宣传企业或品牌外，可以强化企业地址、促销方式（电话、优惠活动等）。

二、电视软广告的广义理解

以上介绍的只是电视硬广告和软广告在操作层面上的狭义概念。其实电视软广告的广义理解，还包括通过新闻和其他电视节目以互动植入式的方式，来达到宣传企业或产品的目的，如有偿信息宣传企业活动，综艺节目中观众席冠名、身穿企业标志的服装、栏目冠名、电视角标、气象标版广告、节目片尾标版或鸣谢广告、移动字幕广告、企业赞助节目的种种回报、企业老总或形象代言人接受采访或参与电视节目等，因为这些都是软性宣传企业或品牌的方式，故谓之软广告。

所谓硬广告的"单纯""昂贵""精良"是相对软广告的"迂回""省钱""粗放"而言。这两种广告宣传方式都是企业根据自身发展、自身实力所采取的实事求是的宣传方式。软硬广告各有优劣，可以互为补充。许多广告主如格兰仕、海尔、奥克斯等企业在注重硬广告投入的同时，建立起其完善程度不亚于销售网络的软广告发布网络和平台，然后再根据自己的市场推广策略，遍地发布广告，对促进销售及提高品牌知名度起到至关重要的作用。如蒙牛，除了大量投放硬广告外，还大量投放了各种软广告，如赞助湖南卫视的《超级女生》节目，还有关于中国人每人一斤奶的公益宣传，都是软硬互补宣传的成功案例。企业应该结合自己企业的实际、硬软广告的各自特点，去探索适合本企业的广告方式。

三、其他"潜规则"

最后，需要特别说明的是，因为目前中国的法律和有关政府主管部门并没有电视硬广告和电视软广告的具体规定和定论，所以还有一条约定俗成的"潜规则"，就是，一切以电视台的解释为准，即电视台说这条广告可以认可为软广告，那就是软广告。明明是软广告的制作方法，但电视台不让播，那也没办法；明明是硬广告的制作方法，但因为不是大品牌，或因为从来没有在电视台黄金时间投过硬广告（新客户），不会构成对电视台自己垄断创收的大盘形成威胁，电视台也会默许作为软广告投放，如国内的餐饮品牌或大卖场等。因各地电视台的体制比较复杂，所以每个地方对硬软广告说法和执行也各有不同。有的广告在中央电视台已经播出，到了上海就不一定能播出。在上海，频道和频道之间对硬广告和软广告的理解和执行也各有不同（领导的说法不一）。

当然，这些"潜规则"，作为代理软广告的广告公司或意向投播软广告的客户，必须要理解并且要配合，因为毕竟冲击了大盘，等于冲击了电视台的金饭碗。因为软广告虽然时段不好，招商很艰难，毕竟电视台从全部垄断到主体垄断，让出了非黄金时段，让主要是民营的广告公司或主要是民营的中小客户来参与，实在是电视市场化运作的一大进步，何况相对硬广告而言，软广告价格毕竟便宜得多。从这一点也应该体谅电视台的难处和苦心也。

这篇博客文章写在2009年，上海的电视软广告，包括植入式商业广告，整合营销式电视运作模式，已然在上海滩如火如荼，但在20个世纪80年代初期，电视软广告还只是"小荷才露尖尖角"的尝试，那时的提法称之为"经营性节目"。

龚学平主政上海电视台新闻部的时候，不仅大抓新闻改革，同时开展了准广告类的经营性节目，亦即现在俗称的"软广告"的实验性探索。

当中国的改革开放将经济建设作为中心工作全面展开，电视新闻中绝大多数的新闻是经济新闻，可是这些经济新闻往往具有一定的信息含量，而企业和商家也往往愿意付点费用，但又付不起高昂的广告费。于是，一档介乎新闻与广告之间的经营性栏目《市场掠影》应运而生。

《市场掠影》最初其实并不收费，也是一群善于思索的电视财贸记者创新的成果。据时任财贸记者后来担任过上海电视台经济信息中心主任的冯正治回忆道：

> 1981年10月3日周末之夜的新闻节目中，开始出现了一个小栏目，这就是《市场掠影》，每次两三分钟，传递五六条吃穿用的商品信息，它一下子把经济报道的领域从生产拓展到消费，这在全国电视系统是一个突破。它的宗旨十分明确：沟通产销，指导消费。比如：什么地方定做皮鞋？新颖秋装何处有买？多用家具谁家供应？消费者往往由于信息不通，而"踏破铁鞋无觅处"，经电视屏幕一介绍，便"得来全不费工夫"。除了牵线搭桥、成人之美外，对于一些商品的产销、供求趋势，《市场掠影》也如实做出分析和解答。

当时，冯正治、陈正才、庞建华三位财贸记者，既要分管财贸新闻报道，又要创办《市场掠影》，其紧张忙碌程度可想而知。刚开始，很多线索都是来自于采访科，也就是说，在采访或编排新闻时，将某些新闻分量稍轻但贴近生活贴近百姓消费需求的经济新闻或商业信息，从新闻中剥离出来，将其编排在《市场掠影》栏目中播出。因为《市场掠影》栏目的编排新颖、内容接地气，其经济新闻通常又是十分具体的微观新闻，直接关联并指导百姓的实际生活，同时又满足了企业或商家的宣传需要。因此受到观众好评，观看《市场掠影》的人也越来越多，江浙沪观众纷纷来信，称赞《市场掠影》是"沟通产销的桥梁，指导消费的参谋"。

因为广收欢迎，也因为商家格外喜欢，很多商家和企业宁可花钱，也希望《市场掠影》来宣传他们的产品和商业运作，于是，在领导的同意下，《市场掠影》开始规定播出时间和收费标准。即便这样，《市场掠影》照样受到青睐，这其中，记者报新闻选题时，便主动将某些带有关系片之嫌，但确实具有某些消费引导和市场信息的商业新闻，不再报送在通常的电视新闻中，而是事先说服被采访单位，适当收取费用，将其编排在《市场掠影》栏目中播出。这样，不仅加强了抵制有偿新闻的透明度，维护了新闻的纯洁性，而且通过软广告的收费方式，拓展了电视台的创收渠道，增加了电视台的收入。

渐渐地，《市场掠影》成为一档收费栏目，变得吃香起来。

其形式和内容具有新闻的某些元素，被圈内人称之为"二类信息"，所以比纯粹的广告更令观众信任，而其又具备广而告之的商业元素，收费比硬广告便宜得多，因其价廉物美，性价比高，令商家趋之如鹜了。

一种新的电视经营模式诞生了。电视经营性节目，或者说"电视软广告"的准广告商业模式，为电视台自主经营自我造血，减少政府依赖，开辟了除硬广告之外的多种经营之路。

随着经营性栏目的商业性质多于新闻元素，为便于分工，同时保持新闻的纯洁性，避免记者假公济私犯错误，电视台将类似软广告，或者说经营性节目，一概归于广告部门或者整合营销部门管理和经营。所以，在广告部门，专门创办了《霓虹灯》收费栏目，电视软广告正式登堂入室，《市场掠影》也就完成了铺路石的使命。

随着电视事业的发展，电视频道日益增多，广告部门的员工光是经营黄金时间的电视硬广告，已经忙得应接不暇了，《霓虹灯》栏目虽然收费，但因又要经营，又要制作，电视台也是不堪负担。而大量的白天时间和晚上非黄金时间，如仅仅靠电视台自己经营，根本忙不过来。这就产生了一个悖论：大量的中小企业与商家，往往想做电视广告但因为做不起黄金时段的电视硬广告而望而却步，电视台大量的非黄金时间，因为没人经营或者软广告模式只是电视台自家垄断，眼睁睁地看着摇钱树只长叶子不生钱。

善于思考的电视人和广告人，很快找到了新商机。一家专门进行市场调研和市场咨询服务的公司上海复氏达市场咨询服务有限公司找到电视台，递交了一份《市场300秒》的电视软广告栏目创意。公司老总原本就是一位熟悉电视台业务的优秀电视人，他辞职"下海"后通过市场调研，赢得了一批国有企业以及中小商家的信任。他所策划的《市场300秒》，突破了仅仅30秒或者1分钟时间的限制，而是以商品导购的小专题方式，娓娓示范商品的具体使用方法和商品的实际功效，这样直观而实用的电视软广告，实际上已然成为中国大陆最早的电视导购类节目之一。《市场300秒》节目创意立即得到时任上海电视台台长盛重庆的鼎力支持，一投播便受到广大观众和商家的欢迎，一度，《市场300秒》的知名度甚至超过了某些不收费的电视节目。

这档节目的问世，不仅开辟了电视软广告向电视导购的市场空间拓展的方向，而且开辟了电视软广告制播分离，电视台携手影视广告公司拓展电视创收渠道的新路子。上海复氏达市场咨询服务有限公司不仅每年付给电视台不菲的电视频道时段播出费，还不用电视台经营与制作，就添加了一档商家、观众、媒介、广告公司四赢的创意软广告栏目。岂不美事一桩？可是十分遗憾的是，后来《市场300秒》因为市场的不稳定而效益不稳定，也因为运作成本过高以致于运作数年后这档栏目停止了签约，退出了电视软广告的运作。

尽管电视软广告也非一帆风顺，但《市场300秒》带动了后来一大批携带社会资本的影视广告公司如浩天广告、唐神广告、大众影视等参与了电视软广告市场运作。

浩天广告开创的《新消费》栏目，是一档有靓丽主持人串联的以宣传美食餐饮为主的电视软广告节目，因其制作精美，吸引眼球和味蕾，加之滚动式播放和字幕醒目标注地址电话，一推出便受到众多消费者的青睐。凡是《新消费》宣传的美食品牌，消费者往往慕名蜂拥而至，也因为餐厅生意顿时火爆，餐厅老板当然愿意支出广告费用。浩天广告后来也是因为成本居高不下，将名下《新消费》《精品新消费》等占据好几个频道的软广告转让给大众影视。大众影视运作数年，最多时将承包电视软广告做到了每天5个频道滚动播出占时2个小时，其市场份额仅次于上海电视软广告居于龙头地位的唐神广告。为了填补电视软广告时段的空档，大众影视还开办了5家餐饮店——"狼来了"火锅连锁店。"狼来了"火锅店因为电视软广告的播出一度在上海滩家喻户晓。位于彭浦新村的火锅店每天一到晚上，十字路口沿路足足停有数十辆小车，店内桌子要不断翻台。

创办于1994年的上海唐神广告传播有限公司，如今是一家全案代理型的广告公司，坐落于金陵东路外滩光明大厦，拥有员工近百人。唐神传播凭借良好的业绩，连续多年位列中国广告公司营业额排名前50强，是中国一级广告企业，中国4A成员，上海市广告协会副会长单位。唐神广告的董事长兼CEO沈刚，原本是一位名校毕业的文学青年和媒体人，他创业初始，抓住上海有线电视和电视软广告方兴未艾的良机，从零打碎敲的电视软广告做起，开始承包有线电视的电视软广告时段，从此一发不可收，成为上海台实力最强、投入最大也是市场份额最多的上海滩电视软广告老大。近年来，为适应媒体与市场环境的变革，唐神传播首创互联网时代整合营销融合服务模式，致力于做多屏时代传播与创意的整合者。目前公司三大业务范畴为，电视广告及互联网视频媒介投放；电视广告及互联网视频创意制作；其他全案创意设计及互联网服务。作为一站式广告服务的践行者，唐神广告的创始人沈刚因为经营有方，还当上了上海市政协委员、上海静安区政协副主席、全国工商联执行委员、上海市工商联常委，被评为60年影响中国广告业年度人物和上海市广告协会30周年风云人物。

电视软广告的商户后来延伸到建筑装潢服装、保健品乃至于民营医院等，当然民营医院的电视软广告常常会因为不够规范而受到处罚。但总体上，电视软广告大都是与百姓生活息息相关的消费类品牌，而且绝大多数是做不起硬广告的直接客户。而这一部分客户也是电视广告的重要组成部分，电视台势所必然地将这一块也纳入了创收经营。每年的广告招商会上同样活跃着电视软广告公司的经营者。电视台为此专门成立了电视软广告的经营服务团队，以及专门研究、策划，将电视各个频道各个时段各类节目软硬广告资源整合运营的整合营销部门，电视广告的创收运营进入了更高、更广、更智慧、更有影响力，也更有竞争力的成熟阶段。

第二节　从向国家伸手到自给自足

上海，曾经是计划经济的典范。

1979年以前，也就是说，改革开放之前，从建台到1979年，这20多年间，上海电视台的所有经费，都是由国家拨款。

1979年1月，自上海电视台播出中国电视史上第一条电视广告开始，上海电视台开始自筹资金，进行电视市场化运作的大胆尝试。

1979年3月，上海人民广播电台在全国广播电台中率先恢复广告业务。从此，上海广播电视系统开始有了预算外的收入。

原上海电视台广告科负责人汪志诚回忆当时电视台穷到什么程度："1979年的1月，我们上海电视台大概有150人左右，全年经费是190万元。190万元是什么概念呢？当时有一部电影《大江东去》，由张瑞芳主演，有250万元的预算。电视台的同志就讲：我们工作一年，她拍一部电影，而我们一年还拿不出这么多的经费。"

于是汪志诚感慨道："我们做广告的目的是争取扩大收入用来丰富节目内容，满足人民的收看需要。不扩大收入的话，电视台根本维持不下去。"

1979年5月1日，中共中央副主席、国务院副总理邓小平题写的"上海电视台"台名同观众见面。

龚学平在上海电视台建台50周年接受采访时说道，没有改革开放，就没有上海电视的发展。改革也是一种创新，就是要做别人没有做过的事情，别人不敢做的事情，别人不会做的事情。小平同志说："没有一点闯的精神，没有一点冒险的精神，没有一股气，没有一股劲，就走不出一条新路，干不出一番新事业。"我们电视台，就是按照小平同志的讲话精神，坚持解放思想，敢于闯广告的禁区，宣传的盲区，事业发展的难区，终于闯出了一条具有中国特色、时代特征、上海特点的广播电视发展的新路。

从1979年1月28日播出中国大陆第一条电视广告《参桂养荣酒》，到同年3月15日播出第一条外商广告《雷达表广告》，这两个第一，前后短短不到两个月时间，毫无疑问，使上海电视台成了我国电视广告的"摇篮"。中央电视台和各地电视台纷纷向上海取经，全国电台、电视台全面开展了电视广告的经营。到1989年，我国大陆开展电视广告业务的电视台已有135家，于是这135家电视台的广告部门抱团取暖，成立了一个共同的行业性组织，那就是中国广告协会电视委员会。挺进在这支迅速崛起的电视广告队伍前列的是上海和广东两支主力军。自1985年开始，中国广告协会电视委员会每年举办一次全国优秀电视广告片评选，1986年第二次评选，上海电视台获奖总数名列首位。可见上海电视台的实力和影响力所在。

敢为人先的上海电视台不仅成立了广告科，制定了广告经营的规章制度和收费标准，而且迅速拓展广告经营渠道和广告客户，广告客户纷至沓来。

1979年7月16日，上海电视台同香港《文汇报》、电视广播国际有

上海电视台到香港
进行广告招商

限公司签订了为期五年的广告业务合作协议。同年11月，上海电视台又同太平洋行签订了日本西铁城手表报时广告合作协议，为期1年，广告总额为130万港元。这可是上海电视台全年政府拨款的70%。

电视广告业务的初创阶段，还曾经受到某些广告公司的刁难。某家广告公司认为电视广告投播的价格应该由广告公司来定。问他有什么依据，对方还说是绝密。结果后来对方拿出一份10年前香港一家电视台的广告价格表。汪志诚哑然失笑。其实汪志诚已经得到当时香港无线电视台广告的最新价格表。为广告价格的争论一度还闹到市政府去了。当时市政府财贸办公室副主任马一行支持了电视台关于广告成本及其定价的依据。后来国内很多电视台的广告价格基本上按照上海电视台的价格来制定的。特别是上海电视台的英语价格表，一些电视台在洽谈外商广告时，几乎一字不改地照搬了过去。

从一开始，上海电视台将广告的播出权牢牢掌控在自己手中。哪怕广告商的钱再多，广告导向或者广告内容不符电视台的播出要求，照样不予播出。

刚开始的时候，最积极投放电视广告的是卖墓地的。当时报纸上墓地广告很多。电视台坚决拒绝了此类广告。上海市民政局还专门发文支持了电视台做法。

然而，从摄制并投播第一条电视广告开始，上海电视台的广告运营还是经历了从粗放到精美、从简单到丰富、从少许到集聚、从单维到立体的发展轨迹。

最初的电视广告，通常都是工厂大门、生产流水线、产品出厂的"三部曲"，从事广告的人员，没有经过专业的策划、创意、摄制训练。电视广告刚诞生的时候，有点类似拍摄新闻片的流程，每条广告片长则3到5分钟，短则至少1分钟。因为匆匆忙忙，有的广告片摄制组甚至上午带着摄录设备去企业拍摄，但不清楚拍的是什么产品，反正"捡到篮里便是菜"，下午便回来编辑制作，晚上就安排播出了。

"饭泡粥"式的电视广告一旦泛滥，当然会引起观众的反感，于是，

20世纪80年代最初的广告拍摄模式

针对电视广告冗长、内容平淡单调、节奏缓慢的通病，广告制作人员又走向另一个极端，开始尝试机关枪射击式的快读，加上镜头语言的跳跃式快切，其内容变成了喋喋不休的"念经"：企业名称、地址、电话、电报挂号等。这种新的程式化电视广告模式，一旦大量复制，当然又会引起收视的负面效应。

"摸着石子过河"。当文化产业开始萌芽，电视广告方兴未艾，当然要受到市场经济规律的制约，"客户是上帝""观众是上帝"的意识，在某种意义上，首先是从挣脱计划经济保护伞，通过自食其力的电视广告部门开始的。因为受众的广告参与意识正在与日俱增。

于是，为了让电视广告避免单调划一，增强可看性和感染力，同时增强电视观众的参与热情，上海电视台又开始尝试采用专业演员和"草根"演员并用同时介绍商品的电视广告样式。

1986年11月18日，一则分别发布在报纸和电视上的"上海电视台招聘业余电视广告演员"的启示，在社会上引起了热烈的反响。短短一个月的时间，上海电视台收到了来自社会各个阶层的报名信件11 000余封。应聘者除了学生、工人、营业员、个体户等寻常百姓外，居然还有军人、空姐、工程师、厂长、经理、教授、检察官、时装模特儿等，甚至一些颇有知名度的沪、昆、越剧演员也跃跃欲试，寄来了简历和照片。

媒体也推波助澜。《文汇报》特意做了报道：《万人争当业务广告模特儿》。

一位自我感觉良好的副教授来信道：

"真遗憾没有看到这则招聘启事，否则是一定要报名应试的。考虑到自己有外形富态、爱好表演的独特条件，亲朋好友均认为绝不比哪些介绍服装食品、人见人爱的广告演员的演技差，因此还是写信试试，希望能给我一个补考的机会。"

一位功利性很强的厂长干脆在报名信上直言不讳：

"我想通过电视广告表演，既增加一条了解市场商品生产发展的渠道，又亲身体验其他产品广告的构思摄制方法，这样便于自己为本厂的广告策划作出更有效的决策。"

哈哈，这位厂长如果真的被录用，是不是拍摄广告的演员费用也可省掉了。不是吗？即便现如今，依旧有很多企业家干脆自己频频出镜，为自己企业的商品做广告，而且自己还充当了企业的形象代言人。格力集团的老总董明珠就是充满自信地给格力产品做广告，她的广告一度铺天盖地，口碑不错。家喻户晓的她一举两得，钱省下了，企业名声越来越响了。

有的热心观众不仅踊跃报名，还善意地对电视广告的制作如何提高水准提出了十多条建议，并从理论上分析了广告在社会经济和文化生活中的积极作用。

曾经担任过上海电视台广告经营部国内业务二部经理的徐益，也是在电视广告的不断实践中，用心总结和感悟，成为电视广告研究的专家。他在1989年发表在《广播电视研究》杂志的一篇论文《上海电视广告面面观》中，分析了招聘业余电视广告演员火爆的现象：

许多上海市民已不满足于仅仅把自己放在受众的位置上，从而被动地接受电视广告的宣传，而是更多地把自己当做广告的"实践者"。他们希望有机会走到电视摄像机前，在广告中充当角色，来推荐产品，或"塑造"自己。从这个意义上说，这次招聘活动中各阶层群众表现出来的参与热忱，庶几将成为上海电视广告制作全面振兴的新动因。

　　招聘业余电视广告演员火爆归火爆，在实践中，演员的出镜和表演还是出现了良莠不齐的现象。有的演员在电视广告中为表演而表演，设计的故事和情节游离了产品本身的要素，一味地哗众取宠，反而影响了电视广告的艺术魅力和商品效应。

　　随着国门的打开，越来越多的外商广告在央视和各地电视台播放，加上已有专业广告策划制作公司参与了电视广告的创意与摄制，上海电视台的广告从业者与海内外同行的业务交流也越加频繁，眼界大大开阔，通过市场调研、头脑风暴，精准定位地策划，并结合客户与消费者的需求与审美意趣，摄制创意独到、制作精美、好看又受用的高品质电视广告的流程也越来越规范，电视广告的品种、形式和投放方式也越来越多样，电视广告的运作进入了日臻完善、成熟的阶段，电视广告收入当然也奇迹般地增长。

　　徐益回忆道：

　　　　1979年，上海电视台的广告营业额仅人民币49万元，每天平均播出3分30秒的广告片（由于当时的广告片最短1分钟，最长的达3分钟，所以实际上每天只播放1到3条广告片），而1987年上海电视台每天平均播放36分钟，广告营业额已达1 630万元，现在的广告片最短的仅5秒钟，绝大多数是30秒钟，1分钟的广告片已鲜见。

　　　　到了1981年，虽然上海广播电视系统事业费的32%来自于广告收入，但已然走出了减轻国家负担，通过市场运作发展广播电视事业的新路。

　　　　1984年全国广告工作会议上，龚学平代表上海广播电视局专门介绍了以宣传为中心，一手抓宣传节目，一手抓广告经营，以节目促广告，用广告保节目，多快好省发展电视事业的经验，在全国广播电视系统引起了强烈反响。

　　　　1985年1月，上海电视台分别与所属5个部门签订形式不同

上海电视台广告工作会议

的承包合同：新闻、文艺、社教3个部，签订以节目制作质量、数量与经费开支挂钩为主要内容的承包合同；技术部的承包合同以更好地为宣传服务、提高播出质量为中心内容；广告业务科的合同则以广告创收金额与物质奖励相结合为中心内容。

而与此同时，上海电视台成立了上海电视台经营公司。之后，相继成立了上海电视台技术公司、制作公司、咨询信息服务公司、贸易服务公司、服务部、电视台二台经济信息服务公司，以及上海正大综艺电视制作有限公司、沈传薪——黑川音乐制作有限公司两家中外合资、合作公司，共9家具有法人资格的三产公司。

曾任上海电视台广告经营部业务指导的蔡文奎在一篇《电视广告节目的兴办和现状》的文章中，列出了从1979年到1983年五年间上海电视台每年广告收入与国家财政拨款的比例不断递进的数据：

1979年上海电视台举办电视广告节目以来，广告费每年平均递增

60%以上,到1983年,广告费收入已经达到了337万元,接近了365.9万元的国家财政拨款。

年　份	国家财政拨款（万元）	广告费收入（万元）
1979	195.5	49
1980	195.2	139
1981	182	163
1982	381.3	238
1983	365.9	337
共　计	1 316.9	926

1979年以来,上海电视台收入呈逐年迅速增长的态势。1979年自筹资金为51.9万元,1985年上升到978.8万元,相当于1979年的17.86倍,而1993年自筹资金高达20 149万元,比1979年增加了387.23倍。

上海电视台的多种经营同样影响并引领到上海的广播电视系统。1984年,上海广播电视局的多种经营创收达1 099万元,1986年接近2 000万元,1987年,以广告为主的多种经营收入实现2 190万元,第一次超过国家财政拨款。

从邹凡扬、刘冰等老领导手中接过台领导、局领导接力棒的龚学平,继续坚持两手抓创新发展之路。1989年,上海广播电视局加强对全局多种经营的领导,由上海广播电视发展公司统一归口管理,使全局多种经营形成了以广播电视为依托的六大经营系列,即广告经营系列,音像制品系列,广播电视出版印刷系列,旅游、宾馆、文化交流系列,实业贸易系列,以及引进外资开发的广电事业经营系列。1992年春,小平南方谈话发表以后,上海广播电视局组建中国第一家文化企业股份公司——东方明珠股份有限公司上市。

至此,上海广播电视局在全国广播电视系统中率先结束了依赖国家拨款发展事业的局面,开始走上了自主经营、自我积累和自我发展的良性循环道路。这在全国广播电视系统也是第一家。

第三节　广告引进的第一部译制片
《姿三四郎》

"可以做到的，

如果做不到，

男人若说不出从头来过，

就哭吧，哭吧，

哭也可以。

向前看，三四郎，

这就是胜负……

一旦踏出去，

怎能退缩，

男人心里决定要走的路，

决定后就前进前进，

直到看到破晓的光明为止。

三四郎，

这就是生命。"

《姿三四郎》的海报

有谁能说出这是哪部电视剧中的主题曲？

20个世纪80年代初，中国的观众只要听到这首歌的旋律，立刻就能说出这部电视剧的名字——日本电视连续剧《姿三四郎》。

可有谁知道，这就是上海电视台译制的第一部电视剧，而这第一部引起收视狂潮的译制片，居然是作为广告的副产品被引进中国的？

又有多少人知道，从现在的审美眼光看，这样一部剧情简单而且艺术水准一般的电视剧，居然培养出了一批高水平的译制片导演和配音演员，居然造就了闻名遐迩的具有海派风格的上海电视台译制部的强

《姿三四郎》的剧照

大团队。

改革开放初期，中国大陆自制的电视剧甚少，而且制作水准和艺术水准也不高，电视剧制作基本处于"无米下锅"的状态。虽然电视广告的禁区刚刚放开，但广告的客户往往也是可遇不可求。

于是，走在中国电视改革开放前列的上海电视台，迎来了日本同行送来的一次难得的机遇。据上海电视台第一代播音员之一，后来成为上海电视台译制组负责人的黄其回忆，1981年的一天，台长刘冰叫我去商量个事。原来广告科在谈的一个日本广告，对方要求必须附带播出一部电视剧。因为文艺部门抽不出人来，问我可不可以承担这项任务。虽然我并不懂得译制片的生产过程，但我很喜爱这项工作，就接了下来，临时组队开始了译制工作。那部电视剧就是后来非常轰动的《姿三四郎》。

26集的《姿三四郎》是日本松竹公司从1963年到1964年两年时间摄制完成的电视连续剧。原作是富田常雄（1904—1967）的大众小说。富田的父亲是柔术家，他自己也是入段的柔术爱好者。作者一生专门写以柔道为题材的小说，《姿三四郎》是他的代表作，受到广大读者的热烈欢迎。

明治十六年，日本国内动乱已经宣告结束，当时的日本社会充斥着西方文明。日本武术界也发生了一系列的变化。自成一派的矢野正五郎将传统的柔术改成柔道，以新的概念统一了当时四分五裂的日本柔术界，遭到了各派的责难和攻击。出现了柔术和柔道并存的局面。但是，以活杀派文马三郎为首的柔术日渐衰落，以矢野正五郎为领袖的柔道开始发展壮大。两派之间，明争暗斗，血雨腥风，斗争异常激烈。而在这两派中，柔道的杰出武师姿三四郎和柔术的早乙美之间，那让人爱、惹人怜的缠绵爱情故事，通过电视剧《姿三四郎》的精彩演绎，更是让人回味无穷。

光杆司令黄其开始招兵买马。那部为广告附播的《姿三四郎》也就此开启了上海乃至全国的译制剧时代。

能干好学的黄其找到上海国际问题研究所副所长郭炤烈，请他帮忙翻译，又请来上影译制片厂的著名配音演员毕克和苏秀，请他们担任译制导演。然后一起在上海整个文艺界寻找配音演员。吴文伦、中叔皇、宏霞、徐阜、王静安都是上影演员剧团的，晨光、刘维是电视台的，郭冰是电台的，张欢是儿艺的，谢文然、赵兵、雷长熹是戏剧学院的，还有当时还是中学生的金霖。

起初，大家并不看好这部日本连续剧，尤其是欣赏过大量优秀外国影片的苏秀、毕克，认为《姿三四郎》故事太简单，不过就是讲述姿三四郎从人力车夫到柔道高手的故事，情节也不精彩，人物性格很单一。

可就是这样一个"草台班子"，一开始就尝试用市场规律的方式来激励大家。尽管那时基本上一个演员配上一集也只有10元钱，但因为不是铁饭碗，配得好，态度也认真，就继续请来配戏；配得不好，机会就

《姿三四郎》译制组（前排左二是张欢，左三毕克，左四晨光）

给别人了。当然当时大家都格外珍惜这样的机会，有名师指导，"黄埔一期"的学员怎能不加倍努力？

著名配音演员苏秀在她的《我的配音生涯》一书中有一段经验之谈："配音演员由于是在话筒前表演的，所以特别需要声音放松、语气自然，稍有做作，便会被完全暴露出来。最好要像平时说话那样来念台词，这个要求看似简单，做起来却不那么容易。"

晨光回忆起当年的制作时光，坦言在配前两三集时非常困难："我们当时习惯的还是带有一些"文革"腔的铿锵的播音腔调，但是配音完全不同，不仅要把播音腔完全收起来，还要对口形。实际上，这也不是一种生活化的说话方式，其间尺度的把握对我们这些新配音演员来说难度颇大，当时苏秀老师及上影译制片厂的老师们对我们的帮助很大。"

事实上，《姿三四郎》的主角竹胁无我当年在日本的成名不仅是因其俊美的外形，其遗传自父亲的醇厚嗓音也得到粉丝们的拥戴。有幸听过竹胁无我原声演绎姿三四郎的晨光倍感压力。由于中日语言在文法上和朗读上的差异，日语的发音比较平，而汉语则起伏比较大，"初生牛犊不怕虎"的晨光在导演的指导下，发挥了自己圆润醇正富有青春活力的金属感的嗓音优势，同时在完全理解姿三四郎人物个性和顽强精神的情况下，对声音作了中国式的重大处理，在观众最终看到的译制版本中，晨光所配的姿三四郎的声音魅力更加赢得中国观众的青睐。

为女主角早已美配音的张欢由于在儿艺长时间扮演孩子，这回《姿三四郎》演的又是少女，所以也有一段时间念词喜欢把声音吊起来。为此，苏秀导演总在她还没开口时就讲："张欢，声音放松。"果然，从那以后，她成了运用声音的专家，不但能配声音娇美的少女，还能配成熟的中年妇人，甚至能配声音沙哑的乞丐。

这部电视剧的轰动程度让人始料未及。

姿三四郎与早已美一夜红遍上海滩。

为姿三四郎配音的晨光和为早已美配音的张欢也一下子成了上

海滩的红人。当《姿三四郎》播出时，有电视机的家庭都传出《姿三四郎》片头曲那粗犷的歌声。当时，黑白电视机还没普及，没有电视机人家的孩子搬着板凳到隔壁人家蹭看，街上的行人一下子变少了。有些去外地出差开会的上海人，为了看这部电视剧，事情一忙完便急着要赶回上海，唯恐漏看了剧情。连公安局都传来消息，说这部电视剧一放，犯罪率也下降了。据说后来在北京播出时，当时正好有些区晚上停电，为了让大家能照常收看《姿三四郎》，竟然在播放《姿三四郎》时特意供电一小时。真可谓盛况空前。

那时，"偶像""粉丝"这两个词还没有诞生，但为《姿三四郎》男主角配音而在上海滩一夜爆红的上海电视台新闻播音员晨光，当时每天在电视台收发室收到的影迷来信足有两麻袋那么多，而每天总有许多少女候在电视台门口，就是为了一睹晨光的风采。

剧中扮演姿三四郎的演员竹胁无我长得眉清目秀，英武俊朗。他成功塑造的那个充满青春活力、不畏强暴的青年柔道家，那个集侠者与智者为一体的儒侠形象，深受女孩子喜欢。中小学生也把姿三四郎看成学习的榜样，因为他尊师爱友，练功刻苦，技艺超群。也有些小学生为了学功劈坏了课堂的桌椅，引起了老师的忧虑。

其实，《姿三四郎》火爆的原因很大一部分在于当年老百姓的娱乐生活十分贫乏。当时电视频道甚少，观众可选择的好节目甚少，往往一部电视剧常常会创下极高的收视率。另一方面，当时的国产电视剧也很少很弱，根本无法占据整个黄金时段，于是译制片都能安排在黄金时间播出，自然收视率不会低下。

除了上述原因，不可否认的是，《姿三四郎》是一部引起年轻人强烈共鸣的青春励志片。用晨光的观点，就是"那些观众来信很多不是冲我，而是对剧中年轻人追寻的人生道路感同身受。"，姿三四郎的形象即使放到今日也是非常秀气、漂亮的，"是中国女孩一定会喜欢的类型"。"有句台词，翻译过来是'路在脚下'，实际意思就是路是靠自己走出来的。我当时还没有领悟到其中的意思，但是对年轻观众来说，很多人是被这种价值观所吸引的。"晨光回忆说当年自己收到的"求爱信"中，有大部分都是观众写信和自己分享人生感悟的。从这个层面上来说，姿三四郎的形象成为了当时中国年轻人向往的偶像，他们希望可以通过奋斗驾驭自己的命运。

有人这样回忆道：

"八十年代的日剧所传递给我们的不只有让人涕泪交零、如痴如醉的爱情悲剧片《血疑》《命运》，更有像《姿三四郎》《阿信》《排球女将》那样的励志片。"

"日剧丰富的想象力，艰难曲折的过程，以及没完没了的爱情纠缠，就这样定格在我们的记忆中，成为我们生命中永不磨灭的印记。"

"为领悟柔道真谛，姿三四郎跳进冰冷的池水中站了一整夜，终于明白了柔道不是单纯讲究技艺的柔术，而是注重道德修养的体育运动，自己那种逞强好胜的做法是不对的。"

"剧中的玄妙和尚总是在姿三四郎陷入迷茫中给他醍醐灌顶，当头棒喝，让姿三四郎幡然悔悟。"

"那一个个鲜活的人物，人力车夫姿三四郎、柔术名家矢野正五郎、警视厅武术教师村井半助及其女儿早乙美、贵族小姐南小路高子、皇宫警卫桧恒源之助、心明活杀派教师门马三郎……仿佛就在我们眼前。"

"那如雷贯耳的励志警言，'高手只能被打败，而不能被侮辱！''悟性就在你的脚下！'至今言犹在耳。"

剧中，姿三四郎最得意的技巧"三澜狂路"——跳上 10 多米的高空连续后空翻再对对手进行过肩摔，一度让众多的迷恋柔道的观众津津乐道，崇拜不已。

2011 年 8 月 21 日，日本偶像剧开山鼻祖、电视剧《姿三四郎》中姿三四郎扮演者竹胁无我在东京去世，享年 67 岁。

竹胁无我先生也许没有想到，正是他的同胞在中国做生意投广告时，执意要附带播出电视剧《姿三四郎》，居然引发了中国观众的轰动效应，居然引发了上海电视台乃至中国电视界用广告时段换取海外影视精彩节目的新的商业运作模式。

那个时候，虽然中国大陆的电视台主要的创收来源已经是广告收入，但这些收入用于电视台本身的开销已然十分紧张，更不用说用在电视台的壮大和发展上，倘若再耗费巨资去购买国外优秀的电视剧，简直是天方夜谭。

这是一种双赢的创新商业模式。当时上海电视台在播放电视剧《姿三四郎》的时候，插播的是蜂花牌洗发精广告，这家国产品牌的客户最初到全国各地去推销，无论讲得怎样"天花乱坠"，也引不起别人的兴趣，以致造成产品积压，公司资金周转不开，几乎濒临破产。而一经搭车引起万人空巷效应的电视剧《姿三四郎》后，洗发精产品自然是供不应求。而电视台只是以广告时段换取了一部如此火爆的国外励志电视剧的版权，自然省下了大大一笔电视剧版权费。有趣的是，外地一些电视台，比如武汉电视台在播放《姿三四郎》的时候，因其收视率爆棚，除了播放一长串赞助单位的名号外，还插播了近20分钟的赞助单位的广告。足见这一创新的电视剧与广告联姻模式的受欢迎程度。当然，凡事需把握一个度。广告插播时间过长，会引起观众的逆反心理。这也是电视节目市场化运作过程中必须把握的一个准则。"观众是上帝"的铁律不能破坏。

第四节　《海外影视》与8分钟贴片广告

自打广告附播的日本电视剧《姿三四郎》开启了上海乃至全国的译制剧时代，上海电视台译制国外电视剧的声名鹊起。于是，播音员出身的黄其在承接《姿三四郎》配音任务过程中，不仅从上影译制片厂请来著名配音员苏秀和毕克帮忙，而且悄悄拜两位为师，掌握了配音及导演的流程与技巧，发现和培养了诸如丁建华、计泓、魏思芸、陈兆雄、林栋甫、晨光、张欢、陈燕华、刘家帧、刘彬、林海、宏霞、赵兵、雷长熹、金霖等一大批优秀的专职和兼职配音演员。于是，在《姿三四郎》播出三年后，顺理成章地成立了上海电视台译制科，由黄其担任负责人。又过三年，译制科与台演员剧团合并成立译制部。1987年，译制部进入新建的电视剧制作中心。

虽然《姿三四郎》的引进是日本的广告客户在投放上海电视台广告时执意推荐的，但几年后《海外影视》的海外影视剧在上海电视台等电视台开播的窗口捎带8分钟的贴片广告，却是上海电视台牵头，与美国洛利玛影视公司谈判后创造的又一种商业模式。

1988年，上海电视台与北京、广东、福建四家省级电视台联手，一起向美国洛利玛影视公司购买海外影视剧，以填补国产影视剧的严重不足及观众对海外优秀影视剧的渴求。幸运的是，由于改革开放，大量的国际品牌客户看好中国市场，尤其看好上海这座国际化都市。洛利玛影视公司本身拥有大量海外的优秀影视剧作品的版权，而且拥有在国际上进行广告招商的能力。于是彼此一拍即合，上海电视台专门开办一个《海外影视》栏目，专门播放洛利玛影视公司出产的电视剧，片子免费赠送，但每部电视剧可安排8分钟贴片广告。广告由利玛影视公司到国际上招标，支付上海电视台8分钟的广告费，他们赚取其中的差价。如此方式同时由上海电视台牵线，推广到首都北京和沿海城市广东、福建电视台。

1987年10月21日21点15分，上海电视台创办的《海外影视》栏目正式同观众见面。从此，译制片有了固定的播出阵地，节目由两套译制班子生产。

《海外影视》首播的美国电视剧《两代夫人》反响热烈。

黄其导演在《我与电视剧译制》的文章中回忆道："让我自豪的是，对方提出，所有影视剧必须由上海方面进行翻译，上海播过后才能放到其他几个电视台播放。"

这是上海电视台译制部最辉煌的十年，也是中国引进海外影视剧片量最多，放在各电视台黄金时间最集中，故而影响力也最大的十年。

十年间，上海电视台先后译制并播出了《家族的荣誉》《埃利斯岛》《神探亨特》《鹰冠庄园》《大饭店》《东京爱情故事》《回首又见他》《根》《荆棘鸟》《女奴》《血疑》等一大批富有内涵耐人寻味却又好看好听的海外电视连续剧，播一部，红一部，成为风靡一时的海外影视的饕餮盛宴。

难能可贵的是，译制部在完成极其繁重的译制任务的同时，还积极参与自筹资金的商业运作。1987年，完成译制片60部（集）。翌年，生产译制片100部（集），自筹资金60万元，仅过半年，就完成80部（集）并签下68万元合同。至1988年，上海电视台形成自己的配音演员队伍。

因为译制片的产量提高很快，确保了《海外影视》每周可播两档，1990年又改一周三档，1995年下半年开始一周四档。到1998年，实现一周五档。上海观众可以在荧屏上看到一部部上海台译制的国外电视剧：《家族的荣誉》《埃利斯岛》《东京爱情故事》《根》《荆棘鸟》《成长的烦恼》等，其中的《神探亨特》、《鹰冠庄园》和《欢乐家庭》，几乎与产地美国同步播放。

《海外影视》刚开播时主要播放美国电视连续剧，以后逐步拓宽了选片渠道，开始播放观众喜爱的各国电视剧；同时，配合一些纪念日和活动来选择影视剧，如为纪念世界反法西斯战争胜利50周年而播映的

《神探亨特》剧照

《战火珍珠港》《暗杀希特勒》《烽火情缘》等。寒暑假时，一部电视系列喜剧《成长的烦恼》不仅吸引了众多的中小学生收看，连家长和老师都看得入了迷，成为街头巷尾的话题。

从部队文工团转业到电视台，在黄其老师的带教下，后来担任译制部主任的聂梦茜回忆《海外影视》的辉煌10年：

> 我导演过很多部片子，其中印象最深的莫过于美国电视剧《根》的译制。在选片时，这部讲述一个黑人家族六代人在美国争取自由的真实故事深深吸引了我。时任译制部主任的孙重亮和我决定接下这部片子。要译制好这样一部片子，我们深感压力之大。为了更好地把握作品的神韵，我们尽可能搜集素材，重新阅读阿历克斯·哈利的同名原著，并把小说和电视剧进行对照。在选择演员时，我们遇到了一些小麻烦——作为译制导演，我们以往总希望配音演员的音色美一些，再美一些。而这次当我们为过着非人生活的黑奴们选择配音演员时，却惊奇地发现，我们演员的声音都太圆润、太漂亮，有的甚至太华丽了。这样就无法更好地表现黑奴们"沙哑、粗糙"的音质。为了更好地贴近人物，更合乎剧情，我们不断提醒演员们改变习惯的发声方法，残酷地要求录音师动用技术手段破坏演员的优美音色。配音时，演员们全身心揉进角色，塑造了一个个生动的黑奴形象……

《根》的播出在社会上引起强烈反响，得到了广电部的表扬。上海有的中学还规定学生必须观看《根》这部电视剧，以此来教育孩子们。

聂梦茜执导译制的另一部日本电视连续剧《东京爱情故事》，同样获得了热烈的反馈。开播后观众纷纷来信来电要求重播，上海外国语学院一位女学生告诉聂梦茜，每当《东京爱情故事》的片头曲响起，上外的学生就会一股脑儿地挤到学校的电视机前，跟着乐曲忘情地边摇、边唱、边看。

《海外影视》的定期播出，打开了通往世界的窗口，成为连接中外文化的桥梁。8分钟的贴片广告，不仅给合作伙伴带来了商机，给上海电视台节省了大量购片费用，《海外影视》栏目还被评为上海市观众最受欢迎的电视栏目和上海市广播电视剧优秀栏目。译制部译制的外国影视剧多次获得全国电影电视声音一等奖，全国飞天奖译制片一等奖，并在全国第一届、第二届译制片评奖中高居榜首。

《鹰冠庄园》剧照

译制片获奖后的喜悦

随着新媒体的崛起，尤其是网络视频的迅速发展，"美剧""韩剧"等开始作为专有名词出现。任何一集热播美剧刚在大洋彼岸播完，只要不到12个小时，一集配有中文字幕的美剧就可以在国内看到。加上国家广电部门对传统电视频道播放海外影视剧的严格限制，如不允许海外影视剧排在黄金时间播放等，《海外影视》的辉煌已成历史，而上海电视台的译制部包括上影的译制片厂也风光不再，荧屏上再也不会出现一夜成名的配音演员了，但《海外影视》带来的影视剧市场的活跃与成熟，带给中国观众的视听享受，已经留在广大观众的记忆中，也留在了中国电视发展和文化产业发展的里程碑上。

《海外影视》的贴片广告模式，在中国大陆延续了很长时间。上海电视台率先与著名泰籍华人创办的正大集团合作的国内第一家中外合作的综艺公司——上海正大综艺电视制作有限公司，也是延续了这样一种合作模式。双方先是共同创办了一档荧屏综艺类节目，收视效应不错，于是双方一拍即合，干脆组建了合作公司。公司坐落于上海市徐汇区，毗邻徐家汇商业中心和漕河泾新兴技术开发区。公司占地一万多平方米，主楼建筑面积逾三千七百平方米。公司拥有两座现代化电视节目摄影棚（分别为900平方米、600平方米），配备有多机作业及最新数字化电视节目制作系统、电脑调控的灯光设备、完整的录音设备和优秀的技术人才，可满足大型乐队实况直播的成音要求。完备的美术布景、道具、服装、化妆及布景仓储等设施为电视节目制作和市场化运作提供了最完善的配套服务。其合作创办的《五星奖才艺擂台赛》综艺节目、《真情满人间》综艺游戏类节目、《今宵多珍重》等高雅电视音乐节目，都是采用贴片广告方式，因其收视效应良好而发行到全国或国外。

第五节　电视剧《上海滩》的"砰砰砰"

"砰！砰！砰！"

一段广告后，电视荧屏上出现三幅刺激眼球的特效画面，伴之三声刺激耳膜的枪响。

1984年底，一到晚上黄金时间，上海滩万人空巷。绝大多数上海市民家里的电视机都锁定在上海电视台8频道，眼巴巴地等待着这三枪的出现，眼巴巴地等待着一位头戴大礼帽，身穿长风衣，围着白围巾的男主角许文强和梳着麻花辫的女主角冯程程出现在屏幕上。

30年后，很多人依然清晰地记得，那扣动心弦的三声枪响后，激昂的音乐响起，伴随着叶丽仪那充满男子气的演唱："浪奔，浪流，万里滔滔江水永不休……"一段荡气回肠的故事开始上演。

造成如此轰动效应的是一部叫做《上海滩》的电视连续剧。

"划时代的经典巨献，破天荒的皇牌组合。江湖情仇掀起血战连场，一代枭雄浴血上海滩头……"这是此剧的广告语。

这部拍摄于1980年的电视连续剧堪称是香港电视史上最成功、最经典的剧之一。也是享年107岁的香港影视娱乐界大亨邵逸夫创办的香港无线电视广播有限公司（TVB）打造的最辉煌的电视剧之一。

有文章评述，剧中饰演男主角许文强的香港演员周润发，以其出色的演技和魅力征服了全亚洲的观众：他的眼神会说话，他笑时露出迷人的酒窝，他不时

饰演《上海滩》男女主角的周润发和赵雅芝

从上衣的口袋里掏出洁白的手绢擦擦鼻子。举手投足之间，他演绎了一段30年代上海滩的恩恩怨怨。这个名叫周润发的男人，将男人的成熟和浑厚、沉稳和沧桑、机智和勇敢、奔放和内敛，做到了真正的收放自如、行云流水，也将撼人魂魄的魅力发挥到了极致。

这部荣登上个世纪香港十大电视剧榜首和传媒界20世纪华语电视剧集100强榜首的经典电视剧，率先被引进中国内地并产生巨大收视效应和广告效应的，就是上海电视台。可是有谁知道，当时引进这部电视剧，也是一波三折，经历了不小的风险。

2013年年底，龚学平在接受笔者采访时，披露了当时的曲折故事：

1982年，中国改革开放的总设计师邓小平以他政治家的睿智、开明、务实和开创精神，提出了"一国两制"构想，使复杂的难题迎刃而解。从那时起，香港回归，成为20世纪世界瞩目的重大政治事件之一。

1984年，时任上海电视台副台长的时敏，前往香港无线电视台（TVB）访问时，香港无线电视台相关主管主动表示愿意和上海

电视台合作，向时敏特别推荐了电视连续剧《上海滩》，并愿意以优惠价给予上海电视台首播权。时敏认为是好事，便与TVB签订了合作协议，并在香港刊发了上海电视台决定引进《上海滩》到上海播放的消息。可是这件事很快被国家广电部知道了，广电部一位负责宣传工作的副部长发来电报，明确指出《上海滩》有严重的政治问题，要求立即停止播出。

巨大的压力摆在上海电视台领导面前，因为节目已经排上了档期，广告商也签约了。怎么办？

上海电视台的领导班子经过慎重研究，认为如此精彩的反映30年代上海滩恩怨情仇、个人奋斗与民族大义的电视剧，何来严重的政治问题？而且1997年就要香港回归了，连这样一部在华人社会引起轰动反响的电视剧都不让播出，社会舆论和广大观众，尤其是香港的百姓，会引起怎样的负面效应？

于是，身为上海电视台台长的龚学平起草了电文，发到广电部，直接与广电部领导沟通：你们提出的意见，我们会考虑。有什么不好的镜头或情节，我们会删掉。但是，我们看了这部剧，认为没有严重的政治问题。如果不播的话，反倒有政治问题，会引起香港演艺界对我们的一些误解，所以请求同意播出。

电文发出后，收到回复，有所松口：如果你们一定要播，请上海市委决定，我们不管了。

龚学平便去请示时任中共上海市委宣传部长王元化。学识渊博的的王部长同意我们的观点，但广电部要市委表态，于是王部长笑着建议道：你是不是再请示一下立教同志？

龚学平便来到康平路时任中共上海市委第二书记胡立教办公室，将整个过程向胡立教作了汇报，最后龚学平特别加上一句：我以党性担保，没有严重的政治问题，只是考虑到香港和内地的某些政治和文化环境有所不同，我们可以对个别的暴力流血镜头做点删减。

胡立教同志耐心地听完汇报后，这位毕业于抗日军政大学，有着丰富政治斗争经验的老红军、老领导当场一锤定音："我完全相信你！你把关。如果没有政治问题，我就不看了。"

于是，"砰！砰！砰！"三枪传遍了上海滩，传遍了神州大地。后来连对政治把关最严的中央电视台也播出了《上海滩》。

绝对不是夸张，当年电视剧《上海滩》在上海乃至全国产生的收视奇观，很少再会出现。

有评论如此赞誉："许文强的白色围巾和冯程程的麻花辫是那个纯真年代的集体回忆。其主题曲也成为传唱度、影响力最高的粤语歌曲之一。上海滩开创了江湖爱情片风潮、影响无数华人。直到今天《上海滩》仍然是经典传奇，周润发和赵雅芝梦一般的璧人组合，也成为经典爱情片的最佳代言人。上海滩也成为一个金字招牌，其后系列题材的影视剧层出不穷，丰富中国的影视发展。"

当然，由于收视率的居高不下，《上海滩》"砰！砰！砰！"三枪片头后的广告效应，也使得上海电视台赚得盆满钵满。

第六节　"魔都"小荧星——中国少儿艺术教育第一品牌

上海电视台走过了一个甲子。

2018年9月24日下午，位于浦东东方路上的东视演播剧场，纪念上海电视开播60周年庆典大会在这里隆重举行。

庆典临近尾声，十位观众代表向上海文化广播影视集团21位首批领军人才颁发荣誉证书和奖杯。这21位领军人才中，除了融媒体中心首席新闻主播印海蓉、东方卫视中心主持人曹可凡、东方明珠总经理黄晋等知名精英人才外，其中有一位是上海小荧星艺术学校校长沈莹。

穿着红色连衣裙靓丽登台的沈莹脸上洋溢着自信的微笑，她接过沉甸甸的奖杯，深深体会到"不忘初心砥砺前行"的份量。

2018年年底的一天，笔者慕名来到小荧星艺校的总部，上海龙华东路818号金融A座的商务楼。

20层的半层楼面，都是小荧星的办公空间。前台醒目的logo——五块彩色七巧板拼成的五角星，配上三个流畅而耀眼的行书字：小荧星。是老领导龚学平的字体。

沈莹校长和小荧星艺术团团长蔡来艺、小荧星宣传主管张珏热情地接待了我。公务繁忙的沈校长特意从外面赶回来。

一本色彩缤纷的《荧星》月刊放在我的面前。封面上一位穿着小海军裙装的4岁女娃，胖乎乎的笑脸洋溢着阳光般的自信。她便是参加湖南电视台《全民K歌》比赛，获得网络投票第一名，并与新加坡著名歌星林俊杰牵手甜甜地唱着《小酒窝》的万于宁小童星。

封二是小荧星2019年春季班火热招生的广告——

陪伴2至18岁少儿茁壮成长，专注儿童艺术教育45年，68种艺术细分门类，培养上千名专业艺术教师护航成长，献演五大洲艺术殿堂，打造上百名当红明星，斩获上千项国际大奖，培育数万名行业精英。

这是最新一期的《荧星》月刊——2018年11月刊。卷首语照例是沈莹校长充满激情却又数据量巨大的信息发布：

> 金秋是收获的季节，五谷丰登硕果累累。小荧星的孩子们亦是如此，各种大赛，成绩卓越，各种演出，闪耀荧屏。
>
> 首次打造的少儿国际模特大赛，集合了上海广播电视台、教育电视台、纺织协会、民协艺术教育分会、国际时尚教育中心等的力量。时尚界大咖云集，来自美国、英国、新西兰等世界各地的5 000多名"萌娃"齐聚上海，在全亚洲最大的舞台上挥洒自信，金发碧眼的洋娃娃和典雅别致的中国娃娃在聚光灯下一起走来，引发了全社会的高度关注和热议。晋级决赛的66位选手也在9月15日参加了上海总决赛，并列入模特库的平台。除了丰厚奖品，进入决

赛的40强的选手更是受邀走上了上海时装周的T台，今后等待他们的是米兰时装周以及各种电影、电视、广告的无限可能。除了星光璀璨的模特比赛，其他各个专业的孩子，民族舞、芭蕾舞、拉丁、歌舞、合唱、独唱、表演、音乐剧、民乐、戏曲、书法、美术、武术、围棋等专业的孩子们都是成绩斐然，不仅在国内到处包揽金牌，在五大洲的国际舞台上也是金奖、特金奖不断。

即便是十一期间，小荧星们也是马不停蹄，作为上海的城市名片，国际旅游节、上海科创嘉年华等活动轮番登场，为广大市民及国际游客展现沪上少儿的文艺风采。平日里，小荧星的孩子们处处闪耀，参加了东方明珠点灯活动、大世界中秋晚会、上海群文优秀作品展演、2018天地音乐节、重阳晚会录制、九九关爱活动、地铁音乐角、送戏下军营、非常有戏电视节目录制、广告拍摄等等各种各样的丰富演出，孩子们在舞台上一次次地成长蜕变。特别振奋的是，万众瞩目的首届中国国际进口博览会面向全球展示上海

上海的名片——小荧星

小荧星30周年海报

城市形象的宣传片，一开头就是小荧星孩子与老师，一颦一笑间的神韵，展示了城市名片小荧星的灼灼风采。

小荧星的定位早已超越了单纯的培训机构和"明星摇篮"，包裹在艺术形式里的内核是教育事业，是承担更多的社会责任。"艺术教育不只是装满一桶水，而是在孩子心里点亮一盏灯。并不只是为了传授一门才艺，而是要教会孩子们坚持自律和永不放弃的克服挫折的能力。"艺术从来不是艺术本身，而是整个人生观。家长们把孩子送来学习，收获的将是孩子的人品、智慧和一生成就的铺垫。

家喻户晓的小荧星，如火如荼的小荧星。

鹅蛋脸，披肩长发，一脸清秀却不乏沉稳的沈莹校长踌躇满志地向我介绍小荧星的发展轨迹和现状：

三十而立，小荧星走过了半个多甲子。小荧星已经成为中国少儿艺术教育的第一品牌。从最初的少儿演播组到目前两大板块——小荧星艺术团和小荧星艺校，而小荧星艺校已经拥有20个分校，8大艺术分团，分为歌舞演艺4大艺术板块，100+细分艺术专业，360°全媒体展示平台，1 000+专业艺术老师，30 000+在读学员。从最初的仅仅为电视台节目服务到走向社会走向世界，从最初的由电视台拨款，只讲社会效益和收视效应，到社会效益、经济效益并举，先后培养了近百名当红明星、数千名社会精英、30多万小荧星学员，每年创收2亿元，盈利3千万元，从而成为全媒体时代上海广播电视台、上海文化广播影视集团、炫动传播旗下异军突起的全资国有企业，全国少儿艺术教育领头羊，以其充满活力的少儿艺术教育的文化产业链，彰显出勃勃生机的成长态势。

沈莹校长自豪地介绍，20个世纪70年代，电视机开始走进千家万户，上海电视台开创了中国最早的综艺节目、选秀节目和反映青少年成长的电视剧。因为这些节目的火爆，也因为这些节目常常需要少年儿童的参与，为了配合这些节目，1974年，上海电视台创办了少儿演播组。年仅13岁就抱着吉他自弹自唱的歌坛明星巫慧敏就是少儿演播组培养的。

还记得那个在"邋遢大王"边上唱歌的小女孩曹蕾吗？ 1984年秋，在上海举行的全国第一届民族杯小歌手邀请赛上，5岁的她一鸣惊人，荣获一等奖。一批具有艺术潜质的上海小选手的出色表现，引起上海电视台领导的重视，经过积极筹划，在时任上海广播电视局局长龚学平的支持下，1985年1月，"上海电视台小荧星艺术团"正式成立，小曹蕾和一批多才多艺的孩子成为了小荧星艺术团的第一批团员。

说是上海电视台小荧星艺术团，实际上首选的

在"邋遢大王"边上唱歌的小姑娘曹蕾

40名儿童参加的是少儿合唱团。当年6月1日又建立了小荧星舞蹈队。后来又把此前建立的少儿演播组改名为小荧星影视剧团,并入艺术团。就这样,上海电视台小荧星艺术团便成为上海市拥有声乐、舞蹈、戏剧表演的大型少年儿童业余综合文艺表演团体。最初小荧星艺术团是不收费的,随着小荧星影响力扩大和少儿艺术教育的社会需求,1985年,招考收费的上海小荧星艺校应运而生。

先后担任过上海市文广局艺术总监的著名电视导演刘文国、滕俊杰曾经分别担任过小荧星艺术团的团长和小荧星艺校的校长,而时任上海广播电视局局长龚学平、上海电视台领导金闽珠、盛重庆、郑礼滨、朱咏雷、黎瑞刚、裘新、王建军、高韵斐等更是倾力关心、亲自指导。

传承小荧星接力棒的是张开兰、蔡来艺、沈莹等。她们在位的时候,借助中国电视事业大发展的一波波势头,将小荧星的规模和社会影响也推向了一个个高峰。

在《荧星月刊》2019年1月刊的杂志上,我们看到了小荧星艺术团团长蔡来艺的一张照片以及采访她的文章。照片中的她,根本看不出是一位年满花甲的老人,她亭亭玉立,看上去依旧那么精神抖擞,充满活力。

文章的篇首这样介绍蔡来艺:"她是同事眼中的好前辈、好榜样,虽年逾60,但仍身体力行、兢兢业业地工作在岗位第一线,无论演出大小都事必亲躬;她是孩子眼中的好老师,好奶奶,慈祥和蔼,时时刻刻地

小荧星早期的老师们(右起第二位是张开兰)

关心着孩子们的成长与发展,她就是享誉中外的小荧星艺术团团长——蔡来艺。"

在台庆50周年的时候,蔡来艺写了一篇充满深情的回忆文章《缅怀圆梦之路》。她"寻梦":1988年,幸运地由一位热爱艺术的纺织女工被电视台招聘录取为一名电视行业的"大龄新兵";"追梦":在当时的上海电视台二台《生活之友》栏目蹒跚学步,很快成为获奖连连的优秀编导;又继续

小荧星艺术团团长蔡来艺

"圆梦":成为上海电视台正式宣布的第一批制片人之一,在担任国际部《上海滩》栏目制片人的时候,会同一群精英老师,将全台的外宣和外联开展得风生水起;因为蔡来艺的学艺阅历和管理能力,1997年,蔡来艺欣然接受了人生的重大转折,"续梦":小荧星和大舞台,上海电视台党委决定蔡来艺担任小荧星艺术团团长兼小荧星艺校常务副校长。

到了20个世纪90年代,小荧星已经很有名气了,每次招生也都很火爆,最多时达到上万人排队报名,但从硬件上来说,小荧星只是台里文艺部门的附属机构,每年拨给小荧星艺术团的经费只有75万元,因而小荧星规模很小,几个演出队加起来不到300人,而艺校干脆没有经费,办学条件非常艰苦,十几位老师挤在少儿部一间很小的办公室。孩子们没有专属的排练厅,只能借用区少年宫教室、中学体操房或是电视台职工俱乐部,甚至是在电视台食堂。从软件上来说,当时的演出平台不够多,创新的经典节目也很少。

但是电视台是小荧星的强大靠山,业界的翘楚是小荧星的优秀师资,为此小荧星制定了"出精品、育人才、当使者、打品牌"的工作方针,并将创作作为小荧星的"生命线"。她们分别以迎接千禧年和庆祝小荧星艺术团15周年为契机,仅用半年多的时间就拿出了两台全新创作

时任上海市市长朱镕基和小荧星在一起

的集声乐、舞蹈、民乐、快板、小品、魔术等艺术样式于一台的少儿歌舞晚会《彩虹里的星星》和《七彩畅想》。这两台节目演出不仅现场掌声雷动，在电视台播出时收视率名列当年少儿节目之最和晚会类节目前10名，节目还分别获得了中国广播电视学会颁发的全国少儿音乐舞蹈电视大赛的金奖和特别奖。可以说，这两台节目演出的成功让社会各界对小荧星这个少儿艺术团体的整体实力更加刮目相看。以后她们又创作出《好一朵茉莉花》《友谊天长地久》《中华采风》等脍炙人口的经典作品，赢得社会各界的广泛赞誉。因为有了自己的原创品牌节目，小荧星的演出机会也就越来越多，口碑自然越来越好。

2002年上海申办世博会，小荧星跟随时任国务委员吴仪带领的中国政府代表团出席了在法国巴黎举行的国际展览局第131次全体代表大会。小荧星的孩子们在晚宴上献上了精彩演出，令全场掌声雷动。记得当晚的小主持人也是来自小荧星的孩子，她不仅用法语主持，还说了一句令全场震撼的话："请给我们上海一次机会，我们将会还给世界一片精彩。"语毕，全场领导、中外嘉宾全体起立鼓掌，经久不息。

"请把我的歌带回你的家，

请把你的微笑留下……"

小荧星的闻名遐迩是从歌声开始的。《歌声与微笑》《走进十月阳光》《济公歌》《叫卖小调》等脍炙人口、耳熟能详的少儿合唱歌曲都是由小荧星合唱团首唱而流行的。被中国合唱协会授予"中国合唱杰出贡献奖"的国家一级指挥林振地，从不惑之年到耄耋高龄，始终坚守在小荧星的合唱教学和指挥的岗位上。至今，林振地指挥小荧星录制少儿合唱、独唱专辑70余套，畅销海内外，凭着精湛的演唱功底与巨大的影响力，小荧星合唱团被评为中国十大少年合唱团。

1984年，巫慧敏与另外4个女孩包揽了上海青少年歌唱比赛5项大赛的冠军。在中国第一档选秀类节目"卡西欧杯家庭演唱大奖赛"上，巫慧敏全家表演的一曲《卖汤圆》赢得冠军。爸爸巫洪宝煞有其事地弹着"碗琴"，姐姐巫谢慧弹着吉他，她和妈妈则忘情地伴唱。巫慧敏一家由此家喻户晓。

如今在中国影视界当红的影视明星胡歌、孙俪、陆毅、冯绍峰、马伊琍、黄圣依、谭元元、董蓉蓉，舞蹈新秀吴佳琦、付姝，当红歌手倪睿思、梦洁、屠梅华、巫慧敏，主持人阎华、一雯等，他们的艺术启蒙之路，都是从小荧星起步的。教过孙俪舞蹈的朱锡珩老师至今还在为小荧星教授舞蹈。

说起这些明星的成长故事，老师们的回忆充满了童趣。

陆毅在小学前就进入了少儿演播组，那时的他，胆小而拘谨，为了让他开口，老师让他到电视台的草坪上玩耍，淘气的他便在草地上挖起了蚯蚓，玩得很开心。回到组里，老师问

影视明星陆毅在小荧星挖蚯蚓开窍

影视明星胡歌报考小荧星时是个"哭宝"

影视明星孙俪被小荧星录取时笑成了百灵鸟

起，便叫他表演在草地上挖蚯蚓。从此他开窍了，一发而不可收。

胡歌小时候是个"哭宝"，他自己回忆，荧星招生考试时，内向的我从头哭到尾，没想到老师却把我留下了，我觉得老师一定是想，哎，这小胖子挺能哭，就留下吧！现在想来，要不是当年的"哭功"，也许我不会走上演员这条道路。

孙俪1987年报考小荧星。此前，她有过两次艺考失败的经历。这回，忐忑不安的她终于从众多考生中脱颖而出，金榜题名。她和妈妈喜出望外，回家路上，孙俪像只百灵鸟不停地唱着歌，未来的世界阳光灿烂。

在亚太经合组织（APEC）峰会晚宴、世界合唱大赛、上海世博会开（闭）幕式、建国60周年电视文艺晚会、上海国际艺术节、上海电影节等高规格演出和世界级大赛上，活跃着小荧星们美丽欢快的身影。

"明天明天这歌声，

飞遍海角天涯……"

艺术点亮成长。"魔都"小荧星，陪伴着上海，让"魔都"的风采飞遍海角天涯，让生活更美好。

而真正使小荧星在少儿艺术教育和文化产业的发展道路上突飞猛进的，还是沈莹担任了上海小荧星教育培训有限公司总经理，上海上视小荧星文化艺术培训学校校长以后。

谁能想到，现如今小荧星的掌门人沈莹，从小是个琴棋书画样样精通的乖乖女，长大后考入了复旦大学新闻学院广播电视新闻专业，后又获得华东师范大学应用心理学硕士学位。她复旦毕业后，如愿来到上海电视台，成为一名人见人羡的无冕之王，而且还成为社会关注度甚高的时政记者。但凡在上海广播电视台担任过时政记者的，日后的发展，不是成为名记者，便是媒体的管理者或领军人物，因为时政记者不仅经过组织上严格的综合考察，而且在时政新闻的采访实践中，常常直接与党政军领导及社会各界的显赫人士打交道，自然经受的锻炼也特别大，责任也特别重，综合素质也最高。然而她在胜任时政记者的工作，想着能够用手中的笔改造这个世界的同时，心里一直住着一种文艺的灵魂和情怀。面对文化产业和电视事业的迅速发展，当小荧星的发展遇到了瓶颈，2013年，集团领导决定在集团内部双向竞聘小荧星掌门人的时候，沈莹毅然参加了竞聘。脱颖而出的她，虽然从来没有经历过文化产业的洗礼，更没有直接参与过小荧星的管理与经营，但天资聪颖、见多识广、充满激情、期望在少儿艺术教育和文化产业的舞台上大有作为的她，一上任，便在领导的鼎力支持下，大刀阔斧地开始了二次创业和新的创新拓展。

沈莹上任的第一把"火"，便是鼎力整顿规范小荧星的运作机构和运营机制，全部收回小荧星的商业品牌和经营权。

所谓小荧星的发展曾经遇到过

小荧星掌门人沈莹

瓶颈，其实是小荧星有一度走过一些弯路。当市场经济的大潮汹涌澎湃的时候，名声赫赫的小荧星因为人手不够，加之缺乏经验，曾经也效仿某些商业模式的运作方式，用加盟方式，将小荧星艺校的经营权转给10多家社会机构经营，甚至还有数家未得到授权也在打着小荧星艺校的名义开展经营活动，甚至差一点连小荧星艺术团的经营权也要转移出去。如此一来，虽然看起来当时小荧星每年也有1 000多万元的营业收入，几百万元的利润，但由于授权经营的商业机构完全出于盈利目的，因而发生了很多不规范的行为，有些打着小荧星艺校名义的商业机构在社会上到处发传单，以致于投诉不断，既损害了小荧星的名声，也影响了小荧星的良性发展。

沈莹上任后，坚决取消、叫停了授权经营的模式，包括已经签订了授权经营意向的合作项目，小荧星的所有机构和运作项目全都实行直营方式。因为收回了经营权，又因为恢复了直营，所有的教学和经营都进入了严格管理和规范运作的程序，小荧星的名声和商业价值不仅得到了恢复，小荧星的发展也驶入了健康发展的快车道。

沈莹上任的第二把"火"，便是成立艺术专家委员会，让这些具有巨大影响力和无形资产的业界精英们，为小荧星出谋划策、保驾护航、摇旗助威、锦上添花。且看小荧星艺术专家委员会的名单，便知艺术专家委员会的阵容与份量：陈醇、滕俊杰、秦怡、关栋天、廖昌永、奚美娟、魏松、王汝刚、黄豆豆、曹可凡、叶惠贤、林海、吕凉、印海蓉、何卿、小荷姐姐、苏悦、何占豪、辛丽丽、许舒亚、宋怀强、罗小慈、金复载、陈刚、陈家年、陈为群、郭宇、高凌云、何雁、陈万辉、谷建芬、韩生、黄惠民、雷国芬、李聪、李盾、李肇芳、陆在易、聂惠琛、毛猛达、潘善助、任红举、任璐、施大畏、宋忆宁、王菁、魏芙、严莉蕾、叶燕萍、余娅、余震、赵群、赵晓薇、张国强、周志高、朱锡珩、邹树金、左翼建、林振地。

腹有诗书气自华，得意犹堪夸世俗。因为有了这些业界精英的扶持与指导，再加上上海电视台与小荧星的金字招牌，尤其是小荧星40多年的教学积淀，以及旗下一群爱岗敬业的专业师资，很多专业老师

小荧星艺术委员会特聘专家及艺术指导（部分）

从小荧星创团到现在一直坚持在教学第一线，他们中年龄最大的已经80多岁了，还坚持每周上一两节课。有着十年新闻从业经历，人称"做事干练，很有想法"的沈莹，一眼就看到了小荧星巨大的无形资产和底蕴，可是她也以新闻透视的眼力，看到了培养人才发掘财富的隐忧所在。

现如今，"不能输在起跑线上"，已成为中国大陆在幼儿教育方面迈不过的社会心理障碍。因为小荧星曾经培养了胡歌、陆毅、谭元元等活跃在聚光灯下的众多明星，很多家长便将小荧星当做了"明星的摇篮"，趋之若鹜地要将孩子送到小荧星培训，有些家长执着地要给孩子报四五个班，有的甚至要学七八门才艺。俗话说："贪多嚼不烂"。学习是一个循序渐进的过程，尤其是艺术学习，必须要有时间和精力上的投入，还要能够持之以恒。如果家长想要孩子样样都学好，那么，最终的结果可能就是样样都学不好。长此以往，家长不但发现不了孩子的兴趣点，而且容易导致孩子产生逆反心理。这样不仅孩子和家长苦不堪言，而且孩子也分心，反而不能得到有效的学习。

还有一类家长存在这样的误区，以为艺术学习很轻松，只要孩子快快乐乐就行。这类家长认为，孩子们在学校里功课是主要的，给孩子报小荧星或艺术类培训机构，无非就是接受一些艺术熏陶，培养一些艺术特长，玩玩而已，孩子不用太辛苦，也不希望教师对孩子太严格。

孩子家长们的两种极端的理念，影响着幼儿艺术教育的定位与教学体系。尤其当铺天盖地覆盖在上海各大商场的幼儿艺术教育培训机构绝大多数都是商业运作，将趋利创收作为主要目的，同样严重干扰着小荧星的战略定位和教学体系。

作为一个有着同样对少儿教育格外用心的年轻母亲，又是有着30多年历史的小荧星的新掌门人，沈莹和她的同事们看到了这些误区，她们坚持认为，尽管小荧星培养了而且今后仍会培养出一大批优秀的艺术明星，但艺术教育绝不是"造星"，小荧星也绝不是将"造星"作为经营和发展的主要定位。艺术有形，教育无声。小荧星不是一个单纯的艺术培育学校，其宗旨应当是致力于培养少年儿童的艺术兴趣、艺术才能及个人修养，努力提升当代少儿的综合素质和综合能力，为孩子量身设置由浅入深的阶梯式课程。让2—18岁的孩子快乐学习，自信成长，把孩子培养成富有艺术修养、充满创造力、拥有高情商的时代人才。

沈莹接受记者采访时说道：

其实小荧星看似从事着少儿艺术培育，但更多的是在做教育事业，一直以来，我们都在有担待地承担一定的社会责任。比如很多政府性质的出访，海外的跨文化交流，以及外事活动接待等方面，都会需要我们小荧星出面。这个时候，我们的孩子就需要向学校请假，跟着我们东奔西跑。所以，很多时候，你会看到，一大帮孩子在飞机上齐刷刷地在做作业，或者大家互帮互助地在机舱里化妆换装。孩子们的这些行为，其实都是责任心的一个体现。因为我们一直秉承"做教育，就需要有责任"的理念，而我相信，孩子在我们平时一些常规的教学下，也耳濡目染，渐渐地就将这些好的品质渗透到他们各自的骨子里。

显然，沈莹和她的同事们是一群志存高远的理想主义者。难怪小荧星官网的自我介绍中充满自信也是充满自豪地宣传道：小荧星不仅培养了多位熠熠生辉的演艺界明星，更教授给每一个孩子受益一生的艺术才能和综合素质。当年的"小荧星"们，如今在各行各业闪耀着，有的是行业精英、有的是企业高管、有的是艺术教师……他们虽然不是大明星，却是人群中耀眼的"小荧星"！

这就是小荧星有别于其他幼儿培训机构的定位所在和品牌效应所在。会当凌绝顶，一览众山小。她们其实是在挑战某种极限。因为她们在努力践行一种"学艺先做人，德艺求双馨"的社会责任和才艺追求——小荧星艺校结合国际先进的教育理念，不断开发适合少年儿童的艺术课程，运用实践与教学相结合的教育方式，为孩子打造高起点、高品质的学习环境。热爱艺术的小荧星学员均有机会考入享誉全球、蜚声海内外的小荧星艺术团，登上更高的艺术舞台，放飞梦想！

举个例子，笔者的孙女小桃子三岁多考上了小荧星艺术团，同时她又在一家舞蹈培训机构学习。小荧星的舞蹈老师不仅在授课时循循善诱，严格要求，而且要求每天晚上必须在家进行回课训练，还必须通过智能手机将孩子回课训练的视频上传到微信群，由老师再次指导督促家长和孩子，家长和孩子们还可通过微信群互相学习，互相交流，互相激励。任性贪玩的小桃子一开始因为压腿训练的难度和压力而难以坚持，不断地哇哇痛哭。可就是这样看似残酷的坚持，小桃子越练越进步，越练越快乐，养成了每天自觉训练的好习惯，乃至训练中还时不时地指导奶奶和爷爷也进行压腿训练。目睹小桃子痛苦而快乐的学习成长过程,我们一家十分感佩小荧星的教学理念和教学方式。

正像沈莹所说的,在生活中,一个懂艺术的人和一个不懂艺术的人,他们对生活的感悟,对美的体验都是不一样的。经过艺术学习和熏陶的人会比其他人具有更高的感受力和体验力,这有助于他发现生活的美好和体悟人生的乐趣,这正是艺术学习的真正目的。

在小荧星的教学实践和运营中,沈莹还发现,所有幼儿艺术教育机构,都缺乏全面系统的少儿艺术教育教材,市面上的各种艺术教育教材,都是用于考级的标准教材,其功利性的作用,就是可以帮助孩子通过艺术考级。但是对于提高小孩艺术水平、艺术修养作用有限。"就拿钢琴考试来说,有的孩子学了教材,即使考了级,也只会弹几首考试曲目,不会即兴弹奏,哪怕照着五线谱也不会弹"。另一方面,老师在开展艺术教育的过程中,如果教学方法不当,纯粹按照自己的思路,就有可能给孩子造成伤害,甚至留下后遗症。就拿跳芭蕾舞来说,即使是非芭蕾舞专业的孩子,只要老师的训练符合标准,就不会出现走路外八字的现象。所以规范教学,可以避免安全隐患。沈莹刚来小荧星的时候,不少家长也向她反映,不同校区存在教学内容不同、教学进度不一致的现象,希望教学标准能够统一。

为了对孩子的健康成长负责,践行"教学质量是生命线"的理念,立志做一个负责任的少儿艺术培训机构,做一个可持续发展的具备核心竞争力的品牌教育机构,沈莹下决心主编一套循序渐进的系统性的幼儿艺术教材。沈莹为此组建了教研编辑团队,《小荧星艺术学校通用教程》的编辑工作摆上了工作日程。

可是,这项富有意义的系统工程,却在小荧星内部遇到了障碍。一开始,不少艺术教师的态度并不热心,并不积极。这也难怪,因为他们在多年的教学生涯中,已形成了独有的教学思路和教案,带有浓重的个人印记和特色,如今,要他们把自己的劳动成果拿出来共享,自然会有种种顾虑和惰性。

强扭的瓜不甜。为了发动大家共同参与编写教材,沈莹她们主动找艺术教师们一个一个谈心，说清楚编写教材的主要目的，是为了依靠大家的集体智慧，提高幼儿艺术教育的质量，规范幼儿艺术教育的标准，完善幼儿艺术教育的体系，最终可以使大家共同分享这项成果的知识产权，无论当前还是长远来看，无论小荧星还是参与编写者本人，都是功德无量的，也是双赢的。如此耐心的游说，最终，老师们从一开始的不理解、不支持，转变为拥护与积极的配合了。

在对这套教材的方向和定位上，沈莹也是组织大家不断地头脑风暴，不断地交流、交锋、交融，最终大家达成一致的共识：艺术教育没有最高标准，但需要有最低标准，以便培养孩子在艺术方面的基本功，避免艺术教育的随意性、无序性。在循序渐进的基础上，考虑到每个孩子的理解能力、身体条件存在不同程度的差异，可以编成初级、中级、高级阶梯式系列，还可以分成B版和C版，便于因材施教，而且根据师生、家长的意见，每年都可对教材进行改版、修订。

呕心沥血，蜡炬成灰。

2016年8月23日上午，在上海展览中心举办的2016上海书展暨"书香中国"上海周现场，成了上海小荧星的节日。新版《小荧星艺术学校通用教程》新书发布会和签售仪式在书展的中央大厅隆重举行。沈莹和她的教研团队花了整整三年时间倾力研发编撰的全套《小荧星艺术学校通用教程》，终于由上海科学技术文献出版社出版发行了。

《小荧星艺术学校通用教程》全套共有七本，分为初、中、高三个阶段，该系列教材荣获上海市科技进步二等奖。小荧星教研中心集合了各个专业专家及资深教师，对每本书的内容深入研究，精心提炼，将小荧星30多年的专业教学经验、趣味阅读享受和互动体验融为一体。值得一提的是，读者通过扫描书中的二维码就能欣赏到书中对应的音频、视频，让艺术学习更为直观和有趣。

在新书发布会及签售仪式上，来自小荧星艺术团的孩子们为现场观众带去了结合新书教学内容的歌舞节目，引起了现场群众的驻足观看，并得到了雷鸣般的掌声，把发布会的气氛带入了高潮。

《小荧星艺术学校通用教程》签名售书现场

种瓜得瓜，一鸣惊人。《小荧星艺术学校通用教程》不仅为在小荧星学习的小朋友和家长提供了一套完整、系统、规范的学习教科书，更是面向全国发售，与广大读者及少儿艺术教育工作者分享小荧星的教学经验。这套教材被国内20多个省市学习并使用，并远销美国、法国、德国、俄罗斯、澳大利亚、安哥拉等30多个国家和地区。迄今为止，这仍是全国唯一一套专业少儿艺术教育的教材。

沈莹上任后烧的第三把"火"，是按照市场经济的运行规律，创新建立健全高效规范的商业模式和全媒体产业链式的市场运作体系，小荧星的综合业务如火如荼，呈现出超常规发展的爆发效应。

尽管小荧星恢复了直营，但不再是计划经济模式下的"大锅饭"式的经营方式，而是一种创新理念主导下的激励机制和规范灵活的市场运作体系，就连跟台里节目部门合作节目也要规范运作，合理收费。沈莹的"铁算盘"算计得可谓精明。

一套规范标准的少儿艺术教育通用教材，一群德艺双馨的专业教师，一支敬业规范的经营管理团队，一种奋发有为的激励机制，一套全媒体产业链式的市场运作体系，形成了小荧星有别于其他少儿艺术培训机构的核心竞争力，使得小荧星在多如牛毛的少儿艺术教育机构中脱颖而出，成为独树一帜的幼儿艺术教育的领头羊。

意识到专业教师的重要性，2013年沈莹一上任，就组建了教研中心，目的就是培养优秀教师，规范教学秩序，提高教学水平。

沈莹坦言：

> 培养一位优秀的小荧星很难，培养一位优秀艺术教师更难。作为一位优秀艺术教师，要具备两方面素质：一是具备良好的专业技能，比如跳芭蕾舞，除了教会学员垫脚、双手圈环、下颌微抬等一些基本动作之外，还要在气息、步幅、发力方式等方面多下功夫，这才称得上真正专业的老师。其次是要具备良好的沟通技能和职业素养。很多老师自身专业水平很高，但在与人沟通交流方面比较欠缺，如果没有经过培养，很难胜任教学工作。不少刚入行的艺术老师，你让他们去教成人，还算勉强可以，因为成人比较懂事、比较自觉。但让他们去教孩子，问题就来了，孩子说话做事比较随性，有时哭闹起来，老师就没方向了，不知道该怎么处理。所以，少儿艺术老师平时经常要和孩子打交道，首先要当"孩子王"，学会和孩子玩，通过和孩子培养感情，让对方学会遵守纪律，认真上课。

在小荧星，每位新教师，都要进行至少两个月的封闭培训，要进行理论和实践方面的学习。培养一个成熟的艺术老师，至少需要两年时间，而且成功率是50%。严格的培训，严格的筛选，确保教师的综合素质和教学规范，这是小荧星赢得美誉、赢得成果、赢得竞争、赢得发展的关键所在。有两则消息广而告之了小荧星教师的素质。

2018年8月26日，在广东省中山市文化艺术中心大剧场里，"新时代之声"——第四届全国教师合唱节为期3天的全国教师合唱盛会圆满落下帷幕。在全国27支参赛队伍、3支国内优秀合唱展演团队的激烈角逐中，小荧星教职工合唱团荣获了混声组、女声组双金奖，钢琴伴奏郑老师获得最佳伴奏奖。

小荧星教职工合唱团成立于2016年5月，由小荧星优秀青年教职工组成。他们热爱唱歌，有极强的责任感和进取心。上海广播电视台副总编辑、上海小荧星教育培训有限公司董事长徐浩担任团长，上海小荧星艺校校长沈莹担任艺术总监，国家一级指挥、合唱界最高荣誉中国合唱杰出贡献奖获得者——林振地老师，以及刘亚雯担任指挥。小荧星教职工合唱团的身影活跃在许多大型演出及比赛的舞台上。2016年5月14日于上海科技活动周启动仪式演唱科技馆主题歌《因为有了你》；2016年6月15日于上海迪士尼乐园开幕盛典领唱迪士尼主题曲《点亮奇梦》；2017年11月26日作为主要团队参与"金秋闵行"第六届上海合唱节展演活动；2017年荣获上海市民文化节市民合唱大赛金奖第一名等大奖。小荧星教职工合唱团的老师们不仅在教学及演出、比赛中找到了收获的喜悦，更在歌声与琴声中找到了享受音乐的快乐。

2019年6月的一天，沈莹骄傲地在微信朋友圈里上传了一组小荧星的老师们在上海外滩、东方明珠、石库门等处拍摄的快闪照片，在这组照片的文字中，有一句高调张扬的文字："据说是上海滩颜值最高的单位（之一）"。这一组照片立刻获点赞无数，转发无数。

在这组照片中，四位女老师身穿湖蓝色长裙，迎着东方明珠上方的晨曦翩翩起舞，宛如仙女下凡；又有四位女老师穿着牛仔裤，以世纪大道上的不锈钢日晷雕塑为背景，引体向上，向着蓝天白云张开腾跃的秀臂；沿着红色的石库门砖墙，六位白色的"小天鹅"或踮脚尖，或旋转，或展翅，舞姿婀娜，美轮美奂；还有四位男老师在阳光下跳着街舞，定格在轻舞飞扬的瞬间……

这俨然是小荧星强大的高素质专业教师团队的靓丽名片，更是不胫而走的形象广告，比一比，瞧一瞧，培养小荧星的明星老师就是这样的青春，这样的优秀，这样的养眼，这样的招人喜爱……

天仙一般的小荧星老师

　　小荧星不仅重点培养自己的优秀教师团队，同时他们还致力于培养社会上的少儿艺术教师。2017年10月26日，由上海小荧星教育培训有限公司联合魅力校园共同主办的"第九届艺术教育精英校长助梦行动"在格林东方酒店举行，上海小荧星教育培训有限公司副总经理杨方禹与现场近200名来自全国各地的少儿艺术教育的校长朋友们分享了小荧星办学历史、五大教学体系与未来的发展方向。在为期4天的活动期间，小荧星艺校各教研组长、资深教师陆续登台，向校长们传授小荧星的成功教育理念和教学案例。精英校长们饱含着对小荧星教学的浓厚兴趣，实地走访上海小荧星，观摩艺术团声乐、舞蹈、影视表演、形体等各种公开课，考察学习小荧星的独家教学体系和管理体系。

　　鉴于我国当前少儿基数庞大，少儿教育面临前所未有的发展空间。"少儿艺术教育"被称为21世纪的朝阳产业，而少儿艺术教育又是家长及社会关注的重点，伴随着国内二胎政策的开放，少儿艺术教育需求将更加旺盛，少儿艺术教育培训市场越来越热，因为市场准入门槛低，竞争呈白热化状态。为规范少儿艺术教育培训市场，引导少儿艺术教育培训健康有序地发展，2018年5月，小荧星牵头发起的上海市民办教育协会培专委艺术教育分会在东方电视台举行成立大会。这是全国首家艺术教育分会，填补了行业空白，这也是贯彻落实"上海文化"品牌建设的一项重要举措。参会成员共同宣读了艺术教育培训行业自律诚信公约，自我约束、自我监督。以诚信打造和争创企业品牌、文化品牌，树立诚信规范的整体行业形象，推动艺术教育培训行业的科学、可持续发展。艺术教育分会会长小荧星艺校校长沈莹表示，拥有33年历史的小荧星，作为艺术教育的国有优质老品牌，一定会团结社会各界力量，做好带头示范，为行业的健康有序发展积极努力，践行上海服务，推动建设长三角一体化。

　　在采访沈莹的时候，我问过一个问题：社会上少儿艺术培训机构多如牛毛，你们小荧星的品质比他们高，名气比他们响，为什么收费反而比他们低？商业运作的少儿艺术培训机构一般一个学员每个学期收费至少5千元以上，而小荧星一个学员每个学期学费只要4千元。

沈莹莞尔一笑：这正是我们的竞争力所在，这也正是我们每年招生格外火爆的原因所在。

2018年12月3日，《新民晚报》刊登了这样一则报道：

萌娃耍宝展才艺　小荧星2019春季招生考试启动

12月1日上午，小荧星2019年春季招生考试如期举行，天刚刚亮，东方电视台门口就已排起了近千米长龙，近6 000名怀揣着艺术梦想的孩子在家长的陪同下从申城各区陆续赶来参加面试。天气渐凉，小荧星特意准备了红糖姜茶及大麦茶供排队的孩子及家长们饮用。在现场，记者还发现了不少外国小朋友慕名前来报名面试。

据悉，小荧星招生年龄在2—12岁，有100多种细分专业，在原有的"歌舞演艺"四大版块的基础上，推出了昆曲、京剧、越剧、评弹、沪语、武术、书法、围棋等一系列课程，培养新一代的孩子们对中国传统艺术的兴趣和感受力，传承国粹艺术。除此之外，还开

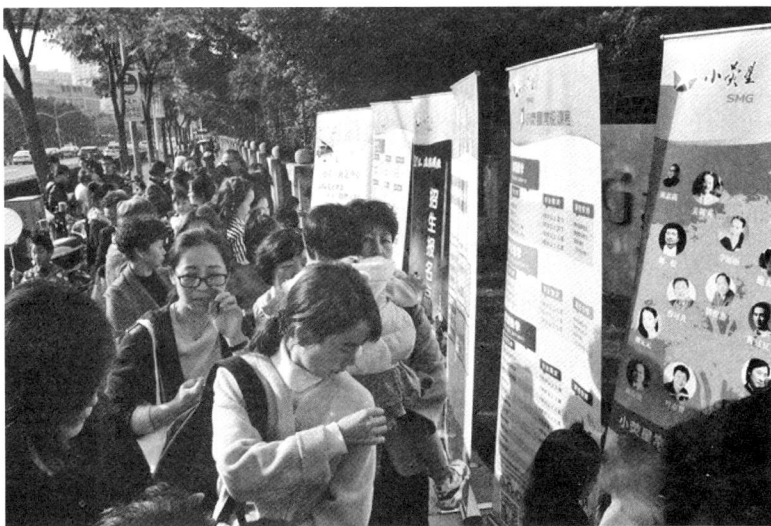

小荧星招生排成长队

设了启蒙、艺画、乐器、模特、现代舞、跆拳道、高尔夫等特色课程，全方位满足不同需求的孩子。

参加面试的孩子们个个有备而来，有的在造型道具上还花了一番心思。考场内，孩子们朗诵儿歌、演唱歌曲、弯腰劈叉，尽情表演精心准备的小节目，他们有的哭、有的笑、有的卖萌、有的耍宝，都是为了能够进入他们梦寐以求的地方——小荧星。不少家长表示，给孩子报名小荧星，除了想让自己的孩子有一技之长外，还为了培养他们对艺术的兴趣，锻炼胆量，并且希望他们能在这里找到更多一起学习和成长的小伙伴，给童年留下美好的回忆。

一年两季招生，报考人数超过1万。如此火爆的场面，唯小荧星独有。因为小荧星的综合优势：

研发优势：小荧星艺校根植于学生潜能开发领域，利用专业团队，积极打造专利课程，研发世界水平教学体系。

培训优势：小荧星艺校有学生心理学专家提供招生方案和管理技能的培训。

课程优势：小荧星艺校的课程和学习产品非常丰富，可操作性强，能够引发学生们的学习兴趣。

师资优势：优秀敬业的专家团队和专业教师。

售后优势：小荧星拥有全天候的教师、专家团队做网络在线教学，亦或借助微信、电话教学直接指导交流。另外，小荧星总部定期举办儿童教育专家巡回讲座。

管理优势：小荧星拥有系统、完整、科学、规范的学校运营管理体系。

媒体优势：全媒体融合的教学、宣传、推广平台。

这样的优势，正是小荧星的地气和底气之所在；这样的优势，构成了小荧星独有的商业模式和全媒体教学产业体系。

每年上万名学员，分散到各区的分校，统一教材、统一教学、统一管理，简而繁，繁而简。魔鬼式训练与人性化教学结合，阶梯式选拔与激

小荧星面试现场

励式表演结合，素质化教育与艺术类教学结合。通过每年的招生选拔和常态性选拔，每位学员都有从普及型艺术训练的艺校到专业性强经常参加重大演出的小荧星艺术团的提升机会。于是乎，不管是渴望圆"明星梦"还是希望艺术熏陶的孩子及其家长，都能在小荧星的平台上找到自己的定位和需求。

在小荧星的招生手册中，可以看到一张简洁而清晰的阶梯式递进的小荧星课程表，表中的七个台阶，呈现出分年龄、分阶段因材施教的少儿艺术教育的线路图。

第一个阶梯——2到4岁半的荧星启蒙班。这一阶段的教学目标是"艺术启蒙"，即通过歌舞、律动、表演模仿等亲近艺术，引领孩子感知、体验、初步尝试丰富的艺术世界。

第二个阶梯——4岁开始，艺校一年级。这一阶段的教学目标是"兴趣培养"，即教授声乐、舞蹈、表演等基础技能，感受自我潜能，获得"我能"的快乐。

第三个阶梯——艺校二年级。这一阶段的教学目标是"初始舞台",即鼓励孩子登上舞台展示学习成果,克服舞台恐惧,获得"我敢"的快乐。

第四个阶梯——艺校三年级。这一阶段的教学目标是"专业技能",即指导孩子在各种演出机会中运用基础技能,享受舞台表演,获得"我享"的快乐。

第五个阶梯——艺校四年级。这一阶段的教学目标是"荧星蜕变",即在娴熟的技能运用基础上,帮助孩子完善舞台表现力,全面掌控舞台,达到"我乐"的境界。

第六个阶梯——个性创造的阶段,只面向小荧星学员,择优选拔。这一阶段的教学目标是"荧星社团",即深入培养学员专业兴趣导向,充实个人的艺术素养。

第七个阶梯——高端演艺的阶段,只面向小荧星学员,择优选拔。这一阶段的教学目标是"小荧星艺术团",即顶尖少儿艺术团体在舞台实践中学习精进,登上更高更专业的成长平台。

七个台阶,循序渐进,步步登高,宝塔式递进,兼顾优选法。不管孩子们未来如何,小荧星给他们留下的是点亮成长的艺术熏陶和锲而不舍的美好追求。

说起全媒体融合,除了政府、社会机构、传统媒体、新媒体提供的演出机会,自沈莹走马上任以后,2013年,小荧星创办了自己采编制作的内刊《荧星月刊》,双月出版,精准投放三万余户学员家庭。2014年10月起,小荧星又有了自己采编的周播电视节目《荧星梦工厂》。作为国内首档儿童艺术教育专题节目,全新版的《荧星梦工厂》倾注了小荧星创意团队的智慧,栏目在保持其理论系统性和专业指导性的同时,更注重节目的趣味性和大众化,使少儿艺术教育与其特有的目标受众实现高效对接,有效提升观众的黏性。《荧星梦工厂》的首播平台为哈哈少儿频道,电视节目收视率排名前五。覆盖收视人群高达3 500万,并通过户外媒体、移动电视及互联网辐射全中国。

2019年6月,小荧星邀请了八次荣获过中国新闻奖的高级记者邬志豪担任总导演，亲自操刀，全程多机位4G网络直播二、四年级小荧星汇报演出。整整八天，在浦东东视剧场和梅赛德斯奔驰文化中心，合计举办了20场汇报演出，200多档节目，吸引了30 000多现场观众，1 000 000多在线观众。来自全市20个小荧星分校的孩子们站上耀眼的舞台，绽放着属于自己的光彩。他们向台下的亲人们展现了这几年在小荧星的学习成果，这是小荧星数千家庭的一次欢乐嘉年华。除了权威的网络平台全程直播外，还在每周一晚上黄金时间哈哈炫动卫视小荧星自己创办的《荧星梦工厂》栏目播出，因为也是一次全媒体立体化的自我检阅和自我宣传。这样的演出规模，这样的宣传阵势，这样的营销方式，恐怕在全国也是独一份。

当上海小荧星30周年庆典晚会在上海大舞台拉开帷幕的时候，时任中共中央政治局委员、上海市委书记韩正、市长杨雄、上海市副市长翁铁慧、老领导龚学平、刘云耕等观看演出。韩正向小荧星为繁荣上海少年儿文化生活、提高素质所作出的贡献表示感谢。杨雄希望小荧星继往开来，为上海国际化文化大都市建设和儿童艺术教育事业作出新的贡献。这场备受瞩目的庆典晚会，将来自小荧星的1 500名新成员与近万名热情观众汇聚在一起，陆毅、胡歌、黄圣依、曹蕾、巫慧敏、闫华等从小荧星走出来的明星校友及社会各界人士，也来到现场或通过视频传达了对小荧星的亲切祝福。一台汇聚了小荧星30年精华的精彩节目，以"留下的微笑""飞来的童话""花开的梦园""感恩的星星"四大篇章，唤起了几代人关于童年与梦想的集体记忆。

而在2019年最新一期的《荧星月刊》中，又传出令人兴奋的喜讯：为肯定上海上视小荧星文化艺术培训学校在少儿艺术教育事业做出的突出贡献，在北京举办的第二届中国民办教育领袖峰会授予上海小荧星2019全国十佳民办教育培训机构大奖，为上海小荧星艺校校长沈莹颁发了2019中国民办教育行业十大杰出校长奖和建国70周年民办教育特殊贡献奖荣誉称号，并聘任沈莹为中国民办教育领袖联盟常务理事。原国务委员、第十一届全国人大常委会副委员长陈至立出席峰会，对峰会的隆重举办给予了大力支持，来自全国各地的860位民办教育人士参与了本届峰会。

"传说上苍给了每个人
一个装满梦想的盒子
还有一串各不相同的钥匙
但其中有一把都是一样的
那就是——快乐

让孩子快乐的方式很多
送TA一个期待已久的玩具
带TA去一次游乐场
陪TA去看一部精彩的动画片
再或者
带TA去学习一项才艺
让TA从此在不断运用这项才艺的过程中
可持续地快乐下去"

这是小荧星最新的宣传手册中一段诗一般的广告语。"可持续地快乐下去"的，不仅仅是小荧星和他们的家长们，更有沈莹和她的辛勤的园丁们。

在少年幼儿教育的广袤的沃土里，在中国文化产业的广阔天地里，小荧星已然长成一棵可持续发展的大树。篇尾的成长图示，昭示着小荧星创业创新的成长轨迹。当传统媒体面临巨大挑战的风口浪尖，小荧星不仅借助媒体平台传承着让"艺术点亮成长"的初心，更是以"创新激活产业"的全媒体产业链，创造了中国少儿艺术教育的第一品牌，继续向着更高更强的目标攀登。

"魔都"小荧星，熠熠亮晶晶。

一张图看懂
小荧星走过的45年

| 开 拓 (1985~1996) | → | 耕 耘 (1997~2012) | → | 创新发展 (2013至今) |

小荧星

（a）

小荧星的"大格局"

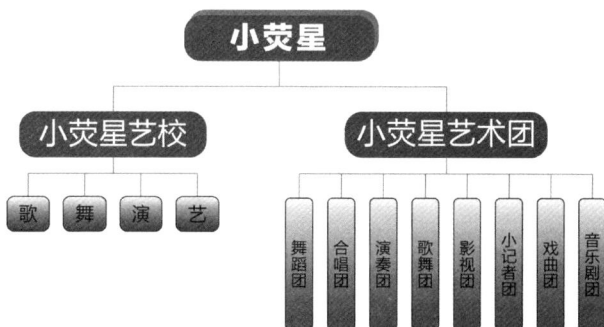

小荧星

小荧星艺校 —— 歌 舞 演 艺

小荧星艺术团 —— 舞蹈团 合唱团 演奏团 歌舞团 影视团 小记者团 戏曲团 音乐剧团

（b）

小荧星艺术分团

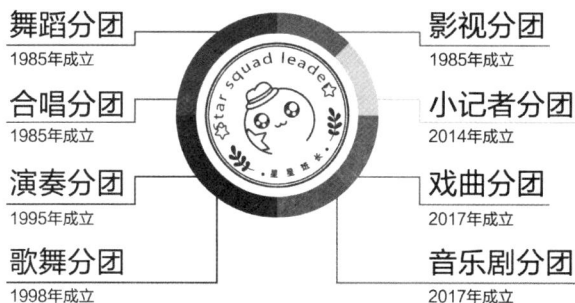

★star squad leader☆ · 星星加长 ·

舞蹈分团 1985年成立

合唱分团 1985年成立

演奏分团 1995年成立

歌舞分团 1998年成立

影视分团 1985年成立

小记者分团 2014年成立

戏曲分团 2017年成立

音乐剧分团 2017年成立

（c）

小荧星艺校的五大教学中心

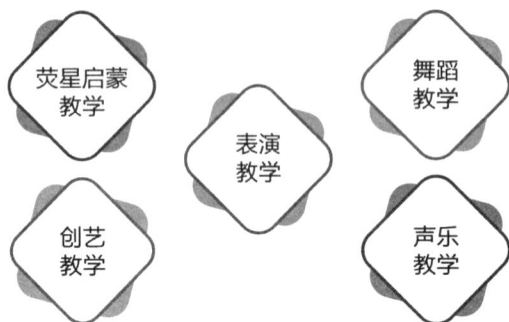

荧星启蒙教学

舞蹈教学

表演教学

创艺教学

声乐教学

（d）

小荧星的"大事记"

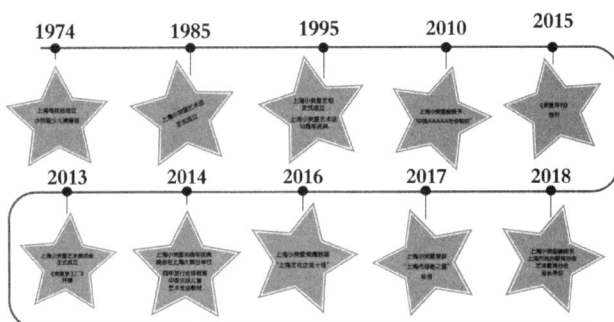

| 1974 | 1985 | 1995 | 2010 | 2015 |

| 2013 | 2014 | 2016 | 2017 | 2018 |

（e）

	小荧星学员	
2015年	19 340	
2014年	15 274	
2013年	12 471	
2012年	9 000	
2011年	7 300	
2010年	5 912	
2009年	4 300	

■ 小荧星学员（人）

0　　5 000　　10 000　　15 000　　20 000　　25 000

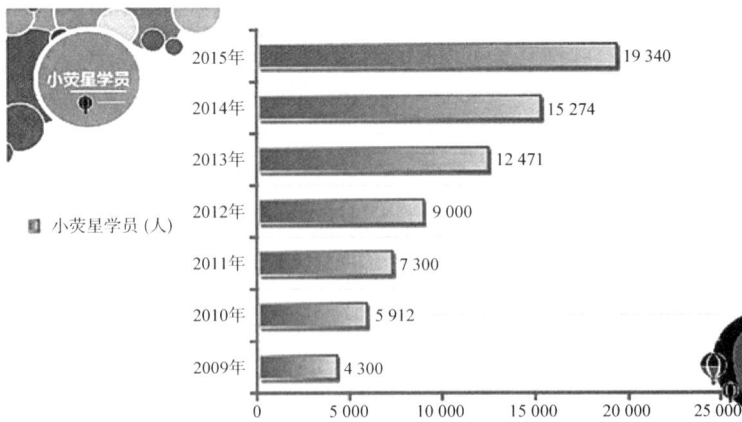

小荧星学员人数概览

（f）

2009—2015年小荧星分校数量概览

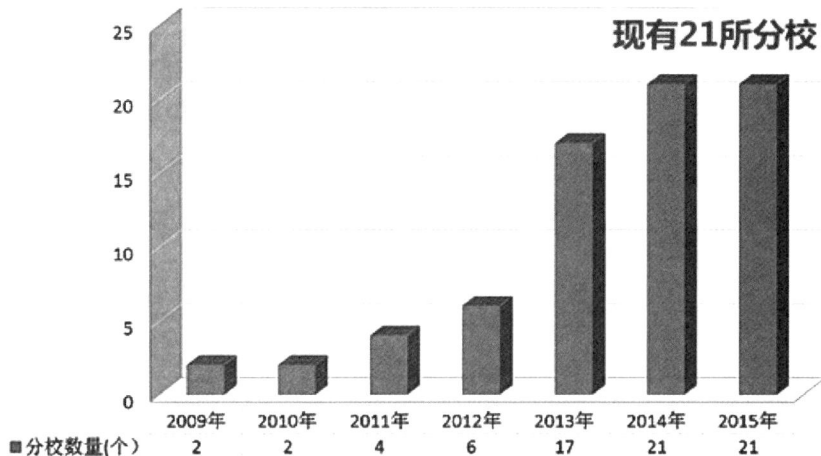

现有21所分校

分校数量(个)	2009年	2010年	2011年	2012年	2013年	2014年	2015年
	2	2	4	6	17	21	21

（g）

小荧星参与的大型活动

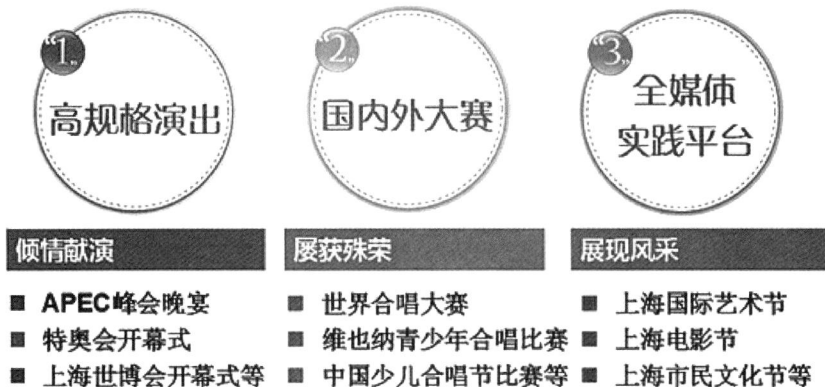

"1" 高规格演出

"2" 国内外大赛

"3" 全媒体实践平台

倾情献演	屡获殊荣	展现风采
■ APEC峰会晚宴	■ 世界合唱大赛	■ 上海国际艺术节
■ 特奥会开幕式	■ 维也纳青少年合唱比赛	■ 上海电影节
■ 上海世博会开幕式等	■ 中国少儿合唱节比赛等	■ 上海市民文化节等

（h）

小荧星成长图示

第七节　那些年,广电造的那些楼

1958年10月1日,中国最早的省级电视台上海电视台在南京路上的永安大楼开播。

在走过一个甲子漫漫里程的日子里,《上海广播电视研究》以口述历史的方式推出纪念专刊。

在25位历史讲述人中,我们看到了原上海电视台台长盛重庆的口述回忆。这位1965年毕业于复旦大学新闻系的高材生,曾先后担任江苏省南通市广播电台新闻部主任、常务副台长,南通市广播电视局局长,上海市广播电视局党委委员、办公室主任,上海电视台台长、上海东方明珠股份有限公司董事长、东方网监事长等职。在回忆广电事业的硬件发展时,他不无自豪地将两座电视塔和两幢电视大厦,视作为自己职业生涯中最难忘的辉煌篇章——

一座是位于江苏省南通市濠河边的南通广播电视塔,我国省辖市中第一座钢筋混凝土结构、结合旅游的多功能电视塔,南通市十大景观之一。时任南通市广电局局长的盛重庆是当时的建塔总指挥。

一座是位于上海浦东陆家嘴黄浦江畔的东方明珠电视塔,上海的标志性建筑和旅游热点之一,亚洲最高、世界第三高的电视塔。时任上海市广电局办公室主任的盛重庆是当时的建塔副总指挥。

一幢是位于上海南京西路651号的上海广电大厦,1990年开工,1995年竣工。时任上海电视台台长的盛重庆是当时的建楼指挥部总指挥。

一幢是位于上海威海路298号的上视大厦,1995年开工,1999年竣工。时任上海电视台台长的盛重庆依旧是建楼指挥部总指挥。

2019年6月4日,笔者专程前来拜访刚动完手术正在康复中的老领导盛重庆。虽然伤口还在隐隐作痛,说话声音有些虚弱,但一提起当年参与上海广电基本建设的创业故事,盛台长依旧是激情澎湃,清癯而

时任上海电视台台长盛重庆向前来视察的上海市市长徐匡迪介绍台里情况

精神的他，一开场，就给我讲了当年广电改革中软件与硬件如何相辅相成的辩证关系：

> 全国的电视同行来到上海，无不为上海广电系统兴建的这几幢楼而钦羡不已。
>
> 弄潮儿向涛头立。这是上海广电系统在改革开放初期软件硬件一起抓，节目创新与事业发展勇立潮头的传奇呈现。
>
> 那是上海广播电视系统最红火的年代，首先是老领导龚学平带领一支队伍，大胆解放思想，创办了一系列全国第一的电视节目和文创活动，如开创了电视新闻直播一条龙，冲破禁区播出电视社会新闻，创办《国际瞭望》《新闻透视》《大世界》《大舞台》《体育大看台》等名牌节目，创办上海电视节、探索电视台体制和用人机制的改革，举办万宝路国际足球赛等。那个时候，中央电视台和各地电视台纷纷来上海取经。而软件上去了，电视事业的发展，还必须有硬件支撑。龚学平的理念就是国家有困难，我们不应该向国

家伸手，必须自己想办法。因为观念解放了，脑洞大开了，节目收视率和影响力上去了，完全可以借鉴国外电视产业化运营的经验，通过电视广告创收和多元化经营，大大增加广电系统的收入来源和融资渠道。因为有钱了，"摇钱树"摇出金元宝了，无米之炊变成了有米之炊，腰杆便挺起来了，原有的频道不够用了，人才的团队也不够用了，于是萌生了赶超国际造塔建楼的雄心壮志，快速发展广电系统的基本建设，就可以快速添置与发达国家电视同行比肩的先进电视设备了。电视事业文化产业的基础夯实了，打造文化产业航母的蓝图也就一幅幅实现了。

给笔者沏了一杯茶水后，盛台长掰着手指头和我一起如数家珍般，数起了上海广电系统自己筹建和广电系统参与筹建的重大基本建设项目——

东方明珠电视塔；

上海广电大厦；

上视大厦；

上海广播大厦；

东视大厦；

上海大剧院；

东方绿舟青少年活动基地；

八万人体育场；

上海国际会议中心；

上海松江大学城（上海视觉艺术学院等7所高校）……

这些可以载入上海城市建设史，并在上海的文化娱乐教育体育生活中发挥巨大作用的地标性建筑，都是在以龚学平为领军人物、以上海广播电影电视系统的创业创新群体为主体，在广播电视事业最红火的年代，几乎不用国家专项投资，而是以上海市广电局（后来改为文广局）为主或牵头，锐意改革创新，通过多元化的创收、融资方式，兴建起来的。这在全国广电系统不仅独领风骚，令全国同行们艳羡不已，而且其产业运作的智慧和方式，至今令一起走过的创业者们深深怀念而感慨。盛重庆对我说，一位著名的香港企业家说起这些案例时，总是连连感叹："真是商业奇才创造的商业奇迹。"

自然，盛台长跟我讲得最多的还是两座电视塔和两幢电视大楼的故事细节。

看起来南通电视塔和上海市的东方明珠电视塔与没有什么必然的联系，但因为我担任南通市广电局局长兼电视台台长时，通过四处"化缘"的方式，建成了令广电系统刮目相看的电视塔，当我1988年调到上海市广电局担任办公室主任并成为局党委委员后，便让我分管局里的基建、经营和财务工作。恰逢筹建东方明珠电视台，当时领导们最愁的便是钱从哪里来。而又因为我在南通工作的经历和现在的分工，龚学平对我说："盛重庆，你在南通造过一个塔，这个东方明珠电视塔，你要多出力啊。"就这样，我就顺理成章地担任了东方明珠指挥部的常务副总指挥，总指挥是龚学平。而我这个常务副总指挥，协助领导所做的具体工作，更多的也是参与"化缘"和建塔中基建如何确保质量的细节。

整个工程遇到的困难实在太多。首先是钱的问题，没钱怎么办？总算逼出了一个绝招，当时有人出了个主意，搞一个银团贷款。由中国人民银行上海分行牵头，工行、建行等七八家银行联合成立一个银团，这在上海滩还是第一次。利息怎么算，特别是外汇利息，是按照世界统一的标准来算它的利率，在南通向企业单位"化过缘"的盛重庆也懵了。不懂就现学，没有过不去的火焰山。为此盛重庆一面虚心向行家请教，一面翻了很多财务方面的书。后来盛重庆尽管调到上海电视台担任了台长，依旧关心东方明珠电视塔的建造。为了确保施工质量和工程进度，我们想出了拍电视录像监督工程质量和进度的高招，特别是基础施工质量，发现问题即用摄像机记录下来，在质量会议上播放，引起了施工单位的高度重视，效果很好。

因为有过参与兴建两座电视台的丰富经验，当广电大厦投入兴建的时候，盛重庆接到了上海电视台台长的任命，当他担任上海电视台台长期间，又兴建了另一幢电视大楼，毫无疑问，他责无旁贷地担任了两幢楼的总指挥，自然从筹建两座塔中学到的"化缘"本领和推进工程进展确保大楼建筑质量的本领，也就运用得炉火纯青了。

近些年以撰写上海城市建筑文化而扬名的资深媒体人王唯铭专门写过一篇《广电大厦与上视大厦：南京西路的壮丽耸立》文章。文中，王唯铭解析了广电大厦和上视大厦诞生的时代与社会发展背景：

我要叙述的是这两幢建筑，它们被称为"广电大厦""上视大厦"，它们发生的时间跨越整个90年代。

以我向来的观点，一幢建筑——无论它在未来的历史中将以怎样的方式得以存留、怎样的名义得以评价——它的诞生除了与建筑设计师的天才有关，还可以这么说，与时代或整个社会发展背景有着更为深切的关系。

20世纪90年代伊始，上海正进入它全面发展的加速度之中，广播电视事业尤其如此。

曾经的收音机那时正完全地转换成了收录机，过程早自70年代末，每一个上海市民都不会忘记三洋牌单喇叭收录机也叫作"独眼龙"带来的巨大冲击；电视机的发展更是神速，在夏日里弄中争先恐后地看电视的这种情景早已一去不复返了。这时，家家户户都有了电视机，不管拥有的是黑白还是彩色、是12寸还是18寸。电视机，这个后工业时代的超级尤物正不可阻挡地成为上海人家的必备之物，进而成为上海人的生活方式之一。后来做成广电大厦、上视大厦的建筑师汪孝安先生对此回忆道，"我结婚时，买

早年，人们是这样看电视的

了一台16寸日立彩色电视机，由于过于紧俏，记得当时还是托人搞的彩电票"。

但是，制作着所有电视节目并将这些节目在每个夜晚准时输送到千家万户电视机屏幕上的上海电视台，这时却显得相当的捉襟见肘。

地处南京西路商业繁华地段的广电大厦，是上海广电系统在寸土寸金的市中心兴建的第一幢高楼。三角形主楼采用3个钢筋混凝土筒体和大跨度预应力梁的新型结构体系，赋予建筑以个性鲜明的外部形象和灵活的室内大空间。广电大厦基地面积5 500平方米，建筑占地面积2 196平方米，建筑总面积3 000平方米，地面26层，地下1层。

王唯铭文章对广电大厦有过这样一段描述：

当128米高的广电大厦于1995年耸立而起时，即使那时上海的摩天高楼已如雨后春笋，但这幢建筑依然有着它的特别出众

上海广电大厦（石建敏提供照片）

之处。

平面是三角形而不是当时流行的矩形，由三个钢筋混凝土筒体组成的结构在空间上产生了个性鲜明的体形，让人过目难忘。整个建筑中使用了许多弧形的线，它们使得这幢现代主义风格的建筑获得了更多的柔和、丰富和变化。立面上米白色金属面砖、浅灰色铝合金板和蓝色玻璃的富有条理的装饰，既表达了一种逻辑美，同时也表达了一种现代的理性精神。

建设师汪孝安之所以将建筑平面设计成三角形而不是寻常的矩形或正方形，一方面基于功能考虑，电视媒体的特性决定了它的空间必须是大跨度的，同时，这样的设想得到了结构工程师徐萼俊的支持，角筒大跨度预应力梁的结构体系正好适应着这样的要求，汪孝安赞同路易·沙利文的原则：即形式追随功能，而不是形式决定功能；而另一方面却是为了避让地基上的一棵大雪松。其实，最初的设计方案平面是个弧形，倘若实施这个方案，广电大楼将紧沿南京路建造，而地基上的一棵百年大雪松便将连根拔起、烟消云散。为了让这棵大雪松得以保护，建筑设计采用了三角形平面的总体布置方式，将裙房后置，这样，大厦在大雪松前便退避三舍。

这正是盛台长跟我谈起的在规划兴建广电大厦时所发生的既遗憾又幸运的的事。

当一进上海电视台的大院，便看到大门口长着一棵有着百年历史的雪松，葱郁高大的树冠，为南京西路的市容和上海电视台带来厚重而庄严的美感。受限于大楼建造的空间，按理是应该搬移这棵雪松的。

政府规划部门为了保护名树，还为了避免建筑物的庞大体量给南京路造成压抑感，建筑总体设计避开了雪松，将主楼设计成呈弧形的三角状，自然也减少了实际使用面积，但为了电视业务的需要，主楼中心内设有当时全国最大的、面积达1 100平方米的多功能演播厅和一系列大小演播室，还设有600平方米新闻发布厅以及广播电视节目编辑制作、传送、播出及技术中心等14个技术系统。

最终，那棵雪松还是没有生存下来，因为受规划条件和施工条件的限制，大厦的基础不能采用传统的预制桩，而是采用了灌注桩，受到水泥浆水及黄沙、石子等的侵蚀，雪松逐渐枯败了。

盛台长遗憾地说，早知道这样，还不如搬移了。如果雪松搬移了，那么广电大厦就不是现在这个模样了。面积一定比现在大，门前的格局一定比现在壮观。

尽管如此，设计者还是在大厦前设计了音乐广场。后来因为电视台车辆太多，改成了停车场。当然如果清场，或者节假日车辆减少，照样可以奏乐喷泉，满足特殊需要。遇到大型活动，这里立刻变成了音乐喷泉广场。大厦门前这1 000多平方米的音乐喷泉广场，既使主楼与南

上海电视台门口
曾经有一棵百年
雪松

京西路之间有了一个自然过渡的空间，平日里还缓解了电视台停车难的矛盾，也算是因祸得福吧。

广电大厦一竣工，上海电视台立刻鸟枪换炮。盛台长至今不无得意地说，不光是电视台的主要业务部门搬进了大楼，局里的不少重要部门及商业服务设施也在广电大厦鸣锣开灶。国际新闻中心成为了广电大厦的名片，上海电视节办公室也在广电大厦办公，一家名气不小的餐厅也在广电大厦的楼上包了一层楼面对外营业，每年给大楼带来了丰厚的经济效益。楼下的咖啡茶座更是电视台及在大楼工作的人员接待嘉宾、洽谈业务的好去处。最重要的是盛台长牙一咬，一下子从德国引进了两台先进的电视转播车。主要的业务部门添置了全新的办公、演播、摄录、编辑、传送、播出设备。

难怪盛台长格外自豪，如此从电视大楼到全新的电视装备的硬件条件，在当时的中国电视界，可谓是屈指可数，连中央电视台也未能全部实现。自然大大提升了上海电视台电视节目的质量和规模，很多创新类的大型综艺节目就在广电大厦的大型多功能演播厅摄制，上海地区的电视总控室也在这幢大楼。遇到了重大新闻事件，中共上海市委宣传部干脆将全市的新闻中心也设在这里，便于指挥与协调。如果算经济账的话，在南京西路寸土寸金的黄金地段，这么多人办公，这么多设备，又能产生多大的经济效益？

盛台长举例给我算了这样的账：现如今，因为新媒体的出现，视频综艺类节目越来越多，市区的演播室忙不过来，宝山区有线电视台的演播室很吃香，但是光一天的租金就要1万元。可见，干电视就是烧钱的活。因为电视台添加了电脑化的无纸化办公系统，为了省钱，用电视广告时段换取了办公设备，而这些自动化办公设备的使用，逼得电视台员工们学习电脑，学会无纸化操作，连50岁以上的员工也要"撵鸭子上架"，大大提高了工作效率，降低了成本，成为全国第一家无纸化操作办公的电视台，又一次走在了全国前列。

一晃几年过去了。随着电视事业飞速发展，东方电视台创建，开启了一座城市有着两家省级电视台的历史，因为东方电视台的机制活，有闯劲，很快也在浦东盖起了新楼。

不向国家伸手，靠的是浦东开发开放的东风，靠的是创业创新的实干精神，短短五年，浦东新区改革开放的标志性建筑之一———一座高度信息化、自动化、智能化的现代化大楼东视大厦昂然崛起。

东视大厦占地面积3万多平方米，建筑面积4.5万平方米。东视大厦楼前是6千平方米的花园式广场，主楼有18层，124米高。两侧裙房分别为一流的演播室和设施齐全的宾馆。大厦内拥有8套演播室、6套节目配音室和1个能容纳1千多名观众的多功能剧场式演播厅。具有每天自制15小时以上各类节目、可满足三个自办频道播出的能力。

东视大厦采用高度模块化、灵活性的综合布线系统，其办公自动化、楼宇自动化、通信自动化系统，使得大厦集新闻采编播、节目制作播出、信息数据处理、计算机信号调度、消防安全监控融于一体。东视新闻的采编播实行全流程计算机应用系统；全台的人、财、物管理，完全纳入了计算机网络；计算机网络完全能够实现节目编排自动化，节目选题、制作管理自动化，节目资料管理自动化，节目宣传营销自动化；计算机网络还可将大厦各部门的信息乃至大厦以外的信息联结起来，通过因特网（internet）和内部网（intranet）对内对外发布信息，通过智能化管理，不仅能够为东视台领导的决策提供科学依据，也为东视的科学管理、再创辉煌奠定了扎实的基础。

东方电视台的成功创建和东视大厦的成功崛起，给了上海电视台极大的压力。原本广电大厦不完全归属上海电视台，加之盛重庆担任上海电视台台长以后，上海电视台已经发展成为拥有近千名员工，拥有上海美术电影制片厂、上海小荧星艺术团、上海一系列演艺剧团，每天自制大量节目的综合电视台。日益庞大的职工队伍和业务部门，使得电视台的办公用房十分紧张。一间40多平方米的房间，用一层薄薄的木板一隔为二，盛台长和党委书记金闽珠便挤在其中的一间里，桌子对桌子，宽度仅够两人坐下。

如此办公条件，似乎又回到了初创年代。于是，建造上视大厦被提上了议事日程。

盛重庆回忆道，当时有两种意见，一种意见是上视大厦造到浦东东视大厦边上，这样面积可以大一些，一种意见则坚决不同意造到浦东去，盛台长坚持后一种意见。他认为，那时浦东的交通还是不太方便，而上海的很多重大活动发生在浦西，从浦东赶到浦西，影响工作效率。新大楼造在浦西，虽然面积小点，性价比高，更有利于发展。

领导最后还是听从了盛台长等人的意见，决定将上视大厦造在上海电视台原址，只是将大厦的方位选在了与南京西路南北呼应的威海路上，所以人们通常也将广电大厦称为1号楼，而将上视大厦称为2号楼。

王唯铭文章是这样描述上视大厦的：

> 上视大厦，依然由功能决定形式，只是，与第一幢大楼的三角形平面相比，这次成了矩形平面，立面上且有一个美妙的弧面。从远处观看这幢31层的电视大楼，但见米白的色彩包裹着整幢建筑，富有表现力的曲线展现着大楼的英姿。
>
> 内部空间设计得更是大气恢弘。1 000平方米的演播厅则注重着科技含量，演播厅有27米高度，这样可以随时实现大型景片的提升互换。这个全国最大的室内多功能演播厅不仅添置了全套的灯光、音响等演播设备，还添置了可移动的全自动控制的立体式座椅。
>
> 富有创意的是，上视大厦的顶楼，还设计了一个直升机停机坪。这在全国广电系统的电视台大楼中，也是头一家。

好事多磨。上视大厦的启动与兴建也遭遇了一系列十分棘手的难事。

首先是动迁。

市中心寸土寸金地段。要动迁20多户企事业单位,100多户居民,至少需要5千多万元动迁款项。钱还不算大难事,怎样做好动迁工作才是大难事。好在虽然新建上视大厦未列入上海实事工程,但毕竟还是关系到广大市民精神生活的好事,得到了市重大工程建设办公室和静安区政府的高度重视和积极配合,静安区专门有一位副区长分管拆迁工作,几乎所有的动迁会议都到上海市政府会议室召开。这样的动

上视大厦(石建敏提供照片)

静当然也得到了动迁单位和市民的积极反馈,最终还是以较低的成本啃下了这块硬骨头。

第二件难事还是老问题,建造上视大厦的钱从何而来?

回忆到如何筹集这幢没有国家投资计划的建楼资金来源时,盛台长却举重若轻地嘿嘿一笑,说出了一段近水楼台先得月的故事。

按照预算,建造上视大厦的资金至少需要3亿元人民币。3亿元,这在20个世纪90年代,可不是一笔小数字。身为上海电视台的台长,看上去似乎每年的创收不少,可是,每年上缴局里2.7亿元一分也不能少,剩下的钱只能用于电视台的养家糊口了。怎么办?"化缘"高手盛台长先向银行贷款,他自己也没想到的是,当上视大厦造好,他接到调令,调任为东方明珠股份有限公司董事长。尽管已然不是电视台的当家人了,但为上视大厦"还债"的使命他还是没有放弃,正好借助东方明珠向社会募集10亿元的良机,也正好借助东方明珠有着广告宣传和广告经营的需求,他便用3亿元购买了上海电视台的广告时段。这3亿元便用来还清了建造上视大厦的贷款。这算不算天下掉下的馅饼?好

像是,却不是,而是电视人擅长市场运作擅用金融杠杆的智慧体现。

第三件难事是紧挨着上视大厦的老电视塔怎么办?

这可是上海曾经最高的建筑。在上海的广电发展史和上海城市建设史上,上海的老电视塔是不可或缺的人文纪念。

从一开始,就出现了两种截然不同意见激烈争吵的场面。

一种意见当然是必须保留。尽管东方明珠电视塔建成后,老电视塔已然失去了发射功能,但怎么能如此不珍惜美好的历史建筑和难忘记忆? 拆了就是犯罪,就是对历史的不尊重。"帽子"很大,但也不无道理。有十几名技术人员甚至写信给政府部门,强烈要求保留老电视塔。

一种是实事求是的科学态度。作为上海电视台的掌门人,自然格外珍惜老电视塔的历史价值和未来的纪念意义,可是威海路批下来的建楼占地面积,实在局促狭窄。一幢比广电大厦建筑面积大出一倍的电视大楼,北面紧贴着威海路,根本没有类似广电大厦门前的音乐喷泉广场的空间,而168米高的大厦南面居然紧贴着210米高的老电视塔。这样的空间格局,不仅严重影响上海电视台的正常运行,而且闭上眼睛也能想象到两幢高层建筑面临的审美尴尬。

老电视塔拆除前的尴尬场景（石建敏提供照片）

争论的结果是一开始尊重了第一种意见。大楼开始建造了,当老的电视塔真的影响到上视大厦的进程和安全了,最终上级领导还是忍痛割爱,下决心采纳了第二种意见:拆除老电视塔。

盛台长告诉我,拆除老电视塔也是采用了市场运作的办法:电视台没花一分钱,请了一家公司,谈好条件,拆下的大部分钢材归这家利用,同时还利用了部分老电视塔的钢材，做了相当数量的纪念品。在老电视塔的所在位置，留下了一个塔脚，立了一块碑，永志纪念。老电视塔留下的偌大空间，修建成了一个美丽的后花园和停车场。电视台的员工或来访的嘉宾，每每从上视大厦威海路南门走到广电大厦南京西路北门，或是从北门来到南门，有一种赏心悦目的别样享受。

在采访盛台长的过程中，笔者提出了一个问题："听说凡是上海广电系统参与营建的大楼和重大工程，老领导龚学平必定经常亲临施工现场，几乎都会提出整改意见，局部地方敲掉重建的事是不是家常便饭？"

盛台长说，那是当然的，也是必须的。百年大计，质量第一，审美也是第一。说来也怪，老领导虽然不是建筑专家，但因为经历的工程太多，加之格外认真仔细，差不多每项工程总能发现问题。比如东视大厦，最初的设计过于庄重却显得呆板，从视觉上容易产生误解，一位市里的主要领导前来视察时曾提出过质疑。龚学平便要求重新调整，调整后的东视主楼正立面通过花岗岩与玻璃幕墙的组合，巧妙构成英语"TV"大写字母的造型，形象直观，大气恢弘，成为上海浦东新区跨越21世纪的标志性建筑物之一。再比如，建造广播大厦时几乎无处不敲，连外墙玻璃、外立面的颜色都要精心选择。上视大厦建造时，则是主动邀请龚学平经常前来视察，共同会诊，发现问题及时整改，减少损失。本来上视大厦用的是玻璃幕墙，龚学平指出，容易产生光污染，于是改成了透明玻璃。本来大厅是有回廊的，但他觉得不够大气，于是取消

广播大厦的顶端像个飞碟（石建敏提供照片）

了回廊,果然视觉效果大大改观。

前人栽树,后人乘凉。上视大厦竣工了,启用了,员工们都高高兴兴地搬进了新大楼,盛台长却调到东方明珠担任董事长了。盛台长充满深情地回忆道:

> 我盛重庆调走了,办公室给我留了一间,因为当时我是台长兼董事长,到东方明珠当董事长,所以这个办公室还在。但是我的重心已经移到了东方明珠了。我和小朱说,朱咏雷是台长,我看他的办公室比较拥挤。我说我不来了,到那边办公。他说老盛你真的辛苦,房子造好了,一天没用过。中央电视台的黄一鹤,春节晚会最早的导演黄一鹤来看我。他看了我造这个大楼那么辛苦,结果也没住成,这个人很动感情的,激动得眼泪出来了。

上海广电系统所造的这些大楼不仅仅给上海的广电系统带来巨大的社会效益和经济效益,还给寸土寸金的上海市区营建了一道不可多得的城市风景线。

十分有趣的是,南京西路和威海路上的两幢设计独特的电视大楼,给设计竞标成功的上海华东建筑设计研究总院和设计师汪孝安,带来了意想不到的美誉。获得全国优秀设计银奖和建国50年上海十大建筑银奖等一系列奖项后,汪孝安先后主持设计了武汉广电中心、江苏广电城,自2002年起,还参与了中央电视台新楼的设计与建造。汪孝安因此成为华东建筑设计总院首席总建筑师。

当王唯铭再一次采访汪孝安时问道:

如何定义一个建筑的成功?

汪孝安沉吟片刻回答道,如果一栋建筑能与周边环境相融合,并能或多或少地体现出那个时代的特征,那么,它就应当能称为成功。

是啊,那些年,上海广电系统成功建造的那些楼,其成功的含义,不仅仅是建筑风格体现了那个时代的特征,更重要的为那些楼呕心沥血的开拓者和建设者，所激发出来的与那个时代特征所吻合的创业创新精神，那才是格外珍贵的。

要点回顾

▲ 现代商业活动离不开广告，"酒香不怕巷子深"的传统观念在市场经济的今天早已被证明是行不通的。企业开展广告活动是市场竞争的直接结果，是企业决定参与市场竞争的标志。从某种意义上来说，一个企业的广告就是该企业进入市场竞争的宣战书。广告对企业在开拓市场、促进销售、改善企业公关形象、提高企业的整体竞争力和社会影响力上有着十分重要的作用，是连接企业和社会与消费者之间的桥梁。电视硬广告、软广告的蓬勃发展是现代经济发达的产物。

▲ 上海广播电视局在全国广播电视系统中率先结束了依赖国家拨款发展事业的局面，开始走上了自主经营、自我积累和自我发展的良性循环道路。这在全国广播电视系统也是第一家。

▲ 竹胁无我先生也许没有想到，正是他的同胞在中国做生意投广告时，执意要附带播出电视剧《姿三四郎》，居然引发了中国观众的轰动效应，居然引发了上海电视台乃至中国电视界用广告时段换取海外影视精彩节目的新的商业运作模式。

▲《海外影视》的定期播出，打开了通往世界的窗口，成为连接中外文化的桥梁。8分钟的贴片广告，不仅给合作伙伴带来了商机，给上海电视台节省了大量购片费用，《海外影视》栏目还被评为上海市观众最受欢迎的电视栏目和上海市广播电视剧优秀栏目。

▲ 由于收视率的居高不下，《上海滩》"砰！砰！砰！"三枪片头后的广告效应，也使得上海电视台赚得盆满钵满。

▲ 一套规范标准的少儿艺术教育通用教材，一群德艺双馨的专业教师，一支敬业规范的经营管理团队，一种奋发有为的激励机制，一套全媒体产业链式的市场运作体系，形成了小荧星有别于其他少儿艺

术培训机构的核心竞争力，使得小荧星在多如牛毛的少儿艺术教育机构中脱颖而出，成为独树一帜的幼儿艺术教育的领头羊。

▲ 上海广电大厦、上视大厦、上海广播大厦、东视大厦、东方明珠电视塔、上海国际会议中心、上海大剧院、东方绿舟青少年活动基地、八万人体育场、上海松江大学城（含上海视觉艺术学院等7所高校）……这些可以载入上海城市建设史，并在上海的文化娱乐教育体育生活中发挥巨大作用的地标性建筑，都是在以龚学平为领军人物、以上海广播电影电视系统的创业创新群体为主体，在广播电视事业最红火的年代，几乎不用国家专项投资，而是以上海市广电局（后来改为文广局）为主或牵头，锐意改革创新，通过多元化的创收、融资方式，兴建起来的。这在全国广电系统不仅独领风骚，令全国同行们艳美不已，而且其产业运作的智慧和方式，至今令一起走过的创业者们深深怀念而感慨。

第五章

海纳百川：电视交流走向世界

第一节　上海电视节的歌声与微笑

"请把我的歌带回你的家。

请把你的微笑留下。

请把我的歌带回你的家，

请把你的微笑留下。

明天明天这歌声，

飞遍海角天涯，飞遍海角天涯。

明天明天这微笑，

将是遍野春花，将是遍野春花……"

这首由著名词作家王建作词，著名作曲家谷建芬作曲的《歌声与微笑》，已成为几代人共同的美好回忆。

这首深受广大观众喜爱的、富有时代气息的歌曲运用了复乐段结构，形成并置式对比，尤其是在高音区节奏重复多次运用了同音反复，使得歌曲形成了一种强烈的感召力和优美的韵味感，表达了跨越民族和跨越时空的美好与友谊，如遍野的春花，飞遍海角天涯，飞遍世界各地。

这首脍炙人口的歌曲，第一次是在1986年12月10日我国首次举办的国际电视节——上海国际友好城市电视节上演唱的，原先并未被选为电视节会歌，但是在电视节上传唱后因为朗朗上口，市民非常喜欢，一下子传开了，于是从第二届电视节始，就把这首歌作为电视节的会歌。

1989年的央视春节联欢晚会上，童声演唱的《歌声与微笑》更是深入人心。

2007年10月24日，我国第一颗绕月探测卫星——嫦娥一号发射成功，并进入预定地球轨道。

与嫦娥一号一同奔月的，还有其搭载的《谁不说俺家乡好》《爱我中华》《二泉映月》《黄河颂》《梁山伯与祝英台》等30首经典曲目。

嫦娥一号到达绕月轨道后，于距地球38万千米以外的太空向地球播放这一组歌曲。每位中国人都能通过收音机、电视机以及互联网收听到这些来自太空的天籁之音。

嫦娥一号卫星搭载的这30首太空播放曲目，是在全国公众投票的基础上选定的。专家认为，这些歌曲最能够表达中国人民热爱祖国、热爱生活、热爱和平、探索自然、崇尚真理的美好追求和高尚情操，能充分展示中华文化之美，提升中华文化的影响力。

而30首太空播放曲目中，排在第20首的歌曲就是《歌声与微笑》。

2019年6月，已经成为中国最优质、最具影响力的中外电视交流合作平台——上海电视节，进入了第25个年头。上海电视节的魅力如同其会歌《歌声与微笑》一样经久不衰。参与并见证了上海电视节创办与发展，曾经长期担任上海电视节办公室主任的陈晓萌深有感触地评论道：

> 上海电视节在中国改革开放进一步走向深度和广度发展的今天，在全国国际电视交流蓬勃发展、硕果累累的当下，经过几代上海电视人的不懈努力和追求，在世界各国电视同行的鼎立提携和热情支持下，已经在亚洲牢牢地确立了应有的地位，拥有了成熟稳固的活动内涵和广泛深远的影响。上海电视节不仅因为它存在历史最长，对上海电视事业发展影响广泛，更主要上海电视节的发展过程始终贯穿了一种上海电视人追求发展、求新争变的精神。

1986年12月11日《人民日报》在头版显著位置发表了题为《上海国际友好城市电视节开幕》的消息，称："我国首次举办的国际电

首届上海电视节海报

视节——上海国际友好城市电视节，今天晚上在上海展览中心隆重开幕"。

从此，在中国大地上拉开了国际电视交流活动的序幕，各种形式的国际电视节目市场、国际性电视节目奖项评选、国际性电视设备展、国际电视周、国际电视节、国际电视学术论坛等此起彼伏，电视产业的国际化呈现出一派繁荣景象。

陈晓萌充满激情地回忆起上海广电系统在时任局长龚学平带领下创办上海电视节的情景：

20世纪80年代中，上海在邓小平同志关于"思想再解放一点，步子再快一点"讲话精神鼓舞下，从上到下，酝酿着改革开放的思路和"摸着石子过河"的实践探索。在中共上海市委的直接领导下，一个涵盖上海文化多个领域的《上海文化发展战略汇报提纲》正式得到了中央批准。中央有关部委也纷纷与上海协商改革事宜，下放权力。

随着上海广播电视事业的不断发展，尤其是上海电视台的综合实力不断增强，上海电视台与外界的交往逐步扩大。大家普遍感觉上海对外交往的渠道过于狭窄，仅局限于完成当时国家广播电影电视部和中央电视台下达的任务，自己没有单独的对外渠道和自身的发展平台，工作显得被动，局面无法打开。整体事业的发展，迫切希望有一个平台和窗口，能逐步打开国际交往之路，以加快上海电视事业的发展步伐。用龚学平的话来说，就是："当时中国已经改革开放了，但是中国人对外国了解还是比较少，因为出国的机会比较少。要学习外国先进的技术和先进的管理观念来加快中国的发展,缺少必要的信息渠道。我们也发现,中国在外国的声音和形象也太少。既然这样,我感到电视是最好的桥梁,是最好的媒体。当时上海已经同16个国家和地区建立了友好城市。我就想到搞一个上海国际友好城市电视节,通过电视交流来加快、加深上海和各国之间的了解。"

自1997年起,上海先后同日本横滨市、日本大阪市、意大利米兰市、荷兰鹿特丹市、美国圣弗朗西斯科市、克罗地亚萨格勒布市、朝鲜咸兴市、菲律宾大马尼拉市、巴基斯坦卡拉奇市、比利时安特卫普、加拿大蒙特利尔、希腊比雷埃夫斯市、波兰滨海省、美国芝加哥市、德国汉堡市等十多个国家的重要港口和主要工商业城市建立了友好城市的关系。各友好城市间在经济、城市建设、教育及其他方面的联系、交往和合作显得非常活跃,但是始终存在一个薄弱环节,那就是文化方面。为此,市政府外事办公室领导建议,上海能否在文化方面率先走在全国前面,与各友好城市建立起合作关系。

上海市外办领导的想法与上海市广播电视局领导的愿望不谋而合。这时与上海已经有着良好关系的国际友人——来自卢森堡的刘志诚先生和香港资深电视专家蔡和平夫妇,热情地向上海介绍了一种已经在世界上通行的国际交流活动形式——国际电视节,他们建议:上海能否在全国率先举办国际电视节?

上海电视节展馆外景

说干就干。龚学平一拍板，上海电视台便于1984年起筹划举办国际电视节目展播活动。

可是真正干起来，谈何容易？

当时种种政策限制与举办条件，都使得筹备工作一再搁浅。1986年的一条消息，更为上海举办国际性电视节蒙上了阴影。

当时，中央电视台已于1986年4月与湖北省合作，计划在武汉举办"中国电视节"活动。可那时中国对"节"的概念是停留在国庆节和儿童节的概念上，中央主管部门指示这种类似的"节"的活动需要经过全国人大讨论批准。因此"中国电视节"便未再提出。

虽然地方组织国际性活动受到限制较大，但是友好城市间的活动是国际交流发挥作用的一个重要渠道。于是，在上海市人民政府外事办公室主要领导的积极推动下，通过友好城市渠道组织一个较大规模的"上海国际友好城市电视节"构想，上海电视台通过广电局于1986年8月上报了国家广播电影电视部。广电部请示中央宣传部，得到了地方性的节庆需要地方人大通过即可实施的指示。

消息传来，上海立即行动起来。经中共上海市委同意，上海市人民政府于8月27日致函上海市人民代表大会，要求在市人大全会上增加审议市人民政府"关于提请审议批准举办上海国际友好城市电视节"的议程。市人民政府函中提出："近年来，随着对外开放的不断深入，上海同各友好城市间的经济、贸易、科技、文化等方面的交往日益扩大，为充分利用和发挥电视这一现代化传播工具在国际交往中的作用，上海市人民政府外事办公室和上海电视台拟于1986年12月10—16日在本市举办'上海国际友好城市电视节'"。

1986年8月29日，上海市人民代表大会第八届常务委员会第二十三次会议上，龚学平代表市广电局作了举办"上海国际友好城市电视节"的情况说明，在时任解放日报总编辑王维、时任市文化局长孙滨等积极呼吁下，常委会正式通过了"决定批准今年12月在本市举办上海国际友好城市电视节"的决议。决议除了批准举办首届上海国际友好城市电视节外，还清晰地明确"为贯彻上海市文化发展战略汇报提纲提出的'使上海真正成为中外文化交流中心'的要求，在今年举办的基础上，今后根据本市的具体情况和实际需要，可再举办'上海电视节'活动。以扩大对外宣传、促进上海对外文化交流。"

这是全国范围内第一个从地方人大立法角度确立上海电视节性质和地位的决议。从此上海电视节国际交流的大门迅速打开，前途一片光明，一个极具挑战性的开创性工程，有声有色地拉开了序幕。

筹备之初，包括工作人员、司机和打字员，工作团队仅为6人。人员大多是从广电局和电视台有关部门临时抽调的，除了个别同志曾经参与过大型国际体育活动组织外，绝大多数都是第一次接触国际性大型活动。

机遇即挑战，压力化动力。精干的创业团队群情激昂，常常是通宵达旦、日以继夜地工作。从提出设想到请示立项，从制定原则到构成内容，从对外联络到收集节目，从初审制作，到节目播出、开幕式、闭幕式，无论是人员接待、新闻宣传还是宾馆安排、车辆调度，以及业务洽谈、陪同翻译等各个环节，都一一迎刃而解，妥善解决。

电视节的首要任务是展播节目联络和宣传准备。在上海市外办的全力支持下，通过锲而不舍的联络与推广，终于赢得16个国家的18个友好城市的热烈响应。这些城市的23家电视台选送的电视节目多达121部，不仅有电视剧、文化专题片，还有音乐、舞蹈和纪录片。这些节目从各个角度反映了各友好城市人民的生活状态、经济情况和文化形态，呈现了丰富多彩的异国风情。

这些友好城市还纷纷派出代表团前来参加电视节。日本大阪市长大岛靖、比利时安特卫普市长科尔斯、波兰格但斯克省长茨冈、瑞典哥德堡市长索伦迈海麦、朝鲜咸兴市行政和经济指导委员会委员长高厚德、巴基斯坦卡拉奇市长阿布杜拉沙萨尔阿夫加尼、菲律宾大马尼拉市委员会执政官何塞小乔里纳、德国汉堡市长克劳斯冯多南依博士、日本大阪府知事岸昌、美国旧金山市长迪安娜德因斯坦、日本横滨市长细乡道义、南斯拉夫市政议会兼萨格勒布市长马托米基克博士等各友好城市的主要官员还纷纷写信或发贺电，肯定了举办上海国际友好城市电视节的意义，真切期待并祝贺首届活动成功举办。

联邦德国汉堡市长克劳斯冯多南依博士致函上海，说："作为我们两个城市的代表，上海市市长江泽民与我，于1985年5月25日在汉堡签署了一项上海－汉堡的合作协议。上海国际友好城市电视节，正是由两个城市在这项协议上共同参与的第一批重大活动之一，我感到由衷的高兴"。

初创的上海国际友好城市电视节，虽然有所借鉴国外电视节的某些成功经验，但由于国情不同，尤其是文化形态、思维方式、产业运作等方面不尽相同，在节目审查、参展、交流、活动安排方面遇到了一系列障碍和问题。创办的过程本身就是探索、创新、磨合、完善的过程，更是在实战中锻炼一支独立驾驭如此复杂庞大国际活动的过硬团队的过程。

时任市委副书记曾庆红，多次悉心指导筹备细节，在一些关键的原则问题上把准方向，充分显示了当时上海市各级领导超前的改革意识、精湛的领导艺术。曾庆红在几次组委会会议上特别强调，首届上海电视节一定要注意国际性，一定要突出民族性。他特别强调上海电视节是上海文化发展战略的重要组成部分，中央把文化发展战略的重任交给了上海，上海责任重大，要勇于探索，不要怕出现这样那样问题。

时任中央宣传部长朱厚泽同志1986年8月到上海视察工作时，专门针对上海文化发展战略、改革开放，作了重要指示，上海要研究怎样有计划地引进各种对我们有益的文化，同时对各国情况进行调查研究，对他们的文化发展情况进行调查，包括科学技术、经济管理、行政管理、社会生活、文化艺术等各个方面，取其精华，以丰富人民的精神生活。他还具体指示，在举办首届上海电视节时，可以多吸收一些同志审看节目，包括那些不那么赞成的同志，有话先讲，这样对办好上海电视节有好处。

在上海国际友好城市电视节的开幕式上，时任中央对外宣传领导

上海电视节内景

小组组长朱穆之、时任市委书记芮杏文、时任国家广播电影电视部部长
艾知生等同志出席。时任上海市市长的江泽民代表上海市人民政府致
开幕词，他讲到"此次举办国际友好城市电视节是上海国际文化交流
的一件大事，她的举办，在上海与各友好城市间的关系史上又写下了新
的篇章。她给上海人民的文化生活增添了丰富多彩的内容，为学习各
国优秀文化提供了良好机会。她必将为增进上海与各友好城市间的相
互了解和友谊，加强上海电视台与各友好城市电视台之间的友好合作
起到积极的推动作用。"

艾知生在代表国家广播电影电视部致的开幕辞中，特别加了"上
海国际友好城市电视节的举办是一个良好的开端，是广播电视界贯彻
改革开放方针的一个创举，它预示着中国同世界各国电视界的国际合
作会有更大的发展。"

各国电视台送来的90多小时的节目，内容丰富，形式多样，很多是
我们第一次接触到的样式和内容。通过电视节，中国的电视人第一次
比较全面直观地了解了各友好城市电视台的情况和世界电视信息，为

上海电视节展馆内景

丰富节目内容、拓展视野范围、开拓合作渠道、提高业务水平创造了极为有利的条件。在打开眼界的同时，如何稳妥地处理好这些节目的交流、参展和播出，涉及节目内容的审查与把关。

组委会在考量节目艺术质量的同时，还注重健康文明内容，尊重和结合各国的实际情况，不硬搬国内电视节目审查标准，妥善处理了南斯拉夫、菲律宾、日本、联邦德国、美国等国送来的节目。在对各国选送的121部节目进行审看、翻译、配音、混录和剪辑等紧张的工作后，在电视节举办的一周时间内，通过上海电视台的两个频道，播出了58部电视节目（音乐歌舞片16部、风光专题片25部、电视剧17部）。如此密集的播出安排，使上海乃至长江三角洲的一亿多电视观众，足不出户就可以饱览闻所未闻的优秀外国电视节目，电视节的节目一时成为大众街谈巷议的主要话题。

电视节展播特别节目播出后，反响良好。有位观众在来信中指出"电视节应大力赞扬肯定，她开全国之先，创电视之新，其意义不仅在于丰富电视节目，重要的是让上海人民了解了世界，也让外国的城市了解了上海、熟悉了上海。这是世界各国文化交流的新途径。"

各国电视节目又是东西方多种风格、流派、样式文化的集中展示，电视节成为真实地展示当代电视潮流的重要窗口。日本NHK电视台特地从东京给上海电视台寄来感谢信，感谢上海电视台通过卫星向东京传送了15分钟开幕式的新闻片。来信说，他们已在当天晚上播放了这档节目，并计划次日通过卫星对东南亚及欧洲各国播放。日本大阪NHK特别节目部长远藤文夫说，民众之间的互相了解和合作，是世界和平至关重要的一个方面。他为上海电视节所取得的成果感到高兴，期待着同中国同行更进一步的合作与交流。

加拿大魁北克广播电视台长杰拉尔底说，没有来过上海，认为上海是一个很小很小的地方，现在感到上海是一个很大很大的世界，上海的变化给他们留下非常深刻的印象。

联邦德国北德电视台文艺部长罗切斯巴修尔说，联邦德国与中国有着良好的合作关系，但联邦德国人民对中国、对上海了解甚少，希望电视在两国人民之间架起一座友好的桥梁，让两国有更多相互了解的机会。

电视节增强了上海电视工作者的开放意识、交流愿望和合作思路，使电视在"让世界了解上海，让上海走向世界"的浪潮中，起到了推波助澜作用。江泽民曾亲笔题词："友谊的彩带，合作的桥梁"，高屋建瓴地揭示了上海电视节的举办意义。

上海国际友好城市电视节的举办，创造了众多来自不同国家和地区电视同行进行业务合作的直接机会。从上海市人民政府到上海市广播电视局、上海电视台各业务部门，都予以了高度重视。在电视节开幕之前，以上海市广播电视局和上海电视台各业务部门负责人为主，组织了多支业务洽谈队伍，根据《利用国际电视节进行双边或多边交流的几点设想》，对活动开展做好了详细认真的准备。电视节开始后，他们直接参与电视节重要来宾的接待工作，与各国来宾朝夕相处，悉心交流，就交换记者和电视节目、合作制片、派记者到外国电视台短期工作学习、互派编导、就对方感兴趣的问题外出讲学、召开定期或不定期国际电视研讨会等一系列围绕电视核心业务的问题，与各国来宾进行了广泛接触和业务洽谈。

电视节期间，上海市广播电视局、上海电视台分别与卢森堡广播电视公司达成了提供野生动物节目、互派电视采访组、举办卢森堡电视周等合作备忘录；与波兰格但斯克电视台就举办"格但斯克电视周"、台领导互访、互派电视摄影队达成合作备忘录；与加拿大魁北克广播电视公司就开放公共教育、文化及正规教育、次年《年轻一代的希望和担忧》为主题的卫星直播电视转播活动，达成了合作意向；与加拿大广播公司就1987—1990年四年间互换电视连续剧和纪录片达成协议；与美国娱乐咨询公司达成为期五年以播映《世界之窗》命名的世界各国电影、电视纪录片和音乐广播节目协议；与日本NHK大阪放送局达成相互提供新闻节目、共同制作和对方取材、拍摄节目、卫星转播时提供合作的备忘录；与南斯拉夫萨格勒布市电视台达成互换电视节目、举办"萨格勒布电视周"活动、负责人互访、互派摄影队、互换资料、专业刊物等协议；与联邦德国汉堡影视制作公司就每年相互采编10—15个小时的节目，进行故事片、教育片、儿童片方面的合作拍片，举办汉堡电视周，邀请中方工程专业人员赴德进行3—4个月的专业学习，互派摄影队拍摄对方城市的纪录片达成合作协议。合作内容之丰富、合作程度之深入、合作跨度之长久，对1986年以后上海电视台及上海电视节的全面发展，奠定了良好的基础。首届电视节取得的成果使得上海电视事业的综合实力和地位有了较快的提高，一下子拉开了与兄弟电视台的距离。

其实，"摸石子过河"的上海电视节的成功，不仅仅是冲破了各国社会制度与意识形态、影视作品内容不尽相同的束缚，更有意义的是，上海电视节开创了一条用市场经济的产业运作方式，在全国首次探索电视文化产业的拓展之路。

1986年举办的首届上海国际友好城市电视节，恰恰面临的就是这样一种尴尬。对发生在中国大陆的这一文化盛举抱有极大热情的发达国家，都是市场经济国家，其影视节目的生产流通是完全按照成熟的文化产业模式运行的。市场经济是可以跨越国家政治体制差别而实现全球一体化发展的游戏规则。

80年代的中国电视节目都是国家计划经济体制下制作完成的，所以在电视节初期筹备时，筹办人员只有一个善良而单纯的概念，就是以我们制作的一部电视剧、一部纪录片和一部风光片无偿地向各友好城市电视台进行交换，这种初级物物交换的商品交换形式，我们想当然认为是完全免费和对等的。

这种中国式的计划经济思维方式在活动初期就遇到了问题。国外电视台除了社会主义国家体制电视台外，所有的节目都是可买卖的商品。而作为一种商品，其交换价值就是直接通过电视播映版权来体现的。因此，在筹备过程中遇到了不少麻烦。

加拿大广播公司为参加本届上海电视节的节目版权花了一万多元加币，但是当他们得知上海电视台播出的观众有一亿多时，不得不对中方的无偿播出提出了异议，以致最后该节目无缘与广大观众见面。

日本KTV电视台选送的节目虽然品质上乘，中方花了相当的人力和物力完成了制作，但是因为电视播出版权谈判最终未果，也只能不予播出。

一个国际电视节应具备国际节目市场运作的功能，毫无经验的中方起初根本意识不到节目市场对一个电视节而言有多么重要，因为中方一直将主要精力投入于电视节目的联络和播出方面。

在得知不少参加上海电视节的国外代表团有着非常强烈的节目交流展示的愿望和需求时，龚学平和筹办人员才恍然大悟：原来电视节的繁荣是可以通过市场化模式来运作的。于是，在距离电视节开幕只剩短短3天时，工作班子迅速调整力量，在1天时间里，在距离电视节主要宾馆（上海宾馆）最近的上海国际俱乐部（现上海国际贵都大饭店）的舞厅里，紧急搭建了7间简易的节目交流展播室，并临时从电视台各部门抽调放像机和监视器，构成节目交流的专用场地。虽然条件十分简陋，但就是在这样的节目展播室里，上海电视台为各国来宾展示了23部电视节目，中央电视台和其他来自海外的电视台也纷纷展示了

181部电视剧、文艺专题节目。这个在上海国际俱乐部里开创的节目市场，是在中国大陆出现的最早的国际电视节目市场，它的出现标志着中国的电视节目开始从计划经济模式走向市场经济模式。

四分之一世纪过去了，作为全球为数不多的集评奖、市场交易与创投、论坛于一体的综合性国际电视节，上海电视节始终秉承专业、前瞻、创新的特色，发挥文化交流功能、产业集聚功能及经济带动功能，不断扩大其在海内外广泛的声誉和影响力。经过20多年品牌打造，已成长为亚洲规模最大、最有影响力的综合性国际电视节活动。

上海电视节主体活动包括：

中国创办最早、以权威性、公正性闻名国内外业界的电视评奖平台——白玉兰奖国际电视节目评选。

以国际性、专业性见长的影视节目交易平台——国际影视节目市场。

亚洲唯一的动画项目创投平台——亚洲动画创投会。

汇集中外电视专业领域最顶尖技术设备的会展交易平台——国际新媒体与广播影视设备市场。

2019年上海电视节论坛

秉承"全球话题、行业经验、跨界合作、创新发展"宗旨，以打造行业风向标为诉求的国际电视论坛平台——白玉兰国际电视论坛。

此外，上海电视节还设有MIDA（国际纪录片评奖活动）、电视剧互联网观众票选、白玉兰优秀电视节目展播及大学生电视节等特别活动。

上海电视节的名称变化，也是经历了"摸着石子过河"的几个阶段。

1985年至1986年，电视节被称为上海国际友好城市节目展播，只是小试牛刀。

到1986年8月，结合电视节发展的实际需要，尤其是涉及整个活动的组织，邀请各友好城市电视台的贵宾时，"节目展播"这样的名称显得不够恰当，也不够大气了。于是正式申请提出了"上海国际友好城市电视节"的名称。从"节目展播"到"电视节"虽是小小几个字的改变，但实际上是体现了对这样一项活动认识上的深化。

"上海国际友好城市电视节"的名称只用了一届，到1988年举办第二届活动时，"上海电视节"开始正式亮相，但是在上海电视节之前加上了"88"，而并没有标明第二届上海电视节。

只有到了1990年时，上海电视节才正式以"第三届上海电视节"名称出现，以后的发展就沿用了这样的称呼。之所以不加"国际"两字，也是参照国外电视节的通常称呼，直接以城市称呼。上海本身就是世界瞩目的国际化大都市，何况上海电视节的规模和活动内涵就已具有国际性。

初创的上海电视节，一起步就形成了气势非凡的规模，在海内外形成了轰动效应。那时的上海广电人，既没有"市场经济"理论的指导，更没有"文化产业也是支柱产业"的定心丸助力，完全靠国门打开后敢于"拿来主义"的借鉴精神和"不吃螃蟹，怎么知道螃蟹的鲜味"的胆量，一步一个脚印地闯出了一片电视创新与产业化运作的新天地。

2012年举办的第18届上海电视节上，国际影视节目市场展台有300余家中外影视机构设展，吸引了超过2 000名中外专业买家、逾万名与会来宾参展。亚洲动画创投会共收到原创作品200余件，其中包括来自日本和韩国的动画项目。首次开设的学生特别奖吸引了数十家高校动画专业学生和工作室的动画作品。亚洲动画创投会吸引了来自国内外的动画精英、投资方代表、入围项目代表和学生作品选手300多人参与了项目培训、陈述，投资洽谈及论坛等活动。上海电视节的国际影视节目市场展台已成为享誉国际的集成品交易及项目创投于一体的专业平台。创办近30年来，上海电视节的国际影视节目交易以专业、国际、务实的特色赢得了良好口碑。

第18届上海电视节的国际新媒体暨广播影视设备市场展台，则汇集了中外影视技术专业领域最顶尖的参展商。设备展强化设备、现代技术与节目制作的互动关系，更好体现内容与设备的互动与融合，其带动的新媒体暨广播影视设备市场紧紧围绕媒体行业发展的热点，以"迈入全媒体时代"为主题，以行业关注的3D技术为切入点，引进顶级新媒体及设备厂家进行现场演示。其中，世界首发的4K摄像机、中国首辆3D转播车、立体线性编辑系统、全媒体资源编辑系统等都代表了当今广播电视技术的最新成果，大大推动了影视产业乃至全媒体产业

上海电视节新媒体技术现场体验

的迅猛发展。

第18届上海电视节的白玉兰国际电视论坛以"全媒体时代的创新与合作"为主题，通过"高峰论坛""专业论坛"和"特别活动"三个板块呈现前瞻性、标杆性和专业性，关注电视行业的前沿动态，追踪探讨产业热点话题。其中，"高峰论坛"以"电视剧产业升级新趋势""奥运热"为背景，就全媒体时代内容制作、传播方式、传播生态的变化等展开讨论。"专业论坛"由中国动画的国际发展、创赢东方——内容产业的跨界与融合、电视剧制播合作探索之路、海峡两岸表演艺术探讨和"一分钟影像"国际论坛、白玉兰技术论坛等构成，探讨全媒体背景下传统媒体构建核心竞争力的路径和策略。"特别活动"包括节目创投大会、华语电视剧剧本推介会和全球电视广告奖大赏，以引领电视节目各品种的全面发展，并将论坛功能从务虚推至务实，打造成亚洲重要的电视产业孵化平台，呈现上海电视节推动电视产业发展的责任与活力。

这里不妨展示一下2013年6月9日至12日短短四天时间，第19届上海电视节排得满满登登的日程表：

2013年第19届上海电视节日程表

2013-6-9	09：00—16：30	电视节来宾注册	上海展览中心 序馆A
2013-6-10	09：00—16：30	电视节来宾注册	上海展览中心 序馆A
2013-6-11	09：00—16：30	电视节来宾注册	上海展览中心 序馆A
2013-6-11	09：00—17：00	纪录片大师班	上视大厦9楼大会议室
2013-6-11	09：00—17：00	国际影视节目市场	上海展览中心 东一馆/西一馆二楼
2013-6-11	09：00—17：00	国际新媒体与广播影视设备市场	上海展览中心 中央大厅
2013-6-11	10：00—12：00	"网台联动"的进化之路	上海展览中心 西二馆一楼
2013-6-11	10：30—11：30	上海电视节节目市场新闻发布会	上海展览中心 西二馆三楼

续　表

2013-6-11	10:30—11:30	TVBS《飞越龙门客栈》媒体招待酒会	上海展览中心 西一馆二楼Club
2013-6-11	12:00—13:00	百视通-BBC战略合作发布会暨CBeebies独家合作启动仪式	上海展览中心 西一馆二楼Club
2013-6-11	13:00—14:00	百视通-海润战略合作发布会	上海展览中心 西二馆三楼6306室
2013-6-11	14:00—15:00	上海电视节节目市场新闻发布会	上海展览中心 西二馆三楼
2013-6-11	14:00—16:00	专业论坛：云时代的版权革命	上海展览中心 西二馆三楼6304室
2013-6-11	14:00—16:00	专业论坛："新华-百视通新媒体指数"首发仪式暨大数据背景下新媒体发展论坛	上海展览中心 西二馆一楼
2013-6-11	15:00—16:30	上海电视节-戛纳电视节贵宾俱乐部鸡尾酒会	上海展览中心 西一馆二楼Club
2013-6-11	16:00—17:00	上海电视节节目市场新闻发布会	上海展览中心 西二馆三楼
2013-6-12	08:30—17:00	技术论坛：广播电视如何应对当前的复杂格局	大宁福朋喜来登酒店
2013-6-12	09:00—16:30	电视节来宾注册	上海展览中心 序馆A
2013-6-12	09:00—17:00	国际影视节目市场	上海展览中心 东一馆/西一馆二楼
2013-6-12	09:00—17:00	国际新媒体与广播影视设备市场	上海展览中心 中央大厅
2013-6-12	09:00—17:00	MIDA导演计划项目陈述	上视大厦9楼玻璃房

续　表

2013-6-12	10：00—12：00	腾讯、美微传媒联合主办大型励志创业真人秀《一步之遥》新闻发布会	上海展览中心 西二馆一楼
2013-6-12	10：30—11：30	上海电视节节目市场新闻发布会	上海展览中心 西二馆三楼
2013-6-12	13：30—15：30	专业论坛：节目模式引进与原创高层对话	上海展览中心 西二馆三楼6304室
2013-6-12	14：00—15：00	上海电视节节目市场新闻发布会	上海展览中心 西二馆三楼
2013-6-12	14：00—16：00	专业论坛：国际编剧论坛 一剧之本——关于故事、人物	上海展览中心 西二馆一楼
2013-6-12	14：00—17：00	亚洲动画创投会项目陈述和评选	上海展览中心 西二馆三楼6306室
2013-6-12	16：00—17：00	上海电视节节目市场新闻发布会	上海展览中心 西二馆三楼
2013-6-13	09：00—12：00	亚洲动画创投会：各方洽谈会	上海展览中心 西一馆14号厅
2013-6-13	09：00—12：00	电视节来宾注册	上海展览中心 序馆A
2013-6-13	09：00—17：00	国际影视节目市场	上海展览中心 东一馆/西一馆二楼
2013-6-13	09：00—17：00	国际新媒体与广播影视设备市场	上海展览中心 中央大厅
2013-6-13	10：00—12：00	专业论坛：一座城市和她的一分钟——"一分钟影像"国际论坛"	上海展览中心 西二馆一楼
2013-6-13	13：30—15：30	专业论坛：国际动画市场的中国梦	上海银星皇冠假日酒店 金爵1厅

续　表

2013-6-13	14：00—16：00	专业论坛：2013大剧年：谈"古"论"今"，谁与争锋	上海展览中心　西二馆一楼
2013-6-13	16：00—17：00	亚洲动画创投会颁奖仪式	上海银星皇冠假日酒店　金爵1厅
2013-6-13	17：30—20：30	MIDA白玉兰国际纪录片颁奖典礼和闭幕展映	UME新天地国际影城
2013-6-13	21：00—23：00	MIDA闭幕酒会	罗斯福公馆
2013-6-14	09：00—12：00	电视节来宾注册（银河宾馆）	银河宾馆
2013-6-14	12：00—13：30	上海电视节媒体答谢酒会	上海威斯汀大饭店　钻石厅 Ⅰ
2013-6-14	14：00—15：00	白玉兰奖国际评委见面会	上海威斯汀大饭店　钻石厅 Ⅰ
2013-6-14	19：35—20：35	白玉兰奖颁奖典礼暨上海电视节闭幕式红毯仪式	证大喜马拉雅中心　无极场
2013-6-14	21：00—22：40	白玉兰奖颁奖典礼暨上海电视节闭幕式	证大喜马拉雅中心　大观剧场
2013-6-14	21：00—22：40	白玉兰奖电视连续剧及观众票选活动获奖代表记者会	证大喜马拉雅中心　大观剧场

从这张日程表中，我们不难看到，仅仅只有四天的第19届上海电视节的日程中，与影视文化产业相关的活动就多达24场，占了上海电视节所有活动的多半，其中有的活动高达3场或6场：国际影视节目市场（3场）、国际新媒体与广播影视设备市场（3场）、"网台联动"的进化之路、上海电视节节目市场新闻发布会（6场）、百视通-BBC战略合作发布会暨CBeebies独家合作启动仪式、百视通-海润战略合作发布会、专业论坛：云时代的版权革命、专业论坛："新华-百视通新媒体指数"

首发仪式暨大数据背景下新媒体发展论坛、技术论坛：广播电视如何应对当前的复杂格局、MIDA导演计划项目陈述、腾讯、美微传媒联合主办大型励志创业真人秀《一步之遥》新闻发布会、专业论坛：节目模式引进与原创高层对话、亚洲动画创投会项目陈述和评选、亚洲动画创投会：各方洽谈会、专业论坛：国际动画市场的中国梦、亚洲动画创投会颁奖仪式。

如今，上海电视节已举办了25届，作为亚洲最重要的国际电视交流、合作平台之一的上海电视节，致力于打响"上海文化"品牌，推动中国电视产业高质量发展，展现中国电视人在新时代焕发出的新创造。第25届上海电视节共收到来自全球52个国家和地区的近1 000部报名作品，数量超过历届。有朋自远方来。来自全球的电视人、荧屏佳作、最新的电视设备集结上海，电视市场、白玉兰论坛、互联网影视峰会、"白玉兰绽放"颁奖典礼盛况空前。面对智能和5G时代文化产业的挑战与机遇，本届上海电视节增设了互联网影视峰会，并举办了"一带一路"主题馆等。

有谁能想到，上海电视节举办了25届，举办得如此风生水起，如此红红火火，居然没花国家一分钱，并且还能不断地创收，有盈利。那么钱从哪里来？奇迹是怎样创造的？

陈晓萌充满激情地回忆道，从一开始，上海电视节筹办团队就坚决贯彻龚学平的要求，即一切从实际出发、厉行节约、不要国家投资的筹备原则，充分调动局、台各部门的优势和积极性，做好各项筹备工作。整个首届电视节的支出，包括节目制作、开幕式、闭幕式、接待、宣传、联络等主要费用，总共只花费了664 823元。

龚学平回忆道，办电视节存在一个资金问题。创办首届电视节时，政府准备给我们50万元，后来我们干脆50万元也不要了，自己通过广告来筹资。电视厂商非常需要像电视节这样的渠道来做他们的广告，所以我们电视节一届届搞下来，没有用政府的钱，每年还有盈利。

而上海电视节的成功举办，之所以能够不花国家一分钱，完全是靠不断地创新，充分利用和调动上海电视台的频道资源和节目资源。在初创的那些年里，差不多每天每月，都有各种参与性极强的创意活动融入各类节目，通过冠名赞助、植入式广告等方式，吸纳海内外资金，一方面大大提升了上海电视节的影响力和美誉度，另一方面海内外商家纷纷看中上海电视节的平台，主动寻求合作，为上海电视节带来丰厚的经济效益。

我们仅从陈晓萌提供的一份对上海文化广播影视集团国际大型活动办公室进行审计的财务统计表中，便可管窥一斑：

1992年2月至2005年12月的收支及结余情况

年　　度	收　　入	支　　出	结　　余
1992年2月至12月	17 224 021.25	11 977 381.95	5 246 639.30
1993年度	18 398 301.98	7 892 598.36	10 505 703.62
1994年度	26 973 272.11	12 719 423.12	14 253 848.99
1995年度	3 977 502.34	12 547 886.63	−8 570 384.29
1996年度	33 740 600.00	17 005 300.00	16 735 300.00
1997年度	22 378 542.59	14 206 862.33	8 171 680.26
1998年度	37 578 928.51	18 124 085.81	19 454 842.70
1999年度	13 968 745.50	13 715 223.76	253 521.74
2000年度	20 580 279.85	14 197 144.56	6 383 135.29
2001年度	11 677 283.14	10 596 656.49	1 080 626.65
2002年度	18 086 742.53	15 062 270.17	3 024 472.36
2003年度	2 676 349.74	6 516 796.81	−3 840 447.07
2004年度	21 400 310.97	18 236 785.97	3 163 525.00
2005年度	20 183 617.36	29 001 546.56	−8 817 929.20
合　　计	268 844 497.87	201 799 962.52	67 044 535.35

当时的审计报告作出了这样的评价：大型活动办2005年12月31日净资产58 849 355.05元，1992年1月31日净资产4 978 164.05元，期

间净资产绝对额增加53 871 191.00元，国有资产保值率为1 082.15%。由此可见，以上期间该办公室的经济效益明显。

请注意这样一个数据，仅仅从1992年到2005年，13年的光景，大型活动办的国有资产保值率达到了1 082.15%，这样的增长，不是奇迹吗？

需要补充的是，因为上海电视节的收大于支，大型活动办还将部分盈余资金27 000 000.00元用于投资上海东方明珠股份有限公司（法人股），占被投资单位注册资本的2.22%，2003年到2005年获得投资收益8 321 695.80元。这不仅给正在建设发展中急需资金的东方明珠股份有限公司化解了部分燃眉之急，而且还增加了投资回报，体现经营意识。

更需要补充的是，审计报告中提到的国际大型活动办公室不仅负责上海电视节的筹备、组织工作，同时还负责了上海国际电影节的筹备、组织工作。上海国际电影节是中国创办最早的也是唯一的国际电影节。上海国际电影节初创时也没有要国家投资一分钱。钱从何而来？就是从举办上海电视节的盈余资金中来，然后再钱生钱。

不仅于此，因为该办公室办事得力，举办国际大型活动卓有成效，于是当时分管体育事业的上海市副市长龚学平又将参与筹办上海国际足球锦标赛活动和上海东亚运动会等重要体育运动会，尤其是为解决这两大国际体育活动的"化缘"工作也全权委托国际大型活动办公室负责，而忙得脚打后脑勺的陈晓萌及他的同伴们，这些年，始终在老领导的鞭策下，创业，创业，再创业；创新，创新，再创新。风风火火，照样将这些活动办得热热闹闹，当然大型活动办公室也因此收益颇丰。

第一至第八届上海国际足球锦标赛赞助收入明细

届数 （冠名）	举办时间	合同额		其中：			
		万人民币	万美元	代理费	到帐额	外帐额	捐助额
第一届 （万宝路）	1991.7.7— 7.14		25				

续　表

届数 （冠名）	举办时间	合同额		其中：			
		万人 民币	万美元	代理费	到帐额	外帐额	捐助额
第二届 （万宝路）	1992.6.28— 7.5		100	7.5	92.5		
第三届 （万宝路）	1993.8.12— 8.21		100	7.5	18.5	74	
第四届 （万宝路）	1994.5.22— 5.31		120	9	50	61	
第五届 （万宝路）	1996.6.24— 7.1		200	15	85		100
第六届 （冠生园）	1998.5.20— 5.27	560			556		
第七届 （恒寿堂）	1999.8.17— 8.24	300			250		
第八届 （汇丽）	2001.9.7— 9.9	280			280		

至今，上海的一些中老年市民还记忆犹新，90年代，只要一提起上海虹口体育场的万宝路国际足球赛，就兴奋得不得了。球场的门票常常一抢而空，体育场里人山人海。

除了门票收入，商家的冠名广告不仅在电视台的球赛直播节目中，以高收视率亮相，而且在球场、门票、T恤、纪念品、海报等方面也充分体现。

电视产业带动了电影产业，带动了体育产业，带动了旅游产业，带动了消费。文化产业的繁荣让走出文化沙漠的市民沉浸在日日狂欢的节日氛围中；同时因此而创收的钱袋子鼓鼓的政府部门，当然有魄力拍板，一幢幢体现城市文化地标的建筑雨后春笋般拔地而起，东方明珠电视塔、八万人体育场、大剧院、东方绿舟……

第二节 《美国纪实》——最早受美国政府 邀请的中国电视采访

《上海广播电视志》的"大事记"中记载了这样一段故事：

> 1989年1月21日，上海电视台举办《美国纪实》专题片首映，得到与会新闻界人士一致好评。22日在电视台播出该片的当天，美国新闻总署特来电祝贺。

其实，这是新中国成立以来，美国邀请的第一支中国电视采访团。

采访团的阵容不可谓不精悍：十佳记者朱黔生、邬志豪，十佳主持人晨光，《新闻透视》主编孙泽敏，还有一位留学美国数年的中国留学生当翻译。

1986年4月5日，上海广电局局长龚学平应美国新闻总署邀请访美考察，并采访了前总统福特。

此后，上海电视台新闻部副主任穆端正专门前往美国打前站，和美新署共同制定了详细而周全的采访计划。

一位曾经多次陪同美国总统访华的美新署官员、原美国之音名记者葛森先生全程陪同采访团采访。

旧金山—纽约—华盛顿—洛杉矶—芝加哥—底特律—旧金山，三个星期，横穿美国。借助于现代的交通工具和传播媒介，十集电视纪录片《美国纪实》完成了它的广角掠影。

美国总统竞选、纽约大港、立体交通、美国的金融与证券市场、陈逸飞画展、美国老人生活、橄榄球比赛、汽车城底特律等，一一进入了摄像机镜头。22盘计11个小时的素材带，记录了打开国门后中国电视记者的新奇、沉思和甘苦。

也许是上海这座国际化大都市的知名度和影响力，也许是上海电视台在改革开放潮汐中的弄潮胆魄与引领效应，美国政府将首次邀请中国大陆电视记者全方位采访美利坚的计划和名额，优先安排了上海电视台。

兴奋而激动的采访团有点"不自量力"。临行前曾想将赴美拍摄的纪录片取名为《美国透视》。透视者，深也。可是一踏上美国的土地，他们惊叹地发现，美好的设想过于天真。这个超级大国不要说三个星期，即使是几年，几十年，甚至在美国生活了一辈子，也不一定真正了解这个国家，认识这个社会。尽管它只有二百多年历史。

感谢改革开放的世纪风，给了采访团如此难得的观察、了解、认识美国的机遇。更为难得的是，十集系列纪录片，一半以上的题材都是近距离观察发达的美国市场经济和产业形态。

"会当凌绝顶，一览众山小"。当纽约港务局的直升机将记者送上蓝天，出现在脚下的是奇峰叠嶂的曼哈顿地区的摩天建筑群。

帝国大厦、世界贸易中心大楼、联合国大厦，一座座高耸入云鳞次栉比的"飞来峰"；"高峡"中的街衢、蝴蝶结似的立交桥、飘带似的高速公路、甲壳虫般的汽车；碧波荡漾的天然深港、伯德罗埃岛上的自由女神、密密麻麻如火柴盒般的集装箱码头……恍若隔世的差距感，跨越时空的遐思也在飞翔：

"有人说：华尔街震一震，整个世界就会颤一颤。如今，这个时代过去了吗？"

"还记得1987年10月19日那次震惊全球的华尔街股票大狂泻吗？'黑色星期一'尽管没有给目前的西方世界造成经济危机，但给美国经济留下的创痕是无疑的，至少反映了美国经济的某种脆弱性和潜在的危机。那么新的狂潮还会重演吗？既然资本主义经济作了一定程度的自我调整，谁能预测，资本主义的经济萧条将成为历史，不再出现周期性的循环？"

"当空中掠过飞机的鹏翼，当地下游动钢铁的长龙，当地面汹涌甲虫似的汽车，纽约，这个千谷万壑的繁华城市，被卷入了一场争夺空间开发的世纪大战。站在这高峡通途的瞭望台，我们的思索在延伸：纽约未来的交通将是怎样的？世界城市交通现代化的未来又是怎样的？"

"万花筒似的世界绽放着光怪陆离的艺术之花。纽约，这个世界上最大的艺术市场，同样也荟集着各种流派的艺术。在纽约采访期间我们得知，上海画家陈逸飞将在美国哥伦布日举办个人画展，因此，记者在前往华盛顿登机之前，特意来到了蜚声世界的哈默画廊。想当初，陈逸飞只是一个经济拮据的自费留学生，他从哈默画廊门前走过的时候，他是以怎样的仰慕眼光注视这可望不可及的艺术殿堂，可当他以中国青年油画家的非凡才气和挑战勇气，展卖第一批水乡风情画和肖像画时，石油大王哈默和纽约的好几个画廊争相要与陈逸飞签约。从纽约的艺术市场起步，下一步，陈逸飞要到日本、韩国举办画展；下一步，他还要与人合办一家公司，促进美国同中国的文化艺术交流与交易……他永远不会安分，他永远踌躇满志。'天之苍苍，其正色邪？其远而无所至极邪？'谁叫他的名字是飘逸腾飞的'逸飞'呢？"

"也许，现代社会的节奏，来源于汽车轮子的旋律。有人说，美国是安装在汽车轮子上的国家，离开了汽车，真个社会的秩序就会被打乱。俗话说，百闻不如一见。只有当呼啸的车风伴着记者在位于美国

上海电视台摄制组在曾经的汽车城底特律

中西部的底特律汽车城浏览时，记者才真正领略到，汽车，这个19世纪末发明的钢铁怪物，是这座城市兴旺衰落的历史见证，也是这座城市悲悲喜喜的生命之魂……呼啸的车风又挟带着记者的思考，在通往机场的高速公路上飞行。记者又看到那只大风车似的汽车轮胎了。记者仿佛看见那只轮胎也在转动，记者甚至幻想，整个汽车城的车轮还会倒转吗？惨痛的历史还会重现吗？哦，未来的汽车大战中，谁笑在最后呢？"

似乎是眨眼功夫，来自上海的电视记者又成为洛杉矶大学的"不速之客"。

1988年10月13日下午。这里将举行共和党总统候选人布什与民主党候选人杜卡基斯的最后一场电视辩论赛。

这是一场蔚为壮观的新闻大战。至少有数百家电视台和各大报刊、电台的记者蜂拥到这里。临时设在学校大礼堂的新闻中心里，几十台电视监视器前聚满了争看现场直播实况的记者。全世界睁大了关注的眼睛。

90分钟的辩论，是一场扣人心弦的"棒球比赛"，你来我去，互相扣杀。尤其精彩的是辩论结束后的那场新闻混战。

这是中国记者始料不及的。各大电视台和其他新闻媒介的记者像猎人捕捉猎物一般，争相采访从主会场涌进的美国政界人士。上海电视台的记者来不及犹豫，立即果断地用胶布将话筒绑在摄像机的单管支架上，在水泄不通的人流中，左冲右突地进行即兴采访。

当两名采摄记者冲出重围后，被冲散的另几名记者焦急地说："著名的共和党重要人物詹姆斯·贝克也来了。如果布什当选总统，他很可能被任命为国务卿。"

记者们又挤进人潮，却再也看不见他的踪影。谁料想，当记者回到上海，在查看素材片的时候，突然发现一名记者追问一名政界人士时说了句："密斯特贝克。"连忙定格，对照报纸上登载的贝克的照片，果然是被布什任命为国务卿的贝克先生。记者喜出望外。原来记者在即兴采访中，贝克已经进入了摄像机的镜头。总算弥补了遗憾。

遗憾还是很多的。三个星期的匆匆行程，平均两天一集纪录片的采摄频率，逼得记者编辑在凌晨两点，还在苦思当日拍摄的分镜头和采访提纲，十集纪录片的框架和现场解说就是在采访中完成的。马不停蹄的采访挤掉了记者们逛街游玩的时间和兴致。

但这十集访美纪录片，毕竟是新中国成立以来第一次对陌生了多年的超级大国的全纪实电视记录，其涉猎政治、金融、港口、交通、城市管理、艺术、体育、老年生活等社会全景式的采风掠影，记者采访社会各阶层人士时的友好直率与刨根问底，迄今尚无国内电视台超越。

且看十集访美纪录片《美国纪实》的目录——

（1）《象驴之战——美国总统竞选掠影》（上）；

（2）《象驴之战——美国总统竞选掠影》（下）；

（3）《华尔街探秘》（上）；

（4）《华尔街探秘》（下）；

（5）《纽约的立体交通》（上）；

（6）《纽约的立体交通》（下）；

（7）《飞动的旋律——汽车城底特律见闻》；

（8）《筑桥者——陈逸飞画展》；

（9）《新大陆的黄昏——美国老人生活剪影》；

（10）《疯狂的橄榄球》。

十集电视纪录片中反映的美国发达而成熟的市场经济及其令人新奇却又令人回味的社会经济百态，尤其是金融、汽车、文化、体育产业的繁荣与规范，给人留下了深刻的印象。这与其说美国政府以开放姿态欢迎中国电视记者报道美国，不如说是刚刚走出国门的上海电视媒体主动了解西方社会，借鉴发达国家繁荣文化的经验探索我国文化产业发展的取经之旅。

记者后来将十集纪录片《美国纪实》的解说词整理成书《美国印象》，原海峡两岸关系协会会长、上海市市长汪道涵先生在逛南京东路新华书店时,还特意购买了一本。

十集系列纪录片《美国纪实》还在央视和各地省级电视台播出,让广大观众看到了国门打开后,市场经济高度发达的西方社会的万花筒,客观而真实的景象。

几十年弹指一挥间,书中,不少记者当时的思考与设问,如今很多成为了现实。真乃世事沧桑,轮回莫测。

要点回顾

▲ 初创的上海电视节,一起步就形成了气势非凡的规模,在海内外产生了轰动效应。那时的上海广电人,既没有"市场经济"理论的指导,更没有"文化产业也是支柱产业"的定心丸助力,完全靠国门打开后敢于"拿来主义"的借鉴精神和"不吃螃蟹,怎么知道螃蟹的鲜味"的胆量,一步一个脚印地闯出了一片电视创新与产业化运作的新天地。

▲ "摸石子过河"的上海电视节的成功,不仅仅是冲破了各国社会制度与意识形态、影视作品内容不尽相同的束缚,更有意义的是,上海电视节开创了一条用市场经济的产业运作方式,在中国首次探索电视文化产业的拓展之路。影视节目的生产流通是按照成熟的文化产业模式运行。市场经济是可以跨越国家政治体制差别而实现全球一体化发展的游戏规则。

▲ 作为全球为数不多的集评奖、市场交易与创投、论坛于一体的综合性国际电视节,上海电视节始终秉承专业、前瞻、创新的特色,发挥文化交流功能、产业集聚功能及经济带动功能,不断扩大其在海内外广泛的声誉和影响力。经过20多年品牌打造,已成长为亚洲规模最大、最有影响力的综合性国际电视节活动。

▲ 90年代,只要一提起上海虹口体育场的万宝路国际足球赛,上海市民就兴奋得不得了。球场的门票常常一抢而空。除了门票收入,商家的冠名广告不仅在电视台的球赛直播节目中,以高收视率亮相,

而且在球场、门票、T恤、纪念品、海报等方面充分体现。

▲ 十集电视纪录片《美国纪实》中反映的美国发达而成熟的市场经济
及其令人新奇却又令人回味的社会经济百态，尤其是金融、汽车、文
化、体育产业的繁荣与规范，给人留下了深刻的印象。这与其说美
国政府以开放姿态欢迎中国电视记者报道美国，不如说是刚刚走出
国门的上海电视媒体主动了解西方社会，借鉴发达国家繁荣文化的
经验探索我国文化产业发展的取经之旅。

第六章

深层改革：广电"德比"大战

第一节　动了体制的手术：台中台试验
——五台三中心

1987年，是个山雨欲来风满楼的年份。在破浪前进的过程中，中国改革开放的航船一度有点摇摇晃晃。

1月13日，邓小平会见日本自民党干事长竹下登时说，中国搞改革、搞四化可不简单。一定会有来自"左"的和"右"的多方面的干扰。我们必须排除干扰。开放不简单，比开放更难的是改革，必须有秩序地进行。所谓有秩序，就是既大胆又慎重，要及时总结经验，稳步前进。

2月6日，邓小平在同几位中央负责人谈话中指出：为什么一谈市场就说是资本主义，只有计划才是社会主义？计划和市场都是方法嘛。只要对发展生产力有好处，就可以利用。

这一年的5月2日，经中共上海市委批准：决定对上海市广播电视局旗下上海人民广播电台和上海电视台的体制实行重大改革。上海人民广播电台成立新闻、文艺、经济节目三个编辑室，分管新闻、教育和文艺、经济方面的宣传，对外的呼号分别是上海人民广播电台新闻教育台（使用990千赫、1 422千赫、1 296千赫），上海人民广播电台文艺台（使用1 197千赫、103.7兆赫、101.7兆赫），上海人民广播电台经济台（使用792千赫）。上海电视台分别成立第一编辑室，负责新闻、文艺类节目，对外呼号为上海电视一台（使用8频道）；第二编辑室，负责经济、体育、社教节目，对外呼号为上海电视二台（使用20频道）。同时组建了上海电视剧制作中心、上海市广播电视局技术中心、上海市广播电视局服务中心。

这便是上海广电人俗称的"五台三中心"的格局。

这也是走马上任上海市广播电视局党委书记兼局长才一年多的龚学平，在全国广电系统首次尝试的重大体制改革。

2008年，龚学平在上海电视台建台50周年时回答记者"为什么要进行如此重大的改革？"时，举重若轻地说道：

> 因为我当了一段时间的台长，感到做台长非常不容易，什么事都要管，宣传要管，后勤要管，广告也要管，对外接待也要管，技术也要管。一个台长的能力是有限的，最后是什么都管，恰恰把宣传耽搁掉。后来我当了局长以后，感到应该把资源整合起来，就成立了"五台三中心"。这样有什么好处呢？第一，把广电局的资源整合起来，可以发挥更大的作用；第二，电视台台长能够集中精力搞宣传；第三，为宣传提供的后勤、技术等保障工作可以更集中，更专业，更有质量。

体制改革是整个改革系统工程中最难攻坚的堡垒。在中国改革开放的航船一度有点摇摇晃晃的年份，刚坐上局长位置的龚学平完全可以再等一等，看一看，等局势明朗后再稳扎稳打地安排上海广电系统的格局。可是从第一线上来的龚学平太清楚计划经济时代的广电系统的弊病——苦乐不均，缺乏竞争，资源稀释，活力衰竭。如果不在体制上创新改革，不仅宣传工作难以有起色，广电系统的生产力同样难以焕发勃勃的生机。急性子的龚学平不愿意等下去了。

事实上，"五台三中心"的手术，其实践呈现的效应和后续影响，远远不止龚学平所说的三点好处。

其一，所谓的"五台"，实际上是台中台的竞争格局，即上海人民广播电台和上海电视台分别变成了三个和两个相对独立、彼此既有分工又有竞争的台中台，也就是大台领导小台——上海人民广播电台下属三个台，上海电视台下属两个台，其平台就是广播电视事业发展中不断扩建的7个电台频率和两个电视频道。

上海电视台二台开播

八仙过海，各显神通。上海人民广播电台和上海电视台台长及下属五台的"诸侯们"，一门心思在节目的创新和质量上下功夫，彼此龙争虎斗，不亦乐乎。一时间，上海地区广播电视节目呈现出新节目、好节目层出不穷的喜人景象。电台的《滑稽王小毛》《蔚兰信箱》《浦江之声》《今日论坛》《世界五大金融市场行情》，以及上海电视台一台的《新闻透视》《大世界》《大舞台》，上海电视台二台的《小菜场》《信息总汇》等名牌节目，就是那个时候在上海滩风生水起的。为祝贺上海电视一台、二台开播，1987年6月15日，时任上海市市长江泽民题词："保持特色，保持传统，改革创新。"1988年2月16日，时任上海市市长朱镕基高度评价《小菜场》节目："我非常感谢这个节目的编辑和采访同志们，你们做了很多工作，为上海的菜篮子工程做出了很好的贡献。"

也正是台中台的内部良性竞争，以后催生了更为大胆更为独立更为开放的东方电台和东方电视台的创业故事。

其二，将原本局下属系统的小而全的后勤、技术部门和资源等集中起来，不仅减轻了电台电视台的管理压力，而且通过内部成本核算及综合考核，降低了成本，提高了后勤保障和技术保障质量，最主要的还可以综合利用优势资源，为社会提供市场化运作的服务，既增加了创收，也为制播分离、文化产业的纵深推进，起到了铺路石的作用。尤其是局技术中心，一方面能够集中资金添置科技含量高的广播电视设备，如电视转播车、一体化摄像机、编辑机、后期特效设备、舞美设备等，为节目部门提供全方位的前后期技术服务；另一方面可以为各地电视台和社会上企事业单位提供高品质的电视服务，创造新的效益。

技术中心的电视特效部门，就是因为这样的双向探索，后来衍生为上海幻维数码创意科技有限公司。早在技术中心成立之初，他们就开始探索电视频道形象设计和电视节目制作的数字应用与特效创新。从20世纪90年代中期开始，公司就完成了风靡上海的环球旅行节目《飞跃太平洋》、深受百姓喜爱的《智力大冲浪》《相约星期六》等综艺节目的包装制作。

上海幻维数码创意科技有限公司如今已然成为上海文化广播影视集团有限公司（SMG）旗下的品牌企业。连年被国家广播电视总局主管的《中国广播影视》主办的"'TV地标'（2018）中国电视媒体综合实力大型调研成果"活动评为中国品牌影响力节目制作机构。作为上海多媒体行业协会副会长单位、上海市电影电视技术学会副理事长单位、中国动画学会会员、上海市高新技术企业、上海市技术先进型服务企业，其拥有国际先进的视觉特效创作工具，以及充满激情的创作团队，正以"新科技、新思维、新管理"的全新理念，翱翔在全媒体视觉艺术和文化产业的广袤星宇。

幻维是国内最先将网络化非线性编辑集群应用于节目后期制作，也是国内最早全部采用万兆内网支持多点剪辑合成系统的机构，这些都为海量素材处理、大片比剪辑提供了坚实的基础。不仅如此，幻维还形成了一套科学的自我管控体系，针对于不同节目需要的各专业工种的细分，进而保证不同类型节目的制作流程标准化、定制化，成功为众多电视传统媒体到以及网

2008年，幻维公司被评为品牌影响力节目制作机构

络、客户端等新媒体平台的各类节目提供了优质的后期制作服务，包括东方卫视《欢乐喜剧人》《相声有新人》、浙江卫视《梦想的声音》、腾讯平台的《放开我北鼻》《我们十五个》《超新星全运会》、爱奇艺平台的《演员的品格》、优土平台的《国民美少女》等。

幻维从节目后期制作出发，不断拓宽到全流程服务，投资上亿元，建设了包括多个大型摄录棚的幻维片场，努力打造成一个基于上海、面向全国的影视基础设施供应商、影视全流程创作服务商。幻维片场，拥有5 000平方米、2 000平方米、1 800平方米、1 500平方米、1 000平方米、600平方米、450平方米、300平方米8个演播厅，还配备了多套的EFP系统和转播车等广播级制作资源，能为各类节目提供转播录制、影棚租赁、舞美搭建、道具提供等综合配套服务。先后承接了多年NBA中国赛——上海站、DOTA2亚洲邀请赛的转播工作，还为《这就是街舞》《这就是铁甲》《蒙面歌王猜猜猜》《即刻电音》《吐槽大会》《隐藏的歌手》《新舞林大会》《妈妈咪呀》等提供影棚、录制、舞美、道具等配套服务。

幻维利用多年的电视视觉包装经验，结合领全息成像、高清投影、增强现实等众多前沿多媒体技术，为电竞赛事、大型综艺、电视节目和

幻维制作的央视2017年春晚AR内容

活动提供数字视觉和多媒体舞美解决方案,服务了包括2018天猫双11晚会、《天籁之战》、央视《朗读者》、《KPL》到王者荣耀等电竞赛事等众多内容。

如今的幻维数码,已成为一站式服务的"产业链"机构,可这并不是终点。幻维正从传统的电视节目制作及节目包装,不断拓宽到CG内容、多媒体展示、虚拟现实与线下娱乐领域,力争成为中国线下娱乐/线下文化体验的开拓者。

中央电视台一位已逝的著名电视人陈虻说过一句话:"不要因为走得太远,忘了我们为什么出发。"

不仅仅不能忘了为什么出发,而且不能忘了我们是怎样出发的。

不是吗?

第二节　电视新媒体的前奏——上海有线电视台的悄然崛起

在上海电视竞争的舞台上,曾经出现过上海电视台、东方电视台、上海有线电视台、上海教育电视台四台并存的局面。上海教育电视台的编制属于上海市教委,尽管也有竞争,但因其定位和归属不同,其生存和管理运作的方式,与直接隶属于上海广电系统的三家电视台也有所不同。而东方电视台和上海有线电视台完全是在上海改革开放最火红年代,又是在数字媒体技术迅速推广频道资源不断增加的年代,即20个世纪90年代初诞生的,这两家电视台与历史最久的上海电视台同属于上海广播电视管理局,最初人财物实力并不对等,而且两台的不少业务骨干来自于上海电视台,因为解放思想,锐意进取,发挥了各自的优势,迅速崛起,曾经一度出现过三驾马车互不相让,三足鼎立各领风骚的精彩局面。

尽管因为新技术带来的传媒业态和竞争态势发生了急遽的变化,上海有线电视台和东方电视台的编制已不复存在,但这两家电视台的创业创新精神和曾经辉煌的故事，依然留在上海电视发展的史册上。笔者从时任上海有线台台长胡运筹，历任上海有线电视台办公室主任、广告部主任、支部书记朱升阳，时任上海有线电视台新闻频道总监沈渊培的回忆录中，强烈感受到当年创办有线电视台的艰辛与激情，有血有肉的鲜活故事跃然纸上。

时至今日，人们习惯将新媒体定义为"以数字技术为基础，以网络为载体进行信息传播的媒介。"这是联合国教科文组织下的定义。

其实，顾名思义，新媒体是相对于传统媒体而言，是新的技术支撑体系下出现的媒体形态。在电视刚刚诞生之时，那个时候，相对于报刊、广播，电视被称为"新媒体"。最初的电视节目是模拟信号，尽管可以无线电波传播，但清晰度差、易受干扰、容量小、频道受到限制，等等，当数字技术发明后，数字电视，作为一个从节目采集、节目制作节目传输直到用户端都以数字方式处理信号的端到端的电视系统，也就是将有线电缆内的电视信号由模拟信号转换成数字信号后，传输的电视节目（一般通过数字机顶盒解码后可以观看），因其清晰度高、信号稳定、容量大、频道多等特点，相对于模拟的电视形态，便成为了电视"新媒体"，例如应运而生的上海有线电视台和SITV（上海文广互动电视有限公司）。而随着互联网技术的迅速发展，基于数字技术的网络电视、智能电视迅速崛起，于是乎，网络电视和智能电视相对于原有的电视形态，成为了具有强大竞争力的电视"新媒体"了。

在中国，有线电视的出现，其实最初并非发端于电视台。

胡运筹，人们习惯亲切地叫他"老宁波"，因为他一口浓重的宁波口音的上海话兼普通话，一下子拉近了与他打交道的人的距离。他在一篇《一起走过激情与梦想的日子》的文章中回忆道：

> 20世纪90年代初，上海一些街道出现了有线电视。1991年4月，经市委宣传部批准，市广播电视局成立了上海有线电视台筹备小组，决定发展有线电视，在全市实现联网，也从此让我与有线电

视结下了不解之缘。

朱升阳,原上海梅山工程指挥部梅山电视台台长,因为梅山电视台是俗称"闭路电视"的有线电视,于是,他也与上海有线电视台结下了不解之缘。他在一篇《在有线台和广告创收中,我觉得很有成就感》的访谈中回忆道:

> 1991年10月,我参加了上海有线电视台的筹备工作。之前是在南京的上海梅山工程指挥部,它是一个大型钢铁企业。1969年我去参加筹建,一直在企业的宣传部门和广播电台工作。1983年全国兴建闭路电视,因为我们企业有职工、家属加起来近10万人,所以成立了梅山电视台,这个呼号是广电部批的,跟上海的金山石化总厂有线电视台、宝钢有线电视台一样。有线电视最初就是从大型国企、农场以及区县街道的闭路电视开始的。
>
> 几乎是一张白纸。

为何叫几乎? 因为那时上海的一些街道、企事业单位,乃至于某些区县已经开始发展闭路电视,唯独上海全市范围还没有统一的有线电视网络。

至于经费,那更是空白。尽管龚学平已经升任为分管文体广播影视等领域的副市长,但广电的优良传统还是不变,不向国家伸手,一切白手起家,自筹资金,艰苦创业。

胡运筹当时是作为具体分管市里有线电视的上海音像管理处处长加入筹备小组负责常务工作的。上海有线电视台筹备领导小组组长是市广电局副局长刘冰,成员有音像公司总经理徐能学、录像公司总经理蒋琪芳、金山石化总厂电视台台长徐敏、上海梅山电视台台长朱升阳等。1992年11月22日,正式宣布:胡运筹担任上海有线电视台台长,蒋琪芳、徐能学担任副台长。短短一个月后,12月26日,上海有线电视

时任上海有线电视台台长胡运筹

台开播。

深知上海有线电视台创台困难的时任副市长龚学平对胡运筹等领导班子提出的要求，没有提到如何布网、如何筹钱、如何挖人，却提出两点希望："你们要抓好两条：一是内部团结；二是抓好队伍"。

用人不疑的领导知道只要队伍心齐，精干，有线电视台的开台、创收、拓展只是时间问题。他知道"老宁波"是个实干家，看到挑担的人，自然放心而放手。

果然，"老宁波"一起步，首先遇到的就是钱的难题。广电人的骨气和底气就在于，广电局手里有粮，心中不慌。一下子借给有线电视台2 000万人民币。

这点钱，对于要铺线建网、招兵买马、办公运营的有线电视台，只是杯水车薪，但对于有着宁波人经商基因的胡运筹来说，这就是开源节流的基础。

"老宁波"回忆道：

筹建之初，我们没有办公地点，只能临时借用上海音像管理处的会议室。随着筹备工作的日渐推进以及台里人员的不断增加，我们又经历了"三度搬迁"，先后在中国唱片厂、上海粮食四站、上海广播器材厂临时租借紧凑的办公用房。直到开播后，才总算在上海广播器材厂四楼近800平方米的办公楼里"安家落户"。那里原是该厂文化演播厅，中间500多平方米是歌舞厅，四周有几间办公室。资金有限，新办公室的装修只能样样精打细算。我们将歌舞厅的中心区域作为大办公区，安置台里的职工。四周隔出几间七八平方米的小间，作为各个部门、频道领导的办公室。当时为了节省木料，我们不舍得用三夹板把隔间封死，而是做成半封闭的小隔间，整个装修只花去1万多元。而原本那些办公室则抽出一间作为台党政领导的办公室，其余几间隔成2平方米一间的编辑房。当时20平方米的党政办公室里硬是挤下了7张办公桌、1只书橱和1只三人沙发，且兼作会议室，拥挤程度可想而知。

抠门的"老宁波"锱铢必较。当时，正逢东方电视台、东方电台乔迁新家，一批旧的办公用具需要处理，"老宁波"听说后立刻就把这些办公用具要了过来。对此，一起创业的员工们非但没有意见，还自我解嘲是"游击队"。不花钱还实用，旧家具正好符合有线台办公室整体装修的节俭风格。

即便有线电视台有钱了，艰苦创业、同甘共苦依旧是全台员工一以贯之的原则。随着事业的拓展，1993年，有线电视台先后开办了信息频道和体育频道，有限的办公用房已不能满足日常业务需要。当时体育频道只有一间编辑机房，每天自制节目的编辑、配音都要在这间房里完成，编辑、记者只能24小时通宵排队，轮流作业。为了提高效率，保障大家休息，时任频道总监张大钟特意买了几只睡袋，让大家打地铺。1994年世界杯转播期间，正是盛夏酷暑，体育频道租了一间招待所转播比赛，张大钟看到工作人员连夜转播十分消耗体力，很想慰劳慰劳大家，可是由于经费有限，他只好叫人到菜场买了只鸡，炖了鸡汤给大家补补身子。广告部的员工们，几乎整天都在外面奔波，常常是回来晚了食堂已经休息了，但大家无怨无悔，都是用广告部自备的泡面用开水一冲，吃完了还不忘交泡面的钱。

双管齐下，两条腿奔跑。节流的同时开源最要紧，而开源的基础工程恰恰是扩网联网，丰富频道。胡运筹最自豪的是，从1992年建台之初，上海有线电视台靠当时仅有的上海市区7万户小众的有线电视用户起步，到1994年底，短短三年时间，便一举突破联网100万户，跨入国内最大、国际特大型城市有线电视台的行列，并一举摘得世界最佳有线电视网络奖桂冠。

这就为有线电视台收取收视费奠定了基础。试想100万户的基数，按每月每户收取收视费，每月便是数千万元的收入。这样一来，有线电视台的网络运营、维护、建设，包括工作人员的开支，各区县有线电视台、街道有线电视站的办公经费，乃至还贷等问题就解决了。

这一块收入，是上海有线电视台有别于上海电视台、东方电视台的资源优势所在，但一开始的铺网联网管网，何其艰难。胡运筹台长回忆道：

> 当时，我们考虑实行市、区、街道三级管理，但早在我们筹建之前，一些街道已建立有线电视站，主办节目和播放录像带，并收取收视费，因此对全市联网不太积极，而一些区的宣传部门也想把有线电视网络控制在自己手里。为了协调和处理好这一问题，市委宣传部在深入调查研究的基础上，根据广电部的有关管理规定，下发了《关于加强本市有线电视管理的若干意见》，规定：上海有线电视台是本市唯一的行政区域性有线电视台，统一规划、建设、管理、用户维护。此后，在推进网络建设中，我们几位台长和网络部的同志逐一拜访了上海已建立有线电视的各个街道分管领导，苦口婆心地做工作，并允许各区成立有线电视中心，每天可在市台信息频道插播半小时以本区街道为主的区域新闻。有利政策和妥善处理双管齐下，为加速全市联网提供了先决条件。

胡运筹用天时地利人和来总结快速联网的成功：其先机是得改革开放之天时，借浦江两岸之地利，靠领导重视、各界支持之人和。胡台长说得自然没错，但因为尚无在中国大城市有线电视台统一联网三级管理的先例，实际操作者完全是摸着石子过河，其中的调研摸底、规划布局、招兵买马、统筹协调、联网建网、三级管理、融资投资、扬长避短、扩建频道、提升品质、开源创收等，无不凝聚着创业者的智慧、胆略和实干、拼搏精神,其中的酸甜苦辣可想而知。

全市联网成功了,网络的维护又是一个大难题。有线电视台的自身人员编制无法达到广电部规定的每2 000户用户必须配备一名维修人员的要求,若按此要求配备人员,光上海这个特大型城市有线电视客户必须配备的维修人员,就超过了东方电视台的编制,仅是维修员工的人力成本,就足以压垮有线电视台。创业的压力迸发出创新的灵感,既然全市联网,实现了三级共赢,那么何不尝试三级管理、三级维护。胡运筹不无感慨地回忆了这一创新举措的探索实践过程:

> 我们酝酿了很久,最终决定建立由网络总部、网络分部、街道组成的三级管理体系,即在台里成立网络总部,并通过社会招标,选择服务态度好、技术力量强、管理水平高的设计施工单位作为网络分部,由各网络分部负责某一区域约10万用户的运行、维护工作,并实行器材固定生产单位,统一取货。实践证明,建立网络分部,对加强运行、维护管理工作是一项行之有效的措施。自此,上海的有线电视形成了市台统一领导、直接指挥,网络分部着重运行、维护工作,街道管理站着重网络保护、用户服务工作的基本框架。这样既解决了资金不足的难题,质量又得到了保证。

举全市之力,少花钱,办成了全球最大的城市有线电视台的联网建网大事,但是聪明的"老宁波"与他的创业同伴们清醒地意识到,这仅仅只是基于新技术建立的一个新媒体的平台,或者说,只是一个"荧屏大卖场"的空间呈现,而真正要顾客盈门,也就是吸引观众青睐,并在开源创收上挖潜,还必须在丰富频道资源、丰富节目资源上下大功夫。

上海有线电视台初创之际,正是上海广播电视体制发生重大改革之时,也即中国内地同一个城市出现两家省级电视台——上海电视台与东方电视台的格局,这在中国内地城市中还是首创。东方电视台的诞生,导致沪上电视领域的竞争空前激烈。一开始,无论从人力、财力、

上海有线电视台发行建台纪念卡

节目几个方面，有线电视台与这两家比较，都是处于竞争的劣势。可是，有线电视却有一个开路电视台无法比拟的优势，就是频道资源十分丰富。而随着老百姓对精神生活的追求不断提升，电视节目的细化市场也就日渐形成，这就给有线电视台提供了长袖善舞的平台。

逮住了这一良机和优势，市、局领导和能掐会算的"老宁波"胡运筹精准地设计了有线电视台的办台定位：办好荧屏超市，适时扩张频道。在频道的整体安排上，以转播为主，自办节目为辅；特别是在自办节目的内容上要按定向化的方式设置，以满足各种层次不同兴趣爱好的需求。循着这一捷径，1993年，有线电视台先开办了信息频道（后改为新闻频道）和体育频道，充分利用上视、东视的新闻和体育节目，特别从节目库中挖掘精彩老节目，细选精编，二度创作，以新的电视栏目形态分类打包呈现。

在两个自办频道初步成功的基础上，有线电视台又主动上门，与上海人民广播电台及东方电台商讨合作开办艺术类有线电视节目，借助上广戏剧频率和东广音乐频率的人才、资源优势，不花钱、少花钱的有线音乐频道和有线戏剧频道很快应运而生。

尽管如此，有线电视台的人手还是捉襟见肘，尤其是领军的业务骨干奇缺。于是，在局领导的鼎力支持下，上海有线电视台开台不久，上海电视台的几位一线业务骨干陈文、沈渊培、曾寅杰等，便陆陆续续地被挖到了有线电视台，分别担任有线电视台影响力最大的影视频道、新闻频道等频道的总监或总编室主任。这几员大将一到有线电视台，加上大学毕业后分到音像管理处，后来参与筹建有线台，开台后担任体育频道首任总监的张大钟，有线电视台立刻如虎添翼。不甘寂寞的这些资深媒体人当然除了充分利用上海电视台、东方电视台的节目资源外，还殚精竭虑充分挖掘国内外新的节目资源，创办出一系列精准对口特定观众、令观众大呼过瘾的创意节目和新频道，开始了与沪上其他三家电视台四分天下的激烈竞争。

笔者的前辈、也是一起在名牌电视栏目《新闻透视》并肩作战过的老同事沈渊培，在上海电视50周年征文活动中撰写过一篇《想起了〈小小看新闻〉》的回忆文章：

> 1995年4月，我离开工作了15年之久的上海电视台新闻部到成立才两年多的上海有线电视台，担任信息频道的总监，当时整个频道仅有五六名正式员工，大多没有从事过新闻工作。频道当时只有每天一小时的各地信息串编和自制服务类节目苦苦支撑。
>
> 为了使频道能以崭新的面貌呈现在观众面前，我们策划设计了一批新节目，但是总体而言，这些节目缺少个性，缺少新意。当我们向时任市广电局副局长赵凯汇报改版设想时，赵凯提出了一个建议，让我们开设一档专门针对少年儿童的电视新闻。他明确说，不是少年儿童的新闻，而是专门给少年儿童看的新闻，是电视新闻的少儿版。至于栏目名称，有的建议叫《少儿新闻》，有的建议叫《有线少儿》，但都觉得不理想。最后还是赵凯同志出了个好主意，他说，名称就叫《小小看新闻》。他解释说："小小"代表少年儿童这个群体，《小小看新闻》可以直接把节目的定位表现出来，也比较新颖、形象。听了他的解释，我们顿觉眼睛一亮，十分兴奋。就这样，栏目的名称、定位毫无疑义地迅速确定了。

说干就干。然而真干起来，而且要创办一个有别于其他三个强势电视台又能打出有线电视台品牌的名牌栏目谈何容易？不亚于联网建网难度的新节目的创业，以一系列的举措紧锣密鼓地展开了。沈渊培回忆道：

离频道新版面的推出只有两个月的时间了。我们紧急调整计划，抽调人员组成《小小看新闻》编辑组。为了让节目更贴近少年儿童，我们邀请了教育一线的小学教师、教育专家一起讨论节目的定位、风格、样式等。终于，一个全新的电视新闻节目蓝图绘就。定位：以小学生为收视对象的电视新闻节目。新闻的编辑选材分为三大类：少年儿童应当了解的发生在上海、祖国各地和世界上的重大和重要事件；与少年儿童直接相关的、他们普遍关心的发生在少年儿童身边的新闻事件；发生在世界各地的珍闻趣事。语言力求通俗、浅显、口语化，融知识性和趣味性于一体。片头字体、音乐、色彩都考虑到儿童的特点，新闻的标题也同时用汉字和汉语拼音标注。主持人由当时有线台的少儿节目主持人王幸担任，尝试把报新闻变为说新闻。每天10分钟，录播。新闻素材来源：本市各台、中央电视台和各地卫视各档新闻，新华社和各主要报刊等。每天，我们的编辑和来自教育系统的兼职人员要在大量的新闻中按照节目定位作筛选，然后针对小观众的理解能力用他们能听懂的语言对稿件作改写，画面也要重新编辑。有时，根据当天的新闻题材配发一些新闻小知识、名词解释，使小观众加深对新闻的理解。例如，开播那天正好是国庆节，我们连续3天分别介绍"国旗""国徽""国歌"。在画面的处理上，我们也注意儿童的接受能力，增加题花、图表和简单的动画。

经过紧张的筹备，1995年10月1日国庆节当晚，国内第一档以少年儿童为收视对象的电视新闻节目《小小看新闻》，在上海有线电视台新闻信息频道成功播出了。

细节决定成败。扬长避短，独辟蹊径，需要大量的创意和细致工作。有着长期新闻工作经验和名牌栏目运作经验的沈渊培，不厌其烦地带领年轻的团队，一步一个脚印，在强势的兄弟电视台的电视新闻角逐的夹缝中，硬是走出了一条创新栏目带动频道崛起的创业之路。沈渊培回忆道：

> 　　如何使节目更贴近小观众？节目开播一段时间后，我们尝试由少年儿童自己主持节目。招聘公告发布后，得到了400多名小学生的报名响应，光是面试就花了整整两天时间。然后对初选入围的进行培训，再选出语言、形象俱佳的七八个小主持人尝试轮流出镜主持。就这样，每逢星期六、星期天，小主持人出现在我们的屏幕上，使《小小看新闻》离小观众更近了。
>
> 　　《小小看新闻》播出一段时间后，我们意识到它应该有一个具体的形象标志了。经过公开征集，一个可爱的彩色卡通形象跃上荧屏。整体看，是一只睁大的眼睛，寓意睁眼看世界；细看，眼珠是张笑脸，睫毛是"小小"两字的变体。与此同时，为了开发衍生产品，台里委托有线实业公司到市工商局对"小小"及其卡通形象作了商标注册，保护自有的知识产权。

　　因为找准了电视市场的社会需求，因为摸着石子开始了新媒体的互动参与的创新尝试，尽管当时受到人力、经验、设备、经费等方面的条件限制，第一手的独家新闻还显得少了点，节目的整体质量还显得有些稚嫩、粗糙，但是，《小小看新闻》的问世还是在广大少年儿童以及家长、教育工作者中产生了热烈的反响。沈渊培回忆起当时《小小看新闻》受到欢迎的程度，依旧有一种秋日收获的喜悦感：

> 　　有的小学把收看《小小看新闻》列为学生的家庭作业，有的小学语文教师从《小小看新闻》报道的新闻事件中出作文题，有的小学在晨会上每天让学生讲述一个昨天在《小小看新闻》中所看到的新闻事件。《小小看新闻》很快就成为许多小学生的"必读课"。当时，有线电视台的普及率还不高，有的小学校长亲自来台要求尽快为学校开通有线电视。

　　《小小看新闻》的成功也引起了中央媒体的关注。1995年11月17日，《人民日报》发表了《从〈小小看新闻〉谈起》的署名文章，称赞这个节目，呼吁"有远见的新闻工作者理当把新闻触角伸向儿童世界"。中央电视台《新闻30分》栏目用2分15秒的长度，报道《小小看新闻》的成功。

　　时任中共中央宣传部部长的丁关根同志在视察上海有线电视台时，对《小小看新闻》给予肯定，他说："刚才看到的《小小看新闻》，小朋友都很喜欢，又有利于他们的身心健康，这就是我们的本事"。

　　沈渊培感慨道：节目的成功关键是创意好。有线台领导没有忘记赵凯副局长的功劳。胡运筹台长决定要给他颁发"金点子"奖。虽然有线台一片真心，但可想而知，赵副局长是执意不收。这个"金点子"奖最终没有颁发，但这也体现了艰苦条件下奋发创业的有线人饮水思源，不忘帮助过自己的朋友的感恩之心。

　　因为老友沈渊培讲的故事够生动，也颇为典型。笔者几乎全文引用了渊培的回忆文章。

　　有一种传说，一只蝴蝶的翅膀扇动，有可能引发一场龙卷风。《小小看新闻》的小小翅膀，产生了上海有线电视台新闻频道的品牌效应。类似的故事同样发生在有线电视台的体育频道和影视频道。

　　虽然上海电视台和东方电视台的体育节目十分强势，彼此的竞争也如火如荼，但是因为这两家电视台的频道资源有限，只能将体育节目放在综合频道播出，而有线电视台拥有丰富的频道资源，可以单独细分出一个有线体育频道，除了精选上视、东视的体育节目外，不甘寂寞的时任有线台体育总监张大钟，大胆引进了美国ESPN电视台的体育节目，从重播过渡到直播，随后又开始走出国门，即时报道全球各大体育赛事。他们不放弃争取重大赛事的转播权。1997年，上海市政府将全程转播第八届全运会的任务交给了有线电视台体育频道。频道上下士气高涨。可就在全运会开幕之前，上级领导考虑到年轻的体育频道对于赛事转播还缺乏实战经验，有意将转播任务收回移交给兄弟台。胡运筹和张大钟急了，当即向领导立下了军令状："如果赛事转播出现问题，我们俩率先辞职！"就是这样一种破釜沉舟全力以赴的拼搏精神，体育频道圆满完成了全运会转播任务。有线电视台体育频道也因此而扬名，与上视、东视的体育节目形成了三足鼎立的态势。

电视大战，从节目内容上，通常集中在新闻、综艺节目、影视剧等，在某种层面上，影视剧的好坏对收视率的影响最大。上海有线电视台影视频道的时任总监陈文，原本就是上海电视台专跑文艺条线的名记者，见多识广，思维敏捷。面对异常激烈的电视剧竞争态势，风风火火的她，每周四都要聚集频道员工召开编播联席会议，悉心分析研究一周电视剧收视率，请广告部同事汇总节目市场信息，并了解、研究从广告客户打探到的兄弟电视台电视剧的编排信息，然后"对症下药"，合理编排节目档期。最主要的是，拼劲十足的陈文往往总能抢到观众青睐的好电视剧，而且做到一天连播多集，创下影视频道的高收视率、高广告收益。在上海电视领域的"德比大战"中，上海有线电视台的影视频道常常一骑绝尘，成为电视同行不可小觑的竞争对手。

一骑绝尘的更是上海有线电视台的发展速度。短短几年，从散兵游勇般的小范围闭路电视，到联网建网，建成世界上最大的城市有线电视网；从建台时的一个综合频道，到新闻、体育、音乐、戏剧、财经、影视等6个频道，同时转播中央和上海的13个频道，而且自办的6个频道，半数以上，居于上海地区所有能看到的电视频道收视排行榜的中上位置，其品牌效应已然凸显。这些坚实的基础工程，无论硬件还是软件，都为上海有线电视台在市场运作赢得丰厚投资回报方面创造了先决条件。然而，有线电视台的营收奇迹，也是经历了一番艰苦创业和深耕细作的流程。

最初，有线电视台是没有广告经营许可的权限的。开台之初，虽然比几个无线电视台多了一项可以向用户收取收视费的优势，但这些主要用于三级联网的网络运营、维护、建设了，而节目制作、购买和编播、办公的开销从何而来？成为有线电视台良性发展的新难题。时任有线台广告部主任朱升阳回忆道：

> 怎么解决呢？市领导龚学平、局长叶志康都认为有线台可以搞广告。胡运筹台长更希望搞广告，但当时有线台发布广告需要广电部、国家工商管理局批准。后由我组织有关人员进行调查研究，根据实际情况，代表上海广电局向国家广电部社会管理司以及国家工商管理局广告司拟写了报告。1993年上半年，广电部和国家工商管理局经调研后发文，同意省级有线电视台播出电视广告。

一万年太久，只争朝夕。批文一下，上海有线电视台以最快的效率成立了广告部和广告公司。坚冰破除了，前行创收的路上还是遇到了三道沟坎。朱升阳讲述了冲过三道坎的故事：

> 首要任务就是招兵买马。当时有线电视台在电视行业中不是很起眼，所以开路台的专业的广告业务人员一般不肯来。胡台长强调，一定要把好人员关，一定要肯干，一定要认真，就算没有做过电视广告，一定要敬业，最好对电视节目有所了解。后来我们的人员主要是从几个地方来：一个是相关专业的大学毕业生，还有原来报社广告部门员工以及街道有线电视站的负责人。他们熟悉有线电视，也懂一点节目，就这样招了近十个人。
>
> 第二个困难，我们当时也不是很懂业务。后来经过局里协调，把上海电视台的两位退休元老外聘当我们的顾问。一个是广告部主任蔡文奎，一个是财务部主任郑善福。这个是相当宝贵的，相当于左膀右臂。广告有好多业务，一定要管好，不管好容易出事，所以一定要把广告制度、广告经营的业务流程做好。我们在一个月不到的时间里，通过学习借鉴一些原来成熟的经验，终于编写成厚

厚一本电视广告流程和制度。

第三个困难是要尽快寻找客户，这点很关键。当时已经有两个开路台，广告客户基本都分掉了。市里领导、台里领导都帮我们出主意，想办法，帮助介绍客户。我们当时最有体会的就是两个客户，一个是东方明珠的广告公司，他们说我们支持你们，有广告我就投，先把一张60万元的支票给了我们，真的很感谢他们。还有一个是国际广告公司智威汤逊，给了我们一张30万元支票。这样，广告部跟广告公司就开始运作了。

1993年是第一年，指标是3 000万元。我想肯定完不成，因为批文是春节过后才下来的。从四五月开始到年底，只有半年多点时间，完不成怎么办？我的压力很大，因为刚开始一点业务都没有，结果那年年底实现超额，共完成了5 000万人民币的广告。

说来也神奇，突破三道坎以后，有线电视台的创收便实现了"三级跳"——1993年创收实现5 000万元；1994年完成了9 000万元；1995年突破了两个亿。

朱升阳惊呼道：不得了！这对有线电视事业的发展，对提升上海有线台的实力起到了极大的作用。

善于思考善于总结的朱升阳分析了"为什么有线电视广告发展势头这么猛？有线电视台的竞争力在哪里？"

有几个原因：

第一，有线台是新媒体，老百姓有一种新鲜感。

第二，有线台节目清晰度高，以前偏远地区是用微波，所以收看上海电视台、东方电视台的节目画面不稳定，看不大清楚。

第三，有线台频道多，广告时段多。其他台一两个频道，有线台四个频道，后来有六个频道。这样可以增加广告的投放量。

第四，有线台播放的电视剧较多，很讨巧，老百姓爱看，收视率高。那么广告客户就大量来投放。

第五，有线台刚开播，广告价格便宜，这样广告的千人成本就低了。

还有很重要的一点就是市里领导都很重视、关心有线电视台。朱升阳回忆：

> 当时市里领导说：朱升阳你们是不是可以走出上海？我说我们不是开路台，也不是卫星电视，怎么走出去？领导说：你们要把视线放远点。领导提议到香港招商。于是就有了"上海有线电视台香港广告招商会"。当时我们邀请了市里的领导、局里领导以及局外事处等出席广告招商会。招商会前，在香港开了一个新闻发布会，把当地许多媒体都请来，叶局长和胡台长分别介绍情况。在举办正式的招商会前，我们也提前做了准备工作，由有线台党委书记王根发、我还有我们广告部的高贵祥，三个人先到香港去洽谈。当时大概有2 000多万元的订单，这样就可以做到心中有数。在招商会上，正式签约时有近6 000万元的广告协议，翻了一倍还多，是很成功的。所以1995年我们的广告收入突破了两个亿，其中包括了香港招商会的近6 000万元。

朱升阳分析得头头是道。这几点其实就是有线电视台的竞争力所在。电视广告的运作，特别讲究收视率、千人成本、性价比，而上海有线电视台的电视广告恰恰在于收视率高、价格低、千人成本低。当时，客户在有线台投1万元广告，收到的效果大约在15%左右，在其他台投，可能只有5%不到。聪明的广告客户肯定选择有线电视台。收视调查的数据显示，有线电视观众的购买力非常强，基本上都来自比较富裕的地区和观众。令有线台同事意外而惊喜的是，起步不久的上海有线电视台主要的广告公司居然有可口可乐、宝洁、麦当劳、肯德基、航空公司、顶级化妆品，后来又添加了三五牌香烟、万宝路香烟、洋酒等。不少都是国际知名大品牌，甚至是奢侈品。这些知名品牌，通常都是由国际知名的4A公司经过严谨而繁琐的市场调研以及全面而有针对性的收视分析，才推荐到有线电视台的。如果性价比不高，他们是不屑一顾的。

然而，用心的上海有线电视台将阳春白雪与下里巴人兼收并蓄，因为频道资源丰富，广告时段充裕，所以他们的营销策略是灵活招商，力争所有广告时段不浪费。也就是晚会黄金时段的广告主要吸引有实力的知名商业品牌，主要是由4A公司来投放，而白天或深夜的非黄金时段，通常吸引本土广告公司及小的广告公司，或者实力不大但希望宣传的中小企业，以软广告的方式套餐连播，其投放费用往往比黄金时段要低得多，性价比相当高。比如，沪上赫赫有名的广告公司唐神广告有限公司，其老总沈刚原本是个媒体编辑，他"下海"起步就是从软广告开始的。他创业的时候，恰逢上海有线电视台创办。于是他开始承包有线电视台的软广告时段，从此一发而不可收。饮水思源，沈刚不会忘记，他的第一桶金就是从做上海有线电视台的软广告开始的，而上海有线电视台也不会忘记，沈刚这样一批为有线电视台的广告创收作出贡献的广告从业者。双赢引得活水来。

发展是硬道理。改革永远在路上。

2001年4月19日，根据政企分开和管办分离的要求，上海市文广局下属的大部分事业单位，包括广播电台、电视台、影视制作机构、文艺院团、剧场等，合并组建上海文化广播影视集团（俗称"大文广"）。随后2001年8月，上海文化广播影视集团将旗下上海电视台、上海东方电视台、上海有线电视台、上海人民广播电台、上海东方广播电台等单位合并组建上海文广新闻传媒集团（俗称"小文广"，英文简称SMG）。上海有线电视台的呼号也因此而自然取消。

2014年3月31日，时任中共中央政治局委员、上海市委书记韩正为上海广播电视台、上海文化广播影视集团有限公司揭牌，正式启动上海文广新一轮体制改革，大小文广合为一体。如今的上海广播电视台，上海文化广播影视集团有限公司光电视频道就有13个：东方卫视、新闻综合、都市、电视剧、第一财经、五星体育、纪实（上星）、艺术人文、

ICS外语、东方购物、哈哈炫动卫视、东方卫视国际海外频道、东方电影。全国数字付费电视频道有15个：都市剧场、欢笑剧场、动漫秀场、全纪实、东方财经·浦东、法治天地、七彩戏剧、幸福彩、游戏风云、魅力音乐、生活时尚、极速汽车、劲爆体育、新视觉、金色频道。这些还不包括中央电视台和各地卫视频道。不管是无线传输，还是卫星传输，为了保证电视信号的清晰，所有的频道节目都是通过有线的光缆进行传输。

笔者注意到，最新的上海广播电视台网站上，介绍新媒体业务平台时，有一个特别强调的前置词"互联网"，即"互联网新媒体"——旗下新媒体产品主要有BesTV平台，包含IPTV、OTT、移动客户端等；融媒体新闻品牌"看看新闻Knews"，其核心产品是以"原创+短视频聚合"为特性的移动新闻客户端；互联网音频社群应用"阿基米德"；"第一财经"新媒体矩阵，包含一财网、一财客户端、一财全球（Yicai Global）等。

虽然上海有线电视台只有不到10年的历史，虽然有线电视不再是新媒体的时尚宠儿，但在上海电视的发展史上，在新媒体的发展史上，上海有线电视台有过一段迅速崛起如火如荼的辉煌历程，为中国产业规模最大的省级新型主流媒体及综合文化产业集团，起到了添砖加瓦推波助澜的作用，作为电视新媒体的前奏或某一路先头部队，上海有线电视台也为数字技术普及与推进下的传媒革命及产业革命，立下了汗马功劳，尤其是上海有线电视台创业者奋发进取的创业创新故事及其精神，已然留存在上海电视人的记忆中，传承在上海广播电视台新一代媒体人的融媒体产业化运作的实践中。

第三节　风从东方来——东方电视台的创办

"风从东方来，风从东方来。

吹醒海岸线上多年的睡梦，吹越大都市里灿烂的晴空。

你从时代的浪尖上轻轻地走来，让自己的风采和世界相通。

吹开万户千家真诚的面容，吹响地平线上世纪的晨钟。

你在东方的热土上欢快舞动,让自己的神韵和未来交融。

风从东方来,东方清新的风。

风从东方来,东方清新的风。

叩每一扇窗,开每一道门,你高高扬起的绚丽彩带。

叩每一扇窗,开每一道门,你永远映衬着一轮旭日的鲜红。

吹开万户千家真诚的面容,吹响地平线上世纪的晨钟。

你在东方的热土上欢快舞动,让自己的神韵和未来交融。

风从东方来,东方青春的风。

风从东方来,东方青春的风.。

向神州吹拂,向四海传送,你高高扬起的绚丽彩带。

向神州吹拂,向四海传送,你永远映衬着一轮旭日的鲜红。

风从东方来,东方青春的风。

风从东方来,东方青春的风。"

这首由著名词作者陈念祖,著名歌唱家韦唯演唱的东方电视台台歌,以其大气磅礴音域宽阔的优美旋律风靡上海滩,揭开了中国大陆第一个在同一座城市拥有两个省级电视台并展开竞争的序幕。这一前无古人的创举,传唱着电视制播分离和产业运作的改革传奇。2009年7月,全新改版的东方卫视干脆将《风从东方来》作为频道的主题曲,《风从东方来》的旋律继续在东方飞扬。

2014年5月,笔者向刚刚卸任上海图书馆党委书记便即刻上任上海视觉艺术学院副校长的穆端正请教,当年他是怎样竞聘东方电视台台长艰苦创办东方电视台的,老领导快人快语:你也不用采访了,我借给你两本书,全在里面了。

过几天,他交给我砖头般厚的两本书。一本是《上海东方电视台台卷》,一本是《上海东方电台台卷》。他特意叮嘱我:就这两本了,一定要还给他。

我大喜过望。当即快速浏览。原来是两台台庆五周年之际,应中

东方电视台台标和时任中共中央总书记江泽民题词

国广播电视出版社编辑《当代中国广播电视台百卷丛书》之邀，编辑出版的反映两台创业史的文章及资料汇编，果然精彩而珍贵。

第一页便是一张醒目的照片：1992年10月中共十四大召开期间，中共中央总书记江泽民应当时的上海广播电视局局长龚学平之邀，为上海东方广播电台和东方电视台台名题字。

这一题字，极大地鼓舞了尚在创办中的东方电台和东方电视台的全体创业者，也极大地激励了上海广电人锐意改革不断创新的进取精神。

1992年，中国改革开放的总设计师邓小平视察武昌、深圳、珠海、上海等地，发表了一系列重要讲话。他强调，改革开放，思想要再解放一点，胆子要大一点，步子要迈得更大一点。要敢于试验，看准了的就大胆地试，大胆地创。

上海市广电局党委在认真学习贯彻小平同志南方谈话精神的时候，突发奇想：既然中央对浦东开发开放如此重视，浦东的战略地位如此重要，浦东面对的是太平洋，是欧美，是全世界。何不抓住浦东开发开放的历史机遇，在浦东新区分别注册一家新的电台和电视台，为深化上海广播电视事业的改革开放，为中国的广电事业发展再添一把火。

说干就干，局党委研究决定，双管齐下，一方面先后向中共上海市委宣传部和国家广播电影电视部呈交报告，一方面于1992年6月10日发出招聘启事，按照"公平竞争、择优聘用"的原则，在全局职工中公开招聘新的电台和电视台的台长。

鉴于请示流程及提高效率的原因，招聘初始，是按照市委宣传部批复的文件，以市广电局在浦东设立上海浦江之声广播电台和上海电视二台的名义招聘两台台长的。

招聘的条件不仅要说明办台的指导思想、节目宗旨、栏目设置等，还要陈述机构人员设置、广告经营、经费收支分配等。台长如果没有经营头脑和经营能力，新台的生存和发展同样会面临危机。15人踊跃报名竞聘新的电视台台长。

8月1日，市广电局召开全局干部大会，局长龚学平在会上宣布：经局党委讨论决定，正式聘任陈圣来为浦江之声广播电台台长，穆端正为上海电视二台台长。浦江之声定于1992年10月开播。上海电视二台定于1993年1月开播。

8月3日，上海市机构编制委员会发文，同意两台为独立建制的事业单位。文件特别强调：两台实行独立核算，自收自支。

这就意味着：这两家新成立的电台、电视台，从一开始就不向国家伸手，完全要靠自创品牌，自筹资金，自谋发展。

8月5日，上海市广电局党委发出通知，聘任尹明华、郎佩英为上海浦江之声广播电台副台长，徐景杰、刘文国为上海电视二台副台长。

一看这名单就清楚，其实创办两台的领军人物都是上海人民广播电台和上海电视台的精英骨干，他们在浦东开发开放的春水激荡下，开始独立冲浪，不仅击水进发，还要与"娘家"一比高下，给"娘家"带来挑战与竞争的压力与活力。

8月15日，国家广播电影电视部同意上海浦江之声广播电台易名为上海东方广播电台，原上海电视台20频道迁往浦东建立新台，呼号为上海东方电视台（原名上海电视二台）。两台隶属市广电局直接领导与管理，并指示两台建立后，要严格宣传纪律，立足浦东，面向长江三角洲，突出改革开放和对外宣传。

中国大陆一座城市拥有两家省级电台和电视台从此开始了一段并行运转、风生水起的创业与再创业鏖战。

创业之初的东方电视台没有自己的大楼，其办公场所暂借位于南京东路627号的原上海电视台二台场地（上海七重天大楼五楼、九楼、十楼及六楼小部分）。

历史常常有惊人的巧合。35年前，上海电视台初创的时候，一群意气风发的创业者就是在七重天创业，而东方电视台的创办居然也是选择了七重天。"欲穷千里目，更上一层楼"。"七重天"楼不高，但"七重天"的寓意却给人登高望远的无穷想象。广电人的创业创新基因也有一种传承。

人从何处来？

走马上任的东方电视台台长穆端正在全局发布了招聘书。短短五天时间，全局328人报名应聘。经双向选择，择优录用，第一批录取了72位员工，至开台前夕，云集了共92人的团队，开启了东方电视台的创业之路。

一石激起千层浪。东广和东视的创办，在海内外激起了强烈反响。不少广播电视的教科书，将两台的创建，作为中国大陆媒体改革和文化产业发展的又一次浪潮。

作为上海市广播电视局深化改革的一个创新试点单位，龚学平、贾树枚等局领导亲自领导和指导两台的筹建工作。在1992年9月11日举行的东方电视台第一批录用人员大会上，龚学平亲自作动员报告，以"改""创""精""乐""高""严""新"七字方针提出了办好东视的具体要求：

突出一个"改"字——要以改革的精神办台，要做过去没有人做过的事情；

注重一个"创"字——要有创新精神，创出一个新天地来；

加强一个"精"字——机构要精，人员要精，节目要精；

力争一个"乐"字——竞技节目要"乐"，文艺要多搞竞技类节目，要让观众参与，体育也要搞竞技类节目；

刻求一个"高"字——工作要高效率，节目要高水平；

强调一个"严"字——要严格规章制度，严格要求自己；

实现一个"新"字——新的班子，新的人员，新的体制和机制，新的节目和新的技术等。

这七个字，俨然就是军令状。面对同样也是走在全国改革开放前列、而且已经建台35年的实力雄厚的上海电视台，东方电视台的创业者拿出了破釜沉舟、背水一战的勇气和闯劲。

从1992年12月10日东视正式接手原上海电视台二台办公场地开始，距开播只有38天时间。人手少，资金缺，时间紧，任务重。开弓没有回头箭。节目开播和创收同步进行。小小的办公楼灯火通明，人流穿梭。抱病工作，推迟婚期，双休不休。如何做到"人无我有，人有我新，人新我改"？如何做到"新闻快，信息多，社教新，竞技乐，文艺活"，突破传统，耳目一新？所有人动足了脑筋，所有人调动了潜能。

从1992年12月1日正式接手原上海电视二台《信息总汇》节目开始，东视即启动了《东视新闻》开播的策划与筹备。东视报道部即在台长穆端正、报道部主任陈梁、副主任朱咏雷带领下大胆在国内首次尝试每晚三次滚动播出《东视新闻》《东视夜新闻》《东视深夜新闻》，同时推出深度报道栏目《东视广角》及经济信息栏目《东视经济传真》。借助《信息总汇》改版的名义，紧锣密鼓地进行新版面的直播合练与试验，还未正式开播，已激起广大观众的高度关注与期待。与此同时，精心设计、喷绘一新的东视新闻采访车穿行在上海的大街小巷，象征着"旭日东升、海鸥飞翔"的新台标飞来飞去，格外引人注目。

从1992年8月18日到9月23日先后确立由穆端正、徐景杰、刘文国、庄云飞、陈梁为第一届台编委会和聘定第一届台中层干部后，副台长兼节目部主任刘文国与副主任金希章、滕俊杰带领节目部团队，在局台领导指导下，全力以赴策划研制一系列创新型文艺类、社教类栏目。《东方直播室》《快乐大转盘》《海外博览》《东方之夜》《白金大碟》《黄金时间》《东方大点播》《外国人在上海》《健康与长寿》《东方110》《空中影坛》《东视午夜影院》等一个个接地气、互动性强的特色栏目应运而生，一经播出，立刻引起轰动效应。

20多年过去了，每到1月18日，东方电视台的一帮老员工及上海滩热心的观众，总会以不同方式回忆和纪念东方电视台当年开台的场景。确实，除了令人耳目一新的《东视新闻》，那一台集文艺、新闻、台情介绍、栏目亮相、各界祝贺为一体的特别节目，留给人们的印象太深了。诚如首任东方电视台台长穆端正所说的："开播第一天唱出的东视台歌《风从东方来》，如今已家喻户晓，犹如振翅的海鸥迎着初升的红日奋飞，东方电视台以她充满朝气、充满活力的形象，出现在改革开放的东方大地。"

还是由当年创业的东视人讲几个细节故事，让人们感受创业年代创业者激情演奏的动人乐章吧。

1992年底，全台正在为一台作为开播仪式的《风从东方来》综艺晚会紧锣密鼓地筹备。在与东视同名的东方饭店的一间简陋客房里，文艺部领导滕俊杰、文艺编导屠耀麟、制片主任徐嵩峰、撰稿人陈念祖等一干人，正在为晚会的整体构思殚精竭虑时，有人提出应该创作一首与晚会同名的主题歌，反映东视的新气象，新特点。这一创意立刻得到台长穆端正、副台长刘文国的认同。

虽然那时一下子还没想到将这首歌同时作为台歌，但承担歌词创作任务的陈念祖分明感觉到了东视创办的背景与意义，这位创作歌词已有10个年头，先后发表了千余首歌（曲）词的著名词作家，在12月11日深夜，看着已然确定的寓意"海鸥、旭日、彩带、东方、活力"的东视台标及这台晚会的节目框架，思潮汹涌，灵感泉喷。形象思维与逻辑思维在撞击，燃烧，升华，翱翔，浪漫主义与现实主义在热恋，融合，穿透，超越。好歌，首先是好诗，好画。展开想象的翅膀，他牢牢抓住了"风"的形象比喻，通篇以"风"贯穿，以风写意，以风运形，以风韵神，以风升华。风串珠，风寓魂，思路豁然开朗——开唱便是"风从东方来，风从东方来"，荡气回肠，大气恢弘；继而蹦出与台标关联的"高高扬起的绚丽彩带，永远映衬着一轮旭日的鲜红"；于是一连串由"风"吹起的美好而寓蕴深远的意象翩翩飘舞——"东方清新的风""东方青春的风""吹醒海岸线上多年的睡梦，吹越大都市里灿烂的晴空""你从时代的浪尖上轻轻地走来，让自己的风采和世界相通""吹开万户千家真诚的面容，吹响地平线上世纪的晨钟""叩每一扇窗，开每一道门，你高高扬起的绚丽彩带""叩每一扇窗，开每一道门，你永远映衬着一轮旭日的鲜红。"

没有"荧屏""电视""东视""红绿蓝"这样的电视术语，也没有"改革开放""浦东开发""主旋律"这样的宣传用语，但东方电视台的形象和浦东开发开放乃至中国改革开放拥抱世界的亲和形象，一下子吹进了观众的心里，其内涵与外延，已然超出了东方电视台的创办与开播。

在《上海东方电视台台卷》的回忆文章中，记录了穆端正、卑根源、徐景杰、刘文国、庄云飞、陈梁、朱咏雷、蒋剑平、沈明昌、金希章、滕俊杰、李勇、李彩英、黄平、姜澜、田明、白李、祝树明、黄麒、杨剑芸、戴钟伟、唐萍、朱建中、郭炜华、张永民、曹可凡、唐蒙、袁鸣、夏霖、耿燕南、朱弘强、陈念祖等一群创业者的故事，其中"人物篇"《东视人的"领头羊"——穆端正》一文关于首任台长穆端正工作状态的描写尤为生动：

每天上午8点30分左右，他走进位于繁华南京路上七重天大厦的电梯，电梯将他送到上海东方电视台的5楼。这个由于终日疲惫而眼睛有些红肿的中年人提着皮包，步履稳健地走在东方电视台促狭而又纤尘不染的走廊上。走进同样空间狭小的办公室，他的第一个动作就是拿起手中的电视遥控机，将一面墙上悬挂的8台电视机全部开启。8台电视机即显出中央台、东视和各兄弟台正在播映的节目。于是他一边浏览着各台的节目，一边在自己的办公桌前坐下，桌面上各种文件、报告、信函、传真和装帧精致的各式请柬和邀请函……堆得像小山一样。他就在"小山"的缝隙中阅读文件,批阅报告,接电话,发指令;而此刻向他来汇报、请示工作的员工又络绎涌到他的办公室。从1993年1月18日上海东方电视台成立至今,5年来,除很少的外出以外,这样的情景几乎成了他每天忙忙碌碌的序曲。他就是上海东方电视台台长、台党委副书记、总编辑兼上海科学教育电影制片厂厂长。

穆端正的工作状态,便是东视创业者的写照。作为东方电视台的掌门人,穆端正清醒地意识到,东视的成立,是中国和上海的广电系统打破计划经济体制电视业的单一格局,主动迈入市场经济格局的大举措。创业必然伴随着创新,东视的创办和发展,必然建立在中国电视事业数十年积累的基础上,通过兼收并蓄,扬长避短,"积极引进市场经济的运作方式,在市场中学会竞争,在竞争中不断提高。"

人的问题解决了,穆端正面临的又一个难题便是:钱从哪里来?市政府没有拨款。

百十号人,一个频道的节目,还有设备,等等。一个省级电视台的开张,没有钱怎么行?巧妇难为无米之炊。

还是"老娘家"慷慨。局党委决定把上海电视台事业发展基金1992年8月底余额中的三分之一给东视,共416万元,其中现款仅86万元,其余为东方明珠发起人股票。

时任东方电视台台长穆端正(石建敏提供照片)

这点钱，根本就是杯水车薪。可就是这点启动资金，通过解放思想，开拓创新，创造了有中国特色社会主义电视发展之路的奇迹。

时任东方电视台广告部主任沈明昌通过一系列对比的数据通报了这一奇迹：

1993年1月18日，作为中国广播电视改革先驱的东方电视台正式开播。作为东视广告窗口的东视广告部同时进入运作。

几年的历程，东视广告从无到有，从小到大，成为东方电视台发展的缩影。

1993年，创办首年创营业额1.23亿元人民币。

1994年，创营业额2.05亿元。

1995年，创营业额2.5亿元。

1996年，创营业额3.5亿元。

1997年，6月底营业额已达到2.09亿元，超过1994年的营业额，全年营业额预计超过4.5亿。

沈明昌的纪录充满着自信和骄傲：数字透露着令人鼓舞的信息。东视广告以年均40%以上的速度递增，尤其是近两年来，在创收底数已经较大，市场潜力日趋缩小，电视节目收视日趋分流的严峻形势下，东视广告依然保持增长态势，从而为东方电视台的发展注入了源源动力，与台的整体成长构成互相促进的良性循环。

东方电视台开台不要政府投资本就是奇迹，仅仅靠老台资助的86万元现金和330万元东方明珠发起人股票，便一飞冲天，财源滚滚，不仅解决了生存问题，而且以惊人的速度超常规发展，这在中国广播电视史上前所未有，当然也成为文化产业的成功案例。

沈明昌说的一点没错。所谓"与台的整体成长构成互相促进的良性循环"，就是"改"字引领，"创"字开路，一手抓节目，一手抓创收。建台仅仅三年，东方电视台就与上海科学教育电影制片厂实现影视合流，其收视范围覆盖上海和江苏、浙江、安徽等部分地区，受众人口达1.3亿，20频道和33频道两个频道全天播出33个小时节目，其中自制节目7个小时,开设了新闻、专题(纪录片)、文艺、社教、青少、体育和影视剧等各类栏目53个,员工600余人。一个影视手段兼具、栏目齐全、人才济济、具有较大规模的全新电视台,在东方的热土上欢快舞动,让自己的神韵和未来交融。没有这一个个令观众眼睛一亮、收视率领先、覆盖率广、频频获奖的好节目,怎么能吸引海内外的广告客户?又怎么可能广告创收年年登上新的台阶?而没有全台上下齐心、配合创收,广告部门殚精竭虑,以只争朝夕的危机意识和整体化的市场营销思维,以营销抢市场,以服务争客户,获得奇迹般的营业额和业绩增长,何来东方电视台的超常规发展?

从1993年1月开播到1995年12月,是东方电视台迅速崛起的三年。在这短短的三年中,东方电视台向世人展示了一个实行全方位改革开放的中国电视形象,同时以广告收入在国内上千家电视媒体中排名第四的骄人业绩,跻身于中国最具影响力、最具实力的电视台行列。

东方电视台从建台开始,就在同行业中率先实行全员聘用制和每年3%—5%的淘汰率。从台长到员工一律双向选择,竞争上岗。1994年,又推出社会人才聘用制的重大措施。同时除了在奖金中体现了对节目数量和质量的要求外,还将每位员工工资中相当一块拿出来进行考评,进一步奖勤罚懒,拉开差距,做到收益与工作态度挂钩,同节目质量挂钩,同工作实绩挂钩,同完成的经济指标挂钩。

正是这样的竞争激励机制,"人少多办事,台小办大事""一专多能,身兼数职"已成为全体东视人的共识,而"创业创新、团结奉献、勇于改革、敢为人先"便成为"跑步竞争"的东视精神,一系列全国首创以及家喻户晓的创新节目脱颖而出。

独立租用国际通信卫星,率先在国内电视台中报道了在新加坡举行的具有历史意义的"汪辜会谈"。

东视新闻大改版,推出全国第一档1小时综合版块的新闻栏目《东视新闻60分钟》。整档节目除精选本埠新闻、国内外新闻外,增加了深度报道和民生报道的小栏目《东视广角》与《百姓话题》,还把《东视财经》《东视体育新闻》精编后纳入版面，同时首次启用电脑绘画箱包装新闻，大大增加了新闻的广度、深度与可看度。

开台不久的1993年3月，东方电视台就实现了中国电视史上零的突破——首次购买电视直播版权，成功地直播了第65届奥斯卡颁奖仪式。历时200分钟的翻译和同步介绍，令上海的电视观众在第一时间一饱眼福，大呼过瘾。

东方电视台开台之初，就开创了中国大陆首档"实话实说"类的谈话类节目《东方直播室》。按照局台领导要求的"心中有观众，荧屏有观众，节目才能有观众"的要求，《东方直播室》采取"我们走出去，观众请进来"的方式，每场都要吸引30到100位观众现场参与，话题都是观众最关切的社会焦点、民生热点，开播一个月就收到上千封观众来信。节目受到了时任中宣部长丁关根和市委副书记陈至立的称赞。

也是在创业之初开创的《快乐大转盘》是国内首创的竞技娱乐类节目，节目以不断翻新的游戏贯穿其中，寓教于乐，雅俗共赏，始终保持着东视高收视率的纪录。

创业与创新同步，锐意进取的东视人又于1994年投拍了国内第一部美声唱法的音乐电视片《心韵——黄英MTV专辑》，在第六届中国歌手大会串及MTV评奖中连夺最佳节目、最佳导演、最佳摄影三项大奖，其中《乘着歌声的翅膀》又获中央电视台中国音乐电视大赛金奖和最佳创意奖。

正是凭着这股"敢为人先"的创新精神和"狭路相逢勇者胜，勇者相逢智者胜"的拼搏斗志，东视的体育部按照国际惯例，通过购买版权的方式拓展横向合作，先后签约全国30多家电视台，一次次拿下关键比赛的全国转播权，短短三年中，东视参与组织或转播的东亚运动会、超霸杯橄榄球赛、世界拳王争霸赛、万宝路足球赛、世界杯足球赛——三大歌王音乐会、"东视杯"系列赛等数百场国内外大型体育活动和精彩赛事，东方体育由此名闻遐迩，收视率和竞争力也因此大大提升。

月月有活动，季季掀高潮。东视的文艺节目以每年主办100多台大型文艺晚会和文艺活动的频率，几乎占据了上海大型活动的75%，一系列影响力大的精彩文艺活动，如东亚运动会，上海国际电视节的开、闭幕式，国庆45周年北京上海异地直播，"爱满天下——好心人帮助孤儿治残疾"活动，"东方之韵"弘扬民族文化系列活动，"亚洲歌坛"OTV——NHK双向传送，纪念抗战胜利60周年与央视联合举办《综艺大观》——"中国人的脊梁"，与北京电视台联合举办的"永恒的长城"音乐会，都赢得了良好的社会声誉。

大型活动主打影响力，电视栏目主打持久战。除大型活动外，东视节目部还开设了十几档社教、综艺、娱乐节目，其中《飞越太平洋》《共度好时光》《东方110》《东方直播室》《快乐大转盘》或因跨越时空，或因互动参与，迅速成为上海滩家喻户晓的品牌节目，深得观众青睐。

仅仅不到三年时间，东方电视台就有数十个节目在海内外获奖，其中包括中国新闻奖、韬奋新闻奖、中国电视奖、全国电视播音奖和中国电视星光奖等行业最高奖项。实现了穆端正台长在开台之初提出的"创名牌、得大奖"的目标。

好机制引来好人才，好人才创制好节目，好节目创出好收视，好收视带来好收益。

在创造良好社会口碑和收视效应的同时，东方电视台的领导和广告部门，以及全台上下，在创造经济效益和文化产业的运作方面，同样也是呕心沥血，长袖善舞。

就在筹建东方电视台的1992年底，刚刚走马上任的台长穆端正、副台长徐景杰就亲自带领广告部门的同志，四处宣传，为开播工作积极筹措资金。12月份初战告捷。从接手20频道开始就试播广告，短短一个月就创收400多万元。

莫看这400多万元，这可一下子解决了东视开台的燃眉之急。

奇迹往往体现在数据上。不仅1993年东视开播当年创收1.25亿元，而且上交国家财税591.68万元，上交主管局5 254.47万元；不仅1994年东视开播第二年创收达到2.05亿元，而且上交国家财税

1 036.27万元，上交主管局8 261.75万元。短短两年时间，东视的广告收入跃入全国上千家电视媒体广告收入排名榜第四的高位。不仅不要国家拨款，而且自负盈亏，为国家财税和广电事业的发展做出了贡献，其良性循环的竞争激励机制，同样体现在广告创收的经营理念和运作模式的转变上。

其实，在东视创办的前后，电视广告的宏观市场正在发生微妙的变化。随着人民生活水平的提高和人们娱乐方式的多元化，电视广告的影响力已经受到制约，而上海的电视频道由原本的3—4个一下子扩张到了近20个，大量的外地电视频道落户上海，大大分散了观众的收视选择，电视观众的分流，大大削弱了电视节目的单位收视率。尽管当时电视广告的总体收入在递增，但反映在具体频道的具体节目上，电视广告的影响力必然受到收视率的影响。这一点，刚刚从社会主义计划经济的束缚中走出，以破釜沉舟的勇气决心尝试中国特色的电视行业企业管理模式的东方电视台的创业者们，已然清醒地看到了，电视节目和电视广告，已经从"卖方市场"向"买方市场"过渡。电视台按计划"主动式"编排节目，观众按时间"被动式"看电视的"你办我看式""皇帝的女儿不愁嫁"，以及电视台广告部"等米下锅""等客户上门"的"朝南坐"的状况，已经被日新月异的电视节目的竞争和主动上门、整合营销的服务所取代。"万类霜天竞自由"的大趋势，给创业伊始的东视提供了船小掉头、以变应变、先声夺人的良机。

东方电视台的台领导和广告部门的领导原本就是奋战在上海电视台第一线的业务骨干，广告部主任沈明昌在担任上海电视台采访科科长的时候，练就了口若悬河的交流口才以及运筹帷幄的策划能力，他参与策划组织的"360行"系列报道，在社会上引起强烈反响。当东视吹响了创业竞争、同行德比的集结号后，他在领悟消化局台领导的改革精神后，在东视的广告管理和运行上，成功实现了四大转变：从"朝南坐"到"主动服务"；从"做业务"到"搞营销"；从"人治"到"法治"；从"作坊"到"现代办公"。

不再是官商作风，而是主动上门，为广告客户提供售前、售中、售后的全程服务，不仅提供常规的签订单、收款、串带等一般服务，还主动提供节目内容介绍、节目收视率预测等资讯化的高端服务，更包括监播纪录、播出通知等延伸服务。对常年客户，还提供《东视广告资讯评介》，向客户解读东视节目与广告时段，提供最新收视数据。对部分有需求的客户，东视还提供免费的媒体组合策划创意，从而形成分层面、系统化的服务体系。

自打东视广告部开张，他们就意识到，计划经济时代媒体广告部门只是签签单子、串串广告、放放广告的那种运作程序，在市场经济激烈竞争的态势下，已经很难适应。全新的广告运作部门，不仅应当是东视的广告服务窗口，还应是东视的整合营销机构。

所谓整合营销就是一种对各种营销工具和手段的系统化结合，以使交换双方在交互中实现价值增值的营销理念与方法。整合就是把各个独立的营销综合成一个整体，以产生协同效应。"整合营销"理论产生和流行于20世纪90年代，是由美国西北大学市场营销学教授唐·舒尔茨（Don Schultz）提出的。整合营销就是"根据企业的目标设计战略，并支配企业各种资源以达到战略目标"。而传媒行业的整合营销就是要实现从"以传者为中心"到"以受众为中心"的传播模式的战略转移。因而，传媒整合营销理论对我国新的改革形势下传媒业的发展具有重要指导意义和实用价值。

自然，沈明昌等同事当时还未必完全了解整合营销的高深理论，但当时从实践上升到理论的说法是：

> 正是东视人那种敢拼敢干的创新风格，使东视广告部的领导班子已然把广告经营思维的转换，作为管理改革的抓手，因为，我们确实强烈地意识到，面对已经变化的市场格局，必须首先调整过去那种等客户上门的简单业务思维，而待之以整体化的市场营销思维，从改变观念入手，重组东视在新的市场环境中具有生命力的

广告管理结构，以营销抢市场，以服务争客户。

这一段"整体化市场营销"的说法，虽然没有"整合营销"的提法来得精辟，但英雄所见略同，东视人就是以这样一种从市场竞争的实践中悟出来的转型思维，开始了他们行之有效的大胆实践。

他们首先从市场需求出发，对电视广告的价目、扣率进行了合理的梳理和调整，制定出较为规范的价目表，以投放量与购买方式为依据，对扣率做了有章可循的详细规定，从而确保客户拥有一个公平、合理的竞争环境，使得价格这根杠杆在整体营销中发挥积极的作用。其次，他们清醒地认识到以4A广告公司为代表规模较大的综合性跨国广告代理公司的整合营销能量，以诚相待，坚决并坚持依靠以4A公司为主广告中间商的基本营销战略，同时一以贯之"有钱大家赚"的互惠互利原则，从而重点发展了与30多家大型广告公司的业务合作，逐步形成了相对稳定的中间商队伍，确保了广告业务的递升。有了一大批战略合作伙伴，东视人腾出大量精力，根据不同形态的节目和电视广告主的不同实力及在不同投放时期的需求，策划开创了"黄金10秒""3秒广告""双休日广告""特价组合广告"等新的广告承载形式，开拓出新的电视广告细分市场，形成新的利益增长点，受到广告客户和中间商的称道与欢迎，乃至一些新的广告公司也纷纷加入到合作的行列。不仅如此，东视广告部门还主动开展市场调研、节目调研、收视率调研，将这些调研信息和成果主动对外发布给客户、广告同行，对内发布给台内各节目部门，同时根据这些资讯，不断向台领导和客户，提供观众欢迎、客户青睐的创意节目整合营销方案。例如拳王泰森复出后的一系列拳王争夺赛转播，不仅赢得了良好的广告收益，而且提高了东视的整体影响力。再如，东视广告部门以市场营销理论为依据，根据权威部门提供的数据，按照东视各类创意品牌节目的定位和影响力，向客户描绘解读了东视收视对象群的主要特点——中青年多、白领居多、文化层次高、具有较强的消费购买力。这样的分析描述，无疑给东视节目的整体形象和东视广告的性价比增添了新的附加值，东视的广告收益也就一年超过一年。

东视广告在初建时期，免不了会有一些"一言堂""人情广告"等干扰因素，加上个别人见钱眼开，违犯了法规。但东视领导很快就发现问题，及时健全完善了东视广告的规范管理模式，做到签订合同、财务监督、扣率管理、领导监察、审查制度等各个业务环节都有法可依，有据可查。紧紧抓住财务和广告审查两条主线，从制度上消灭可能出现的各种隐患。同时他们将客户合同、财务决算、播出证明等工作程序全部电脑化、网络化、智能化，不仅大大提高了工作效率，避免了管理漏洞，还为节目分析、广告营销提供了大数据的智能服务。

东视开播五周年之际，中国广播电视出版社为东方电视台出版了一本精装本的《东方电视台台卷》，台卷讲述了大量东视创业创新的感人故事。与此同时，东方电视台正式迁入位于南浦大桥东南一侧的浦东新区东方路2000号新大厦。为纪念东视人的创业创新精神，经上海市地名办公室批准，东视大厦门前的主道"文登路"改名为"东方路"。

东视大厦

不向国家伸手，依靠浦东开发开放的东风，依靠创业创新的实干精神，短短五年，浦东新区改革开放的标志性建筑之一——一座高度信息化、自动化、智能化的现代化大楼东视大厦昂然崛起。

东视大厦占地面积3万多平方米，建筑面积4.5万平方米。主楼正立面通过花岗岩与玻璃幕墙的组合，巧妙构成英语"TV"大写字母的造型形象直观，大气恢弘。

东视大厦楼前是6千平方米的花园式广场，主楼有18层，124米高。两侧裙房各为一流规模的演播室和设施齐全的宾馆。大厦内拥有8套演播室，6套节目配音室和1个能容纳1千多名观众的多功能剧场式演播厅。具有每天自制15小时以上各类节目、可满足三个自办频道播出的能力。

短短的五年，东方电视台创造的文化产业奇迹岂止是成功创办了一个不要国家投资的一流电视台和东方大厦的崛起，还成功实现了与上海科学教育电影制片厂的影视合流，办起了上海东方篮球俱乐部、上海东方青春舞蹈团、上海东方小伙伴艺术团，投资建造了位于苏州市的苏州乐园影视拍摄基地等，这一系列文化产业运作的大手笔，都验证了"发展是硬道理"。文化产业大有作为，坚持改革开放，创业创新，就一定能创出一条自我创造、自我积累、自我发展之路。

风从东方来，从时代的浪尖上轻轻地走来，让自己的风采和世界相通，让自己的神韵和未来交融。尽管在上海文化产业新一轮改革的冲浪中，东方广播电台和东方电视台并入了上海广播电视台和上海文化广播影视集团。新的整合，是为了打造中国最具创新活力和国际影响力的广电媒体及综合文化产业集团。但是东广、东视的创业创新模式和创业创新精神，已然成为中国广播电视改革发展史的里程碑，东广和东视的创业创新故事，已然成为文化产业的教材案例，供人们研究与借鉴。

要点回顾

▲ 成立五台三中心的好处是：第一，把广电局的资源整合起来，可以发挥更大的作用；第二，电视台台长能够集中精力搞宣传；第三，为宣传提供的后勤、技术等保障工作可以更集中，更专业，更有质量。

▲ 从第一线上来的龚学平太清楚计划经济时代的广电系统的弊病——苦乐不均，缺乏竞争，资源稀释，活力衰竭。如果不在体制上创新改革，不仅宣传工作难以有起色，广电系统的生产力同样难以

焕发勃勃的生机。

▲ 虽然上海有线电视台只有不到10年的历史，虽然有线电视不再是新媒体的时尚宠儿，但在上海电视的发展史上，在新媒体的发展史上，上海有线电视台有过一段迅速崛起如火如荼的辉煌历程，为中国产业规模最大的省级新型主流媒体及综合文化产业集团，起到了添砖加瓦推波助澜的作用；作为电视新媒体的前奏或某一路先头部队，上海有线电视台也为数字技术普及与推进下的传媒革命及产业革命，立下了汗马功劳。

▲ 东方电视台创造的文化产业奇迹岂止是成功创办了一个不要国家投资的一流电视台和东方大厦的崛起，还成功实现了与上海科学教育电影制片厂的影视合流，办起了上海东方篮球俱乐部、上海东方青春舞蹈团、上海东方小伙伴艺术团，投资建造了位于苏州市的苏州乐园影视拍摄基地等，这一系列文化产业运作的大手笔，都验证了"发展是硬道理"。文化产业大有作为，坚持改革开放，创业创新，就一定能创出一条自我创造、自我积累、自我发展之路。

第七章

资本运作：文化产业第一股

东方第一塔和中国文化第一股
——东方明珠

这里还是要再说一说老局长邹凡扬。

在广电系统,邹凡扬是位思想解放、善于思考、有着前瞻性眼光的老干部。1979年1月28日,开启中国改革开放新纪元的党的十一届三中全会结束才一个多月,被宣布担任上海电视台临时领导班子负责人才五个来月的邹凡扬,就冲破禁区,批准播出了中国大陆第一条电视广告。他又慧眼识珠,大胆破格提拔同样思想解放,有勇有谋,敢冲敢闯的年轻有为的龚学平,并主动让贤,使得他的很多未竟的梦想得以实现,并创造性地发扬光大。

老局长离休前的一个最大的梦想,就是建造一座可以与世界上最高的广播电视台媲美的现代化电视塔。因为上海的210米高电视发射塔信号太弱,已经无法保证高楼林立中上海市民收看彩色电视的效果。

为了这个梦想,老局长和龚学平等局领导组队到国外考察,在日本考察了登塔可以眺望富士山的东京电视塔,在加拿大考察了当时世界上最高的多伦多电视塔,塔上还建有能容纳300多人的旋转餐厅和能隐约看到尼亚加拉大瀑布的观景阁楼——"太空甲板"……

邹凡扬见景触情,充满想象力地提出:我们上海也要建造一座世界上最高的广播电视塔。在一次小型会议上,他看到手边摆着一盒三五牌香烟,灵感上来,脱口而出,上海的广播电视塔可以是555米,比多伦多电视塔553米高出2米。

老局长的梦想受到某些人质疑,说他简直是"异想天开"。在当时还真是看似比登天还难的事。因为造这样一座庞然大物得花多少钱啊？钱从何而来？那时的电视台穷光蛋一个，连正常运转都要递交预算，由市政府拨款。虽然已经迈出了创收的步伐，但要想造塔，真的是痴人做梦。没钱还想做梦，岂不是"异想天开"？

不甘心啊不死心。当时正是编写"六五规划""七五规划"的当口，在时任上海市市长汪道涵的指点下，老局长给汪市长和时任国家广电部部长的徐崇华呈交了《上海广播电视事业发展规划问题的报告》和《上海广播电视事业"六五""七五"规划的后十年设想》。不久，国家广电部批复"广发函974号"文给上海市委、市政府。文中虽未直接提到支持新建电视塔，但文中要义显然强调了上海是我国第一大城市的重要地位和上海广播电视理应搞得好一些、先进一些的明确导向。

基于这些报告和这一批文，1984年7月16日，一份上海市外经贸委《关于同意中外合资（合作）经营400米广播电视塔及附属设施项目建议书的批复》，发到了上海广播电视局。

这几份文件，算是"异想天开"的梦想，进入了"纸上谈兵"的运筹阶段。

可是，一道"天堑"硬是横亘在所有人面前：钱从何来？谁来登天？不算一纸空文，但是无米之炊。眼看一年年过去，已经立项的广播电视塔建设几乎毫无进展。"一文钱难倒英雄汉"。运筹帷幄的老局长难倒了，太多的沟沟坎坎，谁是破冰击浪直挂云帆济沧海的冲浪儿？

还是老局长的伯乐识马，沙场点兵。

那时，还没有"文化产业"的提法，广播电视作为党和政府及人民的喉舌，抓好宣传，守土有责是广电系统主要领导的第一要务。这样的领导太多了。可是又要管好宣传，又要资本运作，如此九天揽月的扛鼎难事，这样的能人，在当时实在是难以寻觅。

与其说，老局长的功劳是提出了"异想天开"的美梦，不如说是老局长知人善任，任人唯贤，他将接力棒交到龚学平手中的时候，也将"异想天开"的难题，交给了龚学平。

对改革时代和老局长怀着深深报恩情结的龚学平，知道老局长的信任和托付是怎样的份量,龚学平更知道从此他走上了一条必定是充满风险充满艰辛充满争议的新的创业之路。

回首往事,就在笔者不久前深入采访龚学平时问道:"建造东方明珠广播电视塔,最难的是什么?"

"钞票啊。没有钞票,哪能造塔?'化缘'集资,是最伤脑筋的事,那时的广电局没钱啊,市政府也拿不出这么多的钱。愁啊!真是踏破铁鞋无觅处啊!东方明珠广播电视塔美梦成真,东方明珠股票上市,这条路完全是逼出来的,闯出来的,试出来的。当然没有小平同志的南方谈话,解放思想,不争议,大胆闯,哪有后来的长袖善舞?"

说得好:"解放思想,不争议,大胆闯。"小平同志在深圳画了一个圈,继而又在浦东定了一个调。浦东开发便日新月异起来。而东方明珠广播电视塔的兴建和东方明珠股份有限公司的上市恰逢其时,资金的筹措,得益于浦东开发开放的大背景,得益于一群梦想家和实干家践行小平同志提倡的"解放思想,不争议,大胆闯"。

事实上,邹凡扬选择龚学平,不仅因为他年轻,有思想,有才干,更因为他在担任上海电视台台长的短短几年中,抓改革,抓创收方面敢想敢闯,敢作敢为,上海电视台因此成为中国大陆电视改革和经济创收的排头兵,急先锋。这样一位立场稳、业务精、闯劲足,又喜欢在文化产业的初级阶段动脑筋想办法的有着巨大潜能的后起之秀,当然应该给他更大的舞台,让他有更大的作为。

事实上,上海电视文化产业方面长袖善舞的一群领军人物,包括龚学平、盛重庆、穆端正、朱咏雷、黎瑞刚、高韵斐等,最初都不懂市场经济不懂资本运作,只是钻研电视节目精通电视节目的业务高手,正是因为改革开放的大潮,浦东开发开放的大浪,文化产业的大汐,将他们推到了习水搏浪的前滩,他们在喝水淹水中学会冲浪驭浪,成为引领中国文化产业的冲浪高手,建功立业的传奇人物。

"那时候,我真的愁啊,几乎有四五年的时间都在为这件事犯愁,头发都愁白了。"

龚学平说愁白头发的"这件事"，就是几乎四五年的时间里，广电局和有关领导都在为建造新的广播电视塔巨额资金而殚精竭虑。自1984年起，广电局每年都会派出一两支访问团，奔赴美国、日本、德国、意大利、加拿大等国家，四处撒网，寻找愿意投资建塔的合作者。

"不能忘记龚浩成老行长啊！"在接受采访的时候，老领导龚学平口口声声提到龚浩成，"没有龚行长的鼎力帮忙，东方明珠广播电视塔的兴建还不知要拖到什么时候？"

龚浩成何许人也？

提起龚浩成，金融界无人不晓，他也是一位在改革开放年代屡建奇功的风云人物，著名的金融专家。1927年出生的龚浩成，长期从事金融证券研究和管理，曾负责筹建交通银行、上海证券交易所及上海外汇调剂中心。1984年起历任中国人民银行上海分行副行长、行长，国家外汇管理局上海分局副局长、局长，1992年起任上海证券交易所常务理事，1995年起任上海证券期货学院院长。朱镕基任上海市市长期间，经常深夜打电话到龚浩成家中咨询并讨论金融工作。

在20个世纪八九十年代，上海发生了一系列金融创新的大事件。那段时间担任央行上海分行行长的正是龚浩成。

有一个故事写进了历史。

20世纪80年代末，上海出现了一系列外商撤资现象，世界的目光注视着中国，揣测中国下一步改革开放的路何去何从？

就是在这样的大背景下，1989年12月4日，在康平路市委小礼堂，时任上海市市长朱镕基主持召开了市委常委扩大会议。会议开了一整天，专题讨论外资撤离后，金融改革怎么办？会议主要研究两个问题：一是面对外资撤走，如何加快金融改革？会上有关建立上海证券交易所的议题引起了争议。最后，主持会议的朱镕基对龚浩成说："老龚，搞了再说，慢慢扩大。"会后，成立了由李祥瑞、龚浩成、贺镐圣三人组成的筹建上海证券交易所领导小组。

在当时的情况下搞证券交易所风险极大。有的人对龚浩成说："老龚，千万不要搞这个，将来中国的资产阶级就会从这里产生。"

顶着压力，朱镕基对龚浩成和李祥瑞说："你们两位不用害怕，出了事我和刘鸿儒负责。"

1990年11月26日，上海证券交易所成立，立刻在国内外引起了轰动。

就是这样一位顶着风险建起了上海证券交易所的金融界领军人物，当1990年初一个早晨，时任上海广播电视局局长的龚学平，抱着外商撤离唯有突围自救的求助心情，前来拜访他的时候，这两位在改革开放大潮中锐意进取的冲浪者，谈得特别投缘。

龚学平当然是破釜沉舟，有备而来。他带来了国家计委和上海市计委的批文，带来了东方明珠广播电视塔的设计方案和建塔预算，更带来广电局的资产状况和还款能力，当然包括东方明珠广播电视塔建成后的社会效益和经济效益的预测。

如此诚恳与直率，如此较真与精明。感动了同样精明与热忱的龚浩成。他立刻布置下属进行调研。调研的结果令他对龚学平更加欣赏，也更为信任。因为这个项目的建成不仅将为上海增加一道新的风景线，为上海市民增添了福祉，而且已经在商业运作方面作出成效的广电局完全具备还款能力。按照广电局每年的经营收入，扣去开支，可以使用的发展基金每年超过1 500万元人民币，完全可以用来支付贷款。

于是，这位在金融界具有威信和号召力的央行上海分行行长，亲自给上海各大银行行长打电话，宣传并推荐东方明珠广播电视台的建设项目。不久，由龚浩成牵头由工商银行、中国银行、建设银行等44家银行参加的联合银团宣告成立。期间，为打消某些银行对文化单位的赢利能力表示怀疑的顾虑，龚学平还亲自登门拜访一家家银行行长，并邀请各家银行行长到广电局，向他们介绍兴建电视塔的概况，提供保障还款能力的法律文书，彼此协商融资事宜。

1991年4月10日，上海广播电视塔银团贷款签字仪式在上海银河宾馆隆重举行。这一天写进了《上海广播电视志》："1991年4月10日，由工商银行浦东分行牵头、中国建设银行浦东分行，全市44家金融机构组成银团，为修建上海广播电视塔工程提供1.5亿元人民币和1 000万美元的贷款，举行合同签字仪式。"

这一天，也写进了上海改革发展和城市建设发展史，从此，上海有了新的名片，新的标志性建筑；"东方明珠"的美誉不仅仅是香港享有，上海也因此而芳名远扬。

这真是山穷水尽疑无路，柳暗花明又一村。

《上海广播电视志》虽然没有写到龚浩成的名字，但上海的广电人不会忘记他，上海人民也不会忘记他。历史不会忘记在改革开放大潮中冲浪冒险为上海发展建功立业的奉献者。

笔者在修改此文初稿的时候，有幸得到老领导推荐的一篇文章，即前中国工商银行董事长姜建清发表于2018年8月的回忆文章《大珠小珠落玉盘——"东方明珠"背后的银团故事》。文章用大量的细节和金融数据，讲述了当年东方明珠广播电视塔化缘过程的曲折与复杂，讲述了中国金融界抱团冲浪，开创了中国第一个全部由中国银行业参与的本外币银团贷款的成功案例：

> 1986年确定上海广播电视塔及附属公共游乐设施总建筑面积2.7万平方米，总项目投资为5 000万美元，其中1 000万美元为项目配套资金，准备由上海久事公司筹措。4 000万美元原考虑使用加拿大政府提供的混合贷款（70%是十年期的出口信贷，30%是50年期无息贷款），1987年加拿大政府也已初步承诺。然而两年后，因一些政治性因素，加拿大方面毁约了。"东方明珠"项目建设资金卡壳，项目建设也因此延缓。1990年中央宣布浦东开发开放，早已规划好的东方明珠广播电视塔项目，又成了浦东开发最早的标志性工程，如何克服困难，自力更生建成这一世纪性的工程，国内外格外瞩目。焦急的上海市广播电视局领导频繁地找人民银行和国有商业银行上海市分行的领导商量解决对策。

浦东开发开放的过程,是改革创新、敢闯敢干的过程。这一精神也充分体现了东方明珠银团贷款的项目中。面对国际环境的变化,筹措外资遇到障碍,眼睛就向内看吧。业主上海广播电视局大胆地提出自筹、自建、自还的思路,来建设通常由财政拨款解决的广播电视塔项目。时任人民银行上海市分行领导为此召开了会议,专题研究资金解决方案。工商银行等银行大胆提出利用国内银团贷款来替代国际融资,经过一番争论后这一方案被认同了。提出银团贷款方式筹集东方明珠建设资金也是无奈之举。上海广播电视塔最初投资概算5 000万美元。后因规划批准时间已久、物价变动,加之建筑面积扩大、标准提高,1993年投资总额调整为6.2亿元人民币,1994年再调整为8.3亿元,其中银行贷款3 760万美元和29 000万元人民币。在贷款决策的那年这可不是一笔小数额。

浦东开发早期几年,工商银行浦东分行与上海统计局、浦东新区统计局合作编著了《上海浦东新区统计年报》,查阅该书,1990年浦东新区的贷款余额只有28亿元人民币。作为上海市最大的银行,1990年工商银行上海市分行当年新增人民币贷款为66.5亿元,承担上海市工业商业的发展和技改建设已经捉襟见肘。电视塔的电梯和播视等关键设备等需要进口,那时银行的外汇贷款规模更小,1990年工商银行上海市分行当年新增的外汇贷款仅有1 114万美元。因此面对规模巨大、期限又长的东方明珠贷款,哪一家银行都承担不下,只能依靠各家银行齐心合力,"众人拾柴火焰高"了。

银团贷款的方案确定后,上海市各家银行的参与热情很高。刚成立不久的工商银行上海市浦东分行和建设银行上海市浦东分行,被确定为东方明珠银团贷款的牵头行及分别担任外汇和人民币银团代理行,一共12家银行和金融机构参加了此银团贷款。工行浦东分行参与外汇贷款890万美元和人民币贷款6 250万元,建行浦东分行参与外汇贷款610万美元和人民币贷款6 250万元，两家银行是银团贷款最大份额的参加行。上海城市信用联社没有外汇业务，也积极参与了2 000万元的人民币银团贷款，令人感动的是，这2 000万贷款还由30多家城市信用社凑齐份额。全部银团贷款分三期发放完毕，银团的首期贷款于1991年4月10日在上海银河宾馆签约，贷款1 000万美元和15 000万元人民币，借款人系上海广电局下属单位——上海广播电视发展公司。上海浦东发展银行于1993年1月9日才开业，赶不上首期贷款，他们也参与了后期的银团贷款。东方明珠银团贷款项目充分体现了上海金融业积极支持浦东开发开放、团结一心的精神。

作为浦东开发第一个被确定的标志性项目，作为第一个创新的银团贷款项目，工商银行浦东分行担任银团牵头行和代理行，感到沉甸甸的压力。银团贷款改变了传统单一借款人对应单一贷款人的方式，而由工行等牵头，联合上海多家银行及非银行金融机构，采用同一贷款协议，按商定的相同期限和利率等条件向同一借款人提供贷款。各家贷款人在贷款业务中独自承担权利、义务和风险。这在中国可是一件"新生事物"。在这之前我们从来没有办理过本外币银团贷款，没有银团贷款的合同文本和运作规程，加之涉及外汇贷款，还得考虑汇率风险。

记得有一次我与工行浦东分行信贷部经理金介予去北京出差，在王府井新华书店寻得一本国内少见的"银团贷款"专业书，当时喜出望外，如获至宝。我们还查阅了大量国际银团资料，对起草文本反复推敲，字斟句酌，终于拿出一本结构严谨规范，符合国际惯例的银团贷款合同。以龚学平局长为首的上海广播电视局十分谨慎，召开党委会多次讨论银团贷款合同，提出修改意见与我们商榷。在贷款审查时我们也十分谨慎，东方明珠银团贷款主要是使用技改贷款方式的，而当时的技改贷款一般期限5年，最长期限为7年。上海市广播电视局在最初的项目可行性报告中，按6元的登塔门票预测，需11年才能还清贷款本息。我们也对东方明珠电视塔建成后的主要财务来源——登塔门票收入进行了财务分析，分别按登塔门票每人每次5元、8元和12元进行预测，得出贷款归还期分别为12年、8年和5年三种结果。在银团贷款分析讨论时，银行几乎没有人相信登塔费高达12元会被人接受。有人甚至说5元登塔也不会去。我们犹豫了许久，有些忐忑不安。虽然出自于对浦东开发开放前景的坚定信念，贷款还是被通过了，但我们内心也作好了贷款延期归还的准备。

东方明珠电视塔于1991年7月30日奠基仪式，1995年5月1日项目竣工。不过颇有戏剧意味的是，电视塔建成后4年多，银团贷款提前全部还清了。今日登塔门票价格不菲，还是人头攒动、游客如潮。2015年东方明珠电视塔的游客数已超500万。年观光人数和旅游收入在世界各高塔中仅次于法国埃菲尔铁塔而位居第二。回顾历史只能自嘲当初的我们缺乏"远见"。

东方明珠银团贷款是中国工商银行牵头主办的第一个本外币银团贷款。它的创新作用和示范意义超过了项目本身。正是它的引路，之后工行浦东分行又与兄弟银行牵头了35 000万元的杨浦大桥银团贷款。1993年浦东基础设施建设全面铺开，建设资金短缺日渐严重，基建规模亦成滞碍。我提出利用外资银行银团贷款来推进浦东杨高路等七条路建设。在浦东新区赵启正主任和黄奇帆副主任的支持下，以陆家嘴、金桥、外高桥三家开发区公司为承借单位，由工行浦东分行任牵头银行，16家外资银行分行组成1.5亿美元的三个银团，开启了当时最大规模浦东的主干道建设。之后浦东新区的银团贷款更呈蓬勃发展之势，内环线浦东段、浦东国际机场、轨道交通、"上海中心"大厦、上海迪斯尼、前滩项目开发等都通过银团贷款方式筹措资金，充分反映出浦东开发开放进程中的金融现代化和国际化。

正如《人民日报》的一篇文章所评论的：所当乘者势也，不可失者时也。历史已经证明并将继续证明，深化改革开放，正向推动是机遇，倒逼推动也是机遇。改革开放路上的种种考验，将不断练就改革发展的新高度。东方明珠的融资过程，就是遇到问题倒逼后，不放弃，不泄气，而是通过解放思想，大胆探索出国内银团贷款的融资之路，从而引领改革开放创造了新的发展机遇，攀登了新的高度。

为了纪念东方明珠广播电视塔银团贷款的创新之举，银行系统还破天荒地通过上海造币厂发行一套两枚大铜章。大铜章的一面是相同的图案，视角是站在浦东眺望浦西。468米高的东方明珠广播电视台矗立铜章中间偏右位置，映现出"大珠小珠落玉盘"的俊秀身姿，图案上方"东方明珠"系江泽民总书记的题词。隔着近处涛涛的黄浦江水，翘望着对岸巍巍的外滩建筑。两枚铜章另一面的文字是不同的。一枚的文字是"东方明珠广播电视塔。3 760万美元银团贷款纪念。发起行——人民银行上海市分行。牵头行——工商银行上海市浦东分行、建设银行上海市浦东分行"。另一枚上的文字呈现了贷款币种的差别，为"29 000万人民币银团贷款纪念"，两家牵头行的位置也更换了一下。这两枚大铜章直径均为60毫米，分别重120克，各自发行2 500枚。

凿开融资的坚冰，幸运接踵而来。然而，机遇不会垂青于毫无准备或者无所作为之人，幸运女神只会给那些锐意创新永不滞步的开拓者抛出绣球，抓住稍纵即逝的绣球同样需要眼力、魄力与智慧。

1991年与1992年的冬春之交，注定是个春潮萌动的季节。随着上海证券交易所的鸣锣开张，金融改革、国企改制、股票上市、炒股发财成了当时的热门话题。

也是1991年底的一天，上海的花园饭店里，上海金融界正在举行迎新晚宴。与会的金融界大佬与受邀的嘉宾们都在纷纷议论人们关心的热门话题。说来也巧，龚学平邻座的嘉宾正是时任上海市体制改革委员会的副主任蒋铁柱。热聊中，蒋铁柱提起上海体改委还有几个改制上市的额度还没用掉。现在没有用掉，恐怕来年要重新分配，或许还会有新的说法。机灵的龚学平立马听了进去。几年来无时无刻不为东方明珠"化缘"问题操心的龚学平，虽然因44家银团提供贷款的合作意向已经明确而暂时松了一口气，可是这1.5亿元人民币和1 000万美元的贷款，只是启动资金，对于东方明珠广播电视塔第一期工程兴建需要的7到9个亿的资金而言，毕竟是杯水车薪。虽然龚学平对当时的股票上市、企业改制、资本运作还并不精通，此前，他也请教过时任中共上海市委副秘书长兼证券领导小组成员陈祥麟，陈祥麟亦向他介绍过上海市有关体制改革和推行股票上市的设想，包括也有人曾经建议发行东方明珠建设债券的做法，他那时似乎觉得条件并不成熟。可这回，心有灵犀一点通的他，本能地感觉机会来了——一个为东方明珠拓展融资渠道，做大事业的天赐良机来到了。雷厉风行的龚学平马上拽住时任上海市广电局发展公司的总经理丁峰，认真请教蒋铁柱如何将东方明珠广播电视塔项目上市，如何撰写向体改委申请改制上市的报告。

春风得意马蹄疾，一日踏遍长安花。从晚宴回来的那几天，丁峰和他的副手高向荣几乎天天下了班就往龚学平家里跑，每每商谈到深夜，以致身为画家的龚学平夫人总要为他们做夜宵慰劳他们。

1991年12月26日，申请上市的报告送到了蒋铁柱手中。而上海广电人的办事效率终于没有让政策调整前的机遇失之交臂。

排队挂上了号，接下来一系列繁琐的程序照样不能掉以轻心。

委托上海社会科学院会计事务所和上海第一律师事务所进行发起人资产的评估核算和法律公证。上海证券期货监管办公室和有关银行参加东方明珠改制上市的协调会议。

饮水不忘掘井人。推动东方明珠广播电视塔的功臣还有一人。那就是上海证券期货管理办公室的实干家张宁。

张宁又是何许人也？改革开放后新中国第一股"小飞乐"的第一

次分红方案，就是1986年，由中国人民银行上海分行金融管理处科长张宁主导设计的。后来她到上海证券期货管理办公室工作，参与指导完成了新中国文化产业第一股东方明珠股份有限公司的招股说明书。1993年5月张宁出任上海证券期货管理办公室副主任，后来担任中国证监会上海监管局党委书记、局长，上海稽查局局长。

在完成招股说明书的过程中，时任上海广电局局长助理叶志康来到张宁办公室，一起计算、商量，最终确定东方明珠的股票发行价为每股5.1元人民币，向社会法人和个人招股2 000万股。

《上海广播电视志》记录了这样一行脚印："1992年4月24日，全国文化系统首家股份有限公司——上海东方明珠股份有限公司成立。该公司由上海广播电视发展总公司、上海电视台、上海人民广播电台和《每周广播电视》报社发起组建的以公有股为主体的股份有限公司。由龚学平担任董事长。"

一个月后的1992年5月25日，上海东方明珠股份有限公司正式向公众发布招股说明书。如此一来，东方明珠一下子又募集了资金1.02亿元。加上以后股份公司不断地送股配股，建塔的后续资金再也不用犯愁了。

也许不能写入正史，但上海广播电视系统的全体员工至今提起东方明珠的上市，依旧津津乐道于当时每人享受的职工股，也是原始股，虽然有所差异，虽然只是象征性的一点点，但大部分员工在职工股允许上市的时候抛掉后，最少一人也赚了两三万元人民币。至于少数有投资眼光的员工一直捂着没有抛掉，那肯定是

东方明珠广播电视塔

赚得盆满钵满了。当然，说起来，这也是上海广电人集资为东方明珠广播电视塔的建设作的一点小小的贡献。

然而，这样一件利国利民的好事，在当时还是受到某些人的质疑。

事实证明，以唐代大诗人白居易的名诗《琵琶行》中的名句"大珠小珠落玉盘"创意的东方第一塔，不仅避开了电波信号遇到高楼的阻隔，而且因其造型壮美，功能多样，已然成为上海的新标志，新景观，新名片。外国元首、国家领导人和海内外的游客纷纷慕名而来，光是每年的门票收入和游客们在塔内消费的各种收入，就早已收回东方明珠广播电视塔的建设投资。

选址陆家嘴，硬是在市领导的协调下，将原定建造港务局导航大楼的黄金宝地挪位。

用龚学平的话说，一定要造一座超常规的为之骄傲一百年的高塔。招投标邀请了权威专家对各路高手设计的12套方案反复评审，终于选定由三根直径7米的圆柱鼎力斜撑467.9米高的主塔，确保12级台风和9级地震而屹立不倒的"东方明珠"方案，"东方明珠"由此命名。

兴建中的东方明珠广播电视塔（1992年7月27日摄，东方明珠塔四十米高时西立面）

前瞻眼光不仅仅表现在东方明珠广播电视塔的发射天线桅杆长度110米，为世界第一，具有发射9套开路电视和10套调频广播节目的能力，能够无线覆盖整个上海市及邻近省份80公里半径范围的地区，而且还在于塔体自下而上设计成塔座、下球、中间5个小球、环廊、上球、太空舱、发射天线桅杆等，分两期建设总体面积近10万平方米的空间里，规划设计了文化娱乐、旅游观光、商贸餐饮等一系列文化与商业功能。恐怕连造梦者都没有想到，如此规划运筹，竟然引发并创造了一连串中国文化产业乃至世界商业界的奇迹。

东方第一塔，造就了中国广电行业第一股，造就了中国文化产业第一股，造就了上海市50家重点大型企业之一，造就了上海证券交易所"180"指数样板股之一，继而又造就了"50"指数样板股之一，造就了中国最具发展潜力上市公司50强之一，造就了中国科技上市公司50强之一，造就了"上海市著名商标"和"中国驰名商标"美誉。

时至今日，更造就了中国广播电视领域第一个航空母舰式的互联网新媒体集团。

天时，地利，人和。

不妨用数据说话吧。

1994年2月，东方明珠股份有限公司在上海证券交易所挂牌上市，总股本为4.1亿股，注册资本为31.68亿元。

仅仅过去了20年，东方明珠股份有限公司变身为东方明珠新媒体股份有限公司。

中国文化产业概念的提出，其实是远远滞后于文化产业的萌发与发展的。而文化产业之所以如钱江之潮般澎湃汹涌，其实离不开一批批不仅仅"摸着石子过河"，而是"踩着地雷前行"的冲浪儿和传承者。

如今活跃在中国电视文化产业风口浪尖上的风云人物，已是慎海雄、黎瑞刚、裘新、徐世平、王建军、高韵斐、宋炯明等这样一群视野更为开阔思想更为活跃胆魄更加宏大的传媒少帅们。

东方明珠的三级跳远已然完成，全新的架构、全新的机制、全新的愿景，让后来者不敢懈怠，好在"东方明珠"加入了"新媒体"的后缀，已然为新媒体崛起的时代扬起了新的远航的风帆。不信，请到东方明珠电视塔内的全国首家、上海最高的室内"高空VR过山车"，体验一下高科技的城际高空冒险，立刻就可感知今日的东方明珠，早已今非昔比。

笔者前不久亲身体验了高空冒险的惊心动魄：坐上东方明珠塔内

95米的过山车，戴上VR眼镜，列车缓缓移动，镜内的画面出现浩瀚的宇宙、星空，将人引入心旷神怡的美好享受。蓦然人体瞬间失重，咻一下"飞出"了东方明珠塔，脚下便是万丈高空，云层就在手边漂浮。过山车带着游客从陆家嘴环球金融中心顶端起瓶器造型的口子穿出去，又突然180度地急转弯，感觉分分钟要被甩飞到九霄云外，像飞龙般穿游在陆家嘴金融城摩天大楼的楼宇间，整个人似乎完全失去了控制，在阵阵惊叫声中，又实实在在地回到地面。

所谓VR（virtual reality）即是虚拟现实，看到的场景和人物全是假的，是把人的意识代入一个虚拟的世界。这一颇具科技含量的新玩意，居然又是东方明珠的"始作俑者"，老领导龚学平再次牵线，会同东方明珠新媒体股份有限公司旗下的幻维数码有限公司、上海视觉艺术学院联合研制，利用东方明珠电视塔内空间，以市场化的方式运行，迅速引起海内外观众的游乐兴趣。看似寻常的过山车，配套上360°纯3D画面、自主研发的渲染引擎和同步软件，借助令人新奇的陆家嘴金融城摩天大楼的空中美景，就成为了精细而有创意的VR作品，驭观光赏景与游乐冒险为一体，短短几分钟，单独的票价居然高达70元。难怪陆家嘴地区那么多摩天大楼，虽然都开设了观光项目，可观光游玩的人数和收入，就是远远不及东方明珠。

东方明珠广播电视塔夜景

永远在传承与探险的前行路上，永远在创业与创新的冲浪中，东方明珠诞生与发展的故事，就是文化产业经典的案例。

诚如曾任东方明珠新媒体股份有限公司董事长黎瑞刚充满激

情的演讲：

"瞭望未来，我们要基于历史。东方明珠用一句话表示，它是中国文化体制改革的先行者。20年前，浦东开发开放，在我们脚下的这片热土，东方明珠应运而生，中国第一个文化类上市公司，让中国骄傲的文化品牌。当我们今天站在这里，我们要向过去的奉献者献上敬意，那是我们改革出发的原点。"

2014年8月18日，习近平总书记在中央全面深化改革领导小组第四次会议发表重要讲话强调，推动传统媒体和新兴媒体融合发展，要遵循新闻传播规律和新兴媒体发展规律，强化互联网思维，坚持传统媒体和新兴媒体优势互补、一体发展，坚持先进技术为支撑、内容建设为根本，推动传统媒体和新兴媒体在内容、渠道、平台、经营、管理等方面的深度融合，着力打造一批形态多样、手段先进、具有竞争力的新型主流媒体，建成几家拥有强大实力和传播力、公信力、影响力的新型媒体集团，形成立体多样、融合发展的现代传播体系。

上海广播电视台、上海文化广播影视集团有限公司的揭牌（2014年3月31日），以及全新的东方明珠新媒体股份有限公司挂牌（2014年11月22日），恰好在习近平总书记这一重要讲话的前后，可见上海文广新一轮体制改革恰逢其时。

在本书完稿之时，笔者特意浏览了上海广播电视台和上海广播影视集团有限公司的网站，其简介如下：

上海广播电视台和上海广播影视集团有限公司（英文统称Shanghai Media Group，简称"SMG"）是中国目前产业门类最多、产业规模最大的省级新型主流媒体及综合文化产业集团。共有从业人员15 000余人，总资产达611.67亿元，净资产424.90亿元。业务涵盖媒体运营及网络传输、内容制作及版权经营、互联网新媒体、现场演艺、文化旅游及地产、文化金融与投资、视频购物等领域。

笔者特别留意集团的家当："总资产达611.67亿元，净资产424.90亿元。"

显然，这是个保守却又实事求是的数据，因为在传统电视媒体受到新媒体的巨大冲击，在股市低迷的当下，上海广播电视台和上海广播影视集团有限公司虽然遭遇了前所未有的低谷，用台长兼总裁高韵斐的话说：互联网风暴、5G时代的来临颠覆了一切现成的模式和经验，但因为有了60年的辛苦积累，其总体实力依旧独占全国省级电视系统鳌头，其在融媒体转型整合的新一轮创业创新中，正在实施全新的规划和布阵。其麾下的上市公司东方明珠互联网股份有限公司2019年上半年的年报交出了一份令人满意的卷子：

东方明珠2019年8月27日晚间公布的2019年中报显示，公司上半年实现营业收入57.06亿元，归属于母公司股东净利润10.71亿元，归属于母公司股东扣非净利润7.24亿元，较去年同期增长6.18%。在文化传媒行业整体低迷的情况下，东方明珠通过改革创新，主营业务发展稳定向好，盈利能力稳步提升。

上半年，公司坚持做精做强主业，持续推进改革创新，打出了一系列组合拳：启动影视板块整合，激发内容创制新活力；以超高清内容为核心抓手，发布"五个一"超高清视频发展规划，提升5G环境下的内容新能级；视频购物启动ERP巨人计划，构建"电商＋媒体特色"视频购物中台，向新型互联网购物转型；文旅消费迭代升级，多样文化产品的开发助力明珠塔客流再创历史新高。在以变革改造提升存量业务的同时，东方明珠还积极谋求转型发展，催生培育新动能，包括深入推进智慧城市建设、持续打造东方智媒城产业集聚区、积极投身国网整合控股东方有线等在内的重要布局，为公司高质量、可持续发展提供不竭动力。

报告期内，公司作为国有文化企业龙头地位稳固，用户规模持续增长：截至2019年上半年拥有5 124万IPTV用户，6 000万有效数字付费电视用户，3 426万OTT业务用户，1 250万东方购物会员，东方明珠塔上半年游客超400万人次。

笔者特别注意到，迄今为止，东方明珠互联网股份有限公司的总资

东方明珠电视塔内的 VR 过山车

产达到了374亿元人民币,这不仅较初创时又有了跨越式的提升,而且占据了上海广电影视集团总资产的半数以上。

东方明珠,不仅仅是东方第一塔,上海城市的名片;东方明珠,中国文化产业第一股,还在为打造中国最具创新活力和国际影响力的广电媒体及综合文化产业集团,高高竖起新一轮创业创新的旗帜。

要点回顾

▲ 2014年8月18日,习近平在中央全面深化改革领导小组第四次会议发表重要讲话强调,推动传统媒体和新兴媒体融合发展,要遵循新闻传播规律和新兴媒体发展规律,强化互联网思维,坚持传统媒体和新兴媒体优势互补、一体发展,坚持先进技术为支撑、内容建设为根本,推动传统媒体和新兴媒体在内容、渠道、平台、经营、管理等方面的深度融合,着力打造一批形态多样、手段先进、具有竞争力的新型主流媒体,建成几家拥有强大实力和传播力、公信力、影响力的新型媒体集团,形成立体多样、融合发展的现代传播体系。

▲ 小平同志在深圳画了一个圈,继而又在浦东定了一个调。浦东开发便日新月异起来。东方明珠电视塔的兴建和东方明珠股份有限公司的上市恰逢其时,资金的筹措,得益于浦东开发开放的大背景,得益于一群梦想家和实干家践行小平提倡的"解放思想,不争议,大胆闯"。

▲ 事实上,上海的电视文化产业方面长袖善舞的一群领军人物,包括龚学平、盛重庆、穆端正、朱咏雷、黎瑞刚、王建军、高韵斐、宋炯明等,最初都不懂市场经济不懂资本运作,只是钻研电视节目精通电视节目的业务高手,正是因为改革开放的大潮,浦东开发开放的大浪,文化产业的大汐,将他们推到了习水搏浪的前滩,他们在喝水淹水中学会冲浪驭浪,成为引领中国文化产业的冲浪高手。

▲ 东方第一塔,造就了中国广电行业第一股,造就了中国文化产业第一股,造就了上海市50家重点大型企业之一,造就了上海证券交易

所"180"指数样板股之一，继而又造就了"50"指数样板股之一，造就了中国最具发展潜力上市公司50强之一，造就了中国科技上市公司50强之一，造就了"上海市著名商标"和"中国驰名商标"美誉，更造就了中国广播电视领域第一个航空母舰式的互联网新媒体集团。

▲ 黎瑞刚2014年11月22日在全新的东方明珠新媒体股份有限公司挂牌的发布会上充满激情地演讲："瞭望未来，我们要基于历史。东方明珠用一句话表示，它是中国文化体制改革的先行者。20年前，浦东开发开放，在我们脚下的这片热土，东方明珠应运而生，中国第一个文化类上市公司，让中国骄傲的文化品牌。当我们今天站在这里，推动重组的时候，我们要向过去的奉献者献上敬意，那是我们改革出发的原点。"

上海电视创业创新大事记（1956—1998）

1956年

8月2日　上海电台写报告给中共上海市委申请筹建上海电视台。

1957年

7月26日　上海电台台长苗力沉、副台长陈浩天，再次向中共上海市委、市委宣传部报告，介绍了中央广播事业局关于在北京筹建小型电视台的决定和建议上海也建小型电视台的有关内容，希望市委批准在上海建立电视台。

1958年

3月　中共上海市委正式批准筹建上海电视台，隶属于上海人民广播电台。

4月2日　建立上海电视台筹建小组，由赵庆辉负责。

10月1日　上海电视台正式建成并开始试播黑白电视节目，播出的第一条新闻是：《1958年上海人民庆祝国庆大会和游行》。电视台发射功率500瓦，伴音250瓦。使用频道：5频道。工作人员有34人，分编辑、技术、行政3个组。电视台台址设在南京东路627号新永安大楼。

10月25日　上海电视台以现场直播形式播出第一部电视剧《红色的火焰》。该剧由李尚奎、沈西艾编剧，周峰导演。

11月22日　上海电视台第一次使用国产转播车在人民大舞台转播由四川省革命残废军人教养院课余演出队演出实况。

12月5日　上海各界在文化广场欢迎朝鲜民主主义共和国首相金日成和他率领的朝鲜政府代表团，上海电视台转播了大会实况。

12月31日　上海电视台播出第一台综合文艺晚会《欢庆新年》，有15个专业、业余文艺团体参加演出。

1959 年

2月7日　上海电视台举办建台以来的第一个"春节晚会",演出戏曲、音乐、舞蹈等节目。

9月30日　上海电视台播出第一部由本台摄制的专题片(电视纪录片)《飞跃吧,英雄的城市!》。

10月1日　上海电视台正式对外播出。每周播出3次(周二、四、六)。当天上午,在人民广场实况转播上海人民庆祝建国10周年典礼和60万人的盛大游行实况。晚上,转播了人民广场的联欢晚会实况,播放了故事影片《老兵新传》。

10月6日　上海电视台播出多场大型电视剧《红云崖》。

1960 年

4月6日　上海电视大学开学,学员有16 000多人。与上海电视台合用一个频道。办公地点设在南京东路627号上海电视台内。

6月29日—7月2日　中央广播事业局在上海召开《散射传输协作研究会》,参加会议的有上海、江苏、浙江、山东、苏州、无锡、徐州7个省、市广播电台的技术负责人和技术人员。会议交流了超远程电视接收传输技术的经验和建立北京到上海远程传送电视节目问题,并且讨论了华东地区电视网规划等。

1961 年

5月1日　中共中央主席毛泽东在上海电机厂参加庆祝五一国际劳动节大会和上海各界庆祝五一节联欢,上海电视台拍摄的电视新闻片在北京电视台播出。

9月　上海电视台自行设计、制造(由何正声主持)的7.5千瓦级的电视发射机完工,交付使用。发射功率由开播时的500瓦扩大到7.5千瓦。

1962 年

7月　上海电视台设计和制造的35毫米和16毫米两套视象管电视电影讯道投入使用。

8月5—6日　上海电视台播放了反映第六人民医院施行断手再植接活青年工人王存柏右手成功《断手复活》的电视新闻片。

1965年

4月30日　上海电视台播出世界上最先进的发电机——双水内冷汽轮发电机在上海电机厂创制成功的电视新闻。

8月30日　上海电视大学试办《电视专题讲座》，讲授物理和化学等方面的知识，每周两次（10月8日结束）。

1966年

2月1日　上海电视台以电视新闻、表演唱、沪剧、歌剧等形式，用将近一个半小时，歌颂织布工人杨富珍的先进事迹。

1969年

11月　上海电视台第一次以屏幕录像记录了美国阿波罗12号登月飞行。

1970年

12月15日　中央广播事业局在北京举办彩色电视设备研制成果展览，上海电视台与南通无线电厂合作试制的米波第三波段八频道1千瓦彩色电视发射机送展。

1971年

3月9日　中共上海市委常委会批准将南京西路651号作为上海电视台的新址，并批准了建设工程设计方案。

1972年

2月27—29日　美国总统尼克松访华，由周恩来总理陪同从北京到上海，中美谈判成功，发表《中美联合公报》（史称《上海公报》）。上海电台、上海电视台对这一历史性事件作了报道。并派出业务、技术人员20余人，协助美国随团广播、电视记者进行电视实况转播和实况录像。

9月25日 上海电视台安装成功210米的电视塔,为当时上海最高的建筑物。

1973年

8月1日 上海电视台彩色电视开始试播,每周三、六用5频道播出两次,发射功率为1千瓦。

1974年

12月26日 上海电视台在新址第5频道7.5千瓦播黑白电视,第8频道10千瓦播彩色电视,正式启用210米的新建电视发射塔。

12月 上海电台试制完成国内第一套双环电视发射天线,供8频道使用。

1975年

5月1日 上海电视台第8频道播出彩色电视节目,从每周3次增加到6次。

5月11日 上海广播事业局与中国唱片厂联合试制成中国第一套全固体化播控中心。

7月 上海市广播电视局先后派技术人员赴赞比亚,援建同声传译、电子显示屏幕、扩声和彩色闭路电视等设备。

10月 上海电视台第二套彩色电视中心安装完毕,至此,上海电视台节目全部用彩色播出。

同月 全国第一部国产彩色转播车在上海电视台投入使用。

1976年

1月12日 上海电视台记者冲破江青反革命集团的禁令,分七路拍摄上海广大军民沉痛悼念周恩来总理逝世的活动,制成长达18分钟的纪录片,审片时被删为6分钟,而且只准播一次。

9月1日 上海电视台正式启用从电视台至泰兴大楼总长度为961米的中同轴电缆传送节目,为上海—北京直接传送电视节目提供了重要手段,为提高电视节目的技术质量创造了条件。

1978年

1月1日 《每周广播》节目报复刊，改名为《每周广播电视》，由上海市广播事业局宣传办公室主办。

4月24日 上海电视大学恢复。上海市革委会副主任杨恺兼任校长，郑英年兼任副校长，学员近万人。

11月 上海电视台举办"实践是检验真理的唯一标准"电视讲座，邀请理论工作者和文艺界人士夏征农、徐盼秋、王西彦、唐秋生、周抗等主讲。

12月23日 中共十一届三中全会18日至22日在北京召开。上海电视台播出了大会召开和三中全会公报的新闻报道以及上海各界人民热烈欢庆党的三中全会胜利召开的新闻片。

1979年

1月28日 上海电视台播出中国电视史上第一条电视广告："参桂养荣酒"，片长1分30秒；同年3月15日，播出国内第一条外商电视广告"瑞士雷达表"，片长60秒。

5月1日 中共中央副主席、国务院副总理邓小平为上海电视台题名，上海电视台作为台标即日起同观众见面。

6月 上海市广播事业局派工程师与上无三厂联合设计、制造的40千瓦5频道电视发射机调试完成。

7月1日 上海电视台播放颂扬与江青反革命集团作斗争而献身的张志新烈士的电视报道剧《永不凋谢的红花》，编剧黄允。上海电台播出广播剧《共产党人正气歌》。

9月24日 上海市教育局和上海市广播事业局联合开办的全国第一所电视业余中学举行开学典礼，学员达17万人。

9—10月 第四届全国运动会在北京举行。上海电视台新闻部记者祁鸣、穆端正前往采访。这是上海电视台第一次派出记者采访全国大型体育比赛。

12月5日—1980年1月4日 日本特立帕克电视节目公司摄影队来到上海，拍摄电视剧《望乡之星》，日本著名影星栗原小卷担任主角。这是上海电视台首次和外国电视机构合作拍摄电视剧。

1980 年

1 月 4 日　上海电视台播出上海石化总厂因老鼠作祟发生重大生产事故，损失产值 1 000 多万元的新闻，此后，社会新闻在广播电视中常有播出。

2 月 1 日　上海市广播电视服务公司成立，经营制作盒式录音带。

5 月 26 日　上海电视台举行上海电视新闻通讯网成立大会，发展文字通讯员 600 人。

8 月　上海电视台引进 NEC730N 型 30 千瓦 20 频道分米波电视发射机及天线馈线系统，这是全国第一个建立的分米波发射台。

10 月 1 日—1981 年 9 月 30 日　由联邦德国艾伯特基金资助，上海电视台技术部主任王忻济、上海电台顾笃瑛赴联邦德国进修学习广播和电视发射技术，这是上海市广播事业局第一次派技术人员出国进修。

11 月 27 日　上海电台、电视台首次公开向社会招聘广播电视工作的编辑、记者，应聘者达 4 000 多人，录用 31 人。

11 月　上海电视台试制成功与国产 10 千瓦调频发射机配套的晶体管立体声调制器。

1981 年

3 月　上海电视台摄制完成第一部电视连续剧《流逝的岁月》，共 6 集。由奚里德任总导演。

4 月 22 日　上海电视台以电视教育为主的 20 频道开播，这是全国第一个用分米波大功率发射的电视频道。

5 月 17—28 日　经中央广播事业局批准，日本广播协会（NHK）派摄影队来上海拍摄电视剧《真理子》，这是 NHK 首次与上海市广播事业局合作拍摄的电视剧。

7 月 4 日　上海电视台组织译制的日本电视连续剧《姿三四郎》开始播映，共 26 集。这是上海电视台译制播出的第一部外国电视连续剧。

7 月 25 日　上海广播电视服务公司制作的第一盒磁带《白色彷徨》投放市场。

7 月　上海电视台首次播出"中学生智力竞赛"及"60 秒钟智力竞赛"。

1982 年

1月23日 《上海电视》杂志创刊。

4月17日 上海电视台创办的《体育大看台》专栏节目开播。内容有"体育见闻""国际体坛""体育集锦"等。

1983 年

1月1日 上海电视台电视动画制片厂开业，这是全国唯一的电视动画片制片厂。

8月19日 上海电视台采用无剪辑、不复制、一次性合成的现场报道方法，以最快的时效，播出《胡耀邦陪同贝林格到上海访问》的新闻片。

9月25日 中共上海市委决定，上海市广播事业局领导成员为：党委书记、局长邹凡扬，党委副书记、纪委书记柳星三，党委委员、副局长龚学平、刘冰，党委委员高宇、闵孝思，顾问陈晓东、杨琪华，副局长王忻济，总工程师何允。

10月15日 上海电视台开播《国际瞭望》专栏节目，这是以新闻为主兼有知识、趣味性的综合节目。

1984 年

1月1日 经上海市人民政府批准，上海市广播事业局更名为上海市广播电视局。

2月1日 上海电视台建成新闻播出中心，实现了采、录、编、摄"一条龙"。

3月27日 上海市广播电视局第一个电视剧外景拍摄基地——黄山拍摄基地建成并投入使用，总投资为37万元。

4月6日 上海广播电视艺术团划归电视台领导，郑礼滨兼任团长。

4月9日 上海电视台《大舞台》戏曲晚会型专栏节目首次播出。

4月14日 上海电视台开办的综合性文艺节目《大世界》首次播出。

4月30日 美国总统里根访华，上海电视台总工程师室、技术部派14人在锦江饭店设立临时电视中心，将里根总统在沪活动情况通过卫星传送到美国和其他国家。

6月19日　上海电视台节目科信访组召开"电视之友"成立大会，建立有120人参加的电视之友队伍。

6月30日　上海音像资料馆成立。

8月20日　经上海市人民政府批准，局成立上海广播电视发展公司。

8月　经上海市外经贸委批准，上海市广播电视发展公司（甲方）、中国人民银行上海信托公司（乙方）和日本岩田事务所（丙方）签订合作改造经营"上海七重天宾馆"的合同，这是上海市广播电视局第一个直接引进外资的合作项目。

10月28日　上海电台《星期戏曲广播会》和上海电视台《大舞台》合作，在无锡直播《苏、皖、沪、锡剧演员交流汇演》实况。这是上海电台首次运用微波传输技术从外地对上海作现场直播。

11月24日　为祝贺巴金80诞辰，上海电视台首播电视传记片《巴金》。

1985年

1月16日　上海市计划委员会批复同意，在岳阳路44号内建造上海音像资料馆业务大楼，建筑面积1 720平方米，总投资为200万元。

1月28日　上海电视台《电视剧艺术》创刊（1989年底停刊）。

3月23日　《上海电视》月刊与上海电视台《大世界》专栏联合举行最佳电视播音员观众推荐奖授奖大会。获奖的有：中央电视台赵忠祥、宋世雄、刘佳，上海电视台陈燕华、贺海林。

3月　上海电视台实行干部聘用制，对所属部、室主任、总工程师聘用期为两年，副职及科长、副科长聘用期为一年。

同月　上海电视台的广播电视光纤传输试验第一期工程（从电视台到永安大楼的光纤线路）正式架设成功，全长1.21千米。

5月22日　上海电视台新辟《法律与道德》专栏播出以后，反响较大，最高人民法院院长郑天翔等领导看电视后说，此片很好。

5月　上海电视台举办首届"卡西欧杯家庭演唱大奖赛"。

6月1日　上海电视台小荧星艺术团成立（最初名为小荧星合唱团）。

6月27日　上海电视台记者朱黔生等8人现场采制的上海造漆厂扑灭恶性火灾新闻报道，受到中共上海市委负责同志表扬。上海广播电视局党委为他们记集体一等功,电视台党委授予他们"优秀电视工作者"光荣称号。公安部和上海市公安局领导也表扬电视台记者工作出色。《人民日报》在7月7日报道这一消息,发表短评《当新时期的"战地记者"》。

8月 由上海电视台发起的首届华东地区六省一市广播电视财务工作会议在安徽屯溪召开。会议着重研讨了如何加强财务管理和摄制电视剧开支标准问题。

9月7日 中共上海市委任命:龚学平为中共上海市广播电视局党委书记(市人大常委会于10月30日任命龚学平为上海市广播电视局局长);徐济尧为党委副书记、纪委书记。

10月6日 上海电视台与国外合作的第一个电视教育讲座节目"卡西欧BP—700型电子计算机讲座"在8频道播出。

11月22日 上海电视台调整领导班子:龚学平兼任上海电视台台长、党委书记,郑礼滨为总编辑。

12月20日 上海市广播电视局所辖七重天宾馆对外试营业,宾馆总面积2 200平方米,总投资480万元。

1986年

1月1日 上海市郊县第一个电视台——松江县电视台试播。

2月20—22日 由上海电视台和宁波电视台联合发起的上海经济区部分城市电视台新闻协作会议在宁波举行。杭州、嘉兴、温州、南通等13城市的广播电视厅、电视台的22位代表参加会议,这是上海经济区部分城市电视台的首次新闻协作会议。

3月23日 上海电视台第一次顺利地向国外传送在上海举行的由9个国家114名运动员参加的国际女子马拉松比赛实况。

5月1日 上海电视台新增设26频道试播成功。

6月18日 上海电视台体育部和节目科的编辑、记者、播音员同技术、行政部门人员密切配合,从凌晨2时50分开始首次根据直接从国际通信卫星收到的世界杯足球赛,意大利对法国队的比赛实况画面,在播音室当场配上解说进行实况播出。

6月 上海市规划委员会批复:确定新建450米电视塔塔址,设在浦东陆家嘴。

7月1日　上海电视台26频道正式启用。该频道主要用于电视教育。

同日　上海电视台卫星地面接收站建成。

7月　上海电视台与美国苹果电视台签订了协议书，从7月起，由上海电视台每周向美国苹果电视台输送新闻节目。

8月25日　上海市广播电视局副局长陈文炳率团，赴日本东京、广岛、长崎、横滨等城市访问，并就"七重天宾馆"扩充业务和探讨合作建造电视塔事宜与日本岩田事务所进行了洽谈。

8月29日　上海市第八届人民代表大会常务委员会第二十三次会议，决定批准当年12月举办上海国际友好城市电视节。

9月29日　上海大众汽车有限公司向上海电视台提供新闻采访车举行交接仪式。这辆白色桑塔纳轿车是该公司生产的第一万辆车，车身上印有"电视台新闻采访车"和"上海桑塔纳第10000"字样。

10月1日　上海电视台在8频道开设《英语新闻》。上海市市长江泽民当晚在节目中用英语致词，祝贺该节目的诞生和首次播出。

10月20日—11月5日　上海市广播电视局局长龚学平随上海经济代表团访问约旦、希腊和新加坡，探讨了引进外资在沪建设电视塔的可能性。

12月3—8日　上海市广播电视局与上海市国际贸易促进会首次合作举办国际广播电视及声像技术展览会在上海举行。

12月10—16日　上海国际友好城市电视节在上海举行。由上海电视台和上海市人民政府外事办公室共同筹办。有16个国家的18个城市23家电视台参加。广播电影电视部部长艾知生称这是中国电视史上的一个创举。

1987年

1月17日　国家计委批准立项，同意建造450米电视塔，纳入上海"九四"专项。

5月2日　经中共上海市委批准，决定上海电视台的体制实行重大改革。电视台分别成立第一编辑室，负责新闻、文艺类节目，对外呼号：上海电视台一台（使用8频道）；第二编辑室负责经济、体育、社教节目；对外呼号：上海电视台二台（使用20频道），并组建了上海电视剧制作中心、上海市广播电视局技术中心和局服务中心。

6月1—3日　日本大阪NHK支局在上海进行《你好，上海》的卫星实况传送，在上海电视台的协助下取得圆满成功。

6月10日　上海市广播电视局发布《上海市闭路电视管理暂行规定》。

7月5日　上海电视台开办全国第一家杂志型电视新闻节目《新闻透视》。

10月1日　上海电视台摄制的电视剧《穷街》在日本札幌举办的第三届世界电视节上获纪念奖，这是中国的电视剧第一次在国外举办的国际性电视节获奖。

10月1—3日　作为在中国转播活动的组成部分，美国全国广播公司（NBC）连续在上海外滩和豫园两处，通过卫星向美国公众播放新闻特写《变化中的中国》。上海电视台派人协助。

11月17日　上海电视台二台制作的《学点聋哑人手语》节目在日本举行的第十六届国际广播电视教育节目评比中获得第二名，这是我国唯一的获奖节目，也是上海电视台教育节目首次在国际上获奖。

12月27日　上海电视台一台举办《大世界》节目200期展播。

1988年

1月1日　经中共上海市广播电视局委员会决定，《每周广播电视》节目报由邮局发行改为自办发行。

2月22日　上海市对外经济贸易委员会批复上海市广播电视局，同意上海电视台与美国华侨日报所属苹果电视有限公司在纽约合资建立华申国际事业有限公司的项目建议书，项目的注册资金双方共5万美金，经营年限暂定10年，这是上海市广播电视局第一个与海外合作经营的公司。

2月27日　中国音像大百科编委会正式成立。委员共17人，龚学平任主任委员，刘冰、邹凡扬任副主任委员。

3月13日　上海电视台二台派体育记者赴香港现场转播"沪港杯"足球赛实况。这是上海电视台首次通过用卫星转播节目。

3月24日　上海境内发生两列客车相撞的恶性事故，造成中日旅客伤亡127人。到28日止，上海电视台播出录像新闻20条，供中央电视台新闻10条。许多新闻直接传送到日本、英国等，为多家电视台采用。

4月4日　上海市旅游事业管理局批复同意上海广播电视局成立"上海市广播电视国际旅游公司"经营第二类旅游业务，这是全国广播电视系统成立的第一家国际旅游公司。

4月12日　上海音像资料馆通过卫星接收天线及时收录了第六十届奥斯卡金像奖颁奖仪式，由上海电视台播放。

5月　上海市广播电视局与上海市财政局就实行全面性财政总承包改革试点达成协议，即从1988年到1990年，上海市财政局对上海市广播电视局（包括局属各事业单位）核定基数，实行经费包干，同时实行增收同抵顶财政拨款与提高职工奖励双挂钩的办法。

6月14日　经上海市计划委员会同意：上海市广播电视局增设14频道，此频道用于转播中央电视台第二套节目，项目总投资380万元。

6月15日　经中共上海市委宣传部和海南省委宣传部批准，上海电视台在海南省设立记者站。

10月22—28日　第二届上海电视节在上海举行。有25个国家和地区的92家电视台、影视公司的1 000名代表参加。

11月8日　上海广播电视塔工程领导小组成立，倪天增副市长任组长，刘振元副市长任副组长。

同日　全国规模最大的1∶150录像节目复制系统，由录像公司自行安装、调试成功。

1989年

1月21日　上海电视台举办《美国纪实》专题片首映，得到与会新闻界人士一致好评。22日在电视台播出该片的当天，美国新闻总署特来电祝贺。

1月23日　中共中央政治局委员、上海市委书记江泽民，市委副书记曾庆红，在电视台接见"中国音像大百科"部分编委。江泽民说："你们这项旨在发掘、保存、荟萃、弘扬中国音像文化精华的宏大工程很有意义，市委将给予大力支持"。

2月16日　上海市市长朱镕基在《信誉杯》优质服务竞赛授奖大会上赞誉电视二台《小菜场》专栏节目说："我非常感谢这个节目的编辑和采访的同志们，你们做了很多工作，为上海的菜篮子工程做出了很好的贡献"。

3月4日　中共上海市委常委会在听取专家意见的基础上，确定华东设计院设计的上海电视塔为"东方明珠"式，该塔高450米左右。

3月8日　上海录像公司拍摄、制作、出版、发行全国第一批卡拉OK影像带。

1990年

4月8日　上海电视台8频道现场直播《人间真情》晚会。这台晚会的主角是癌症俱乐部的近百名成员。

4月29日　上海电视台为《大世界》、《大舞台》节目播出300期，举办文艺晚会，在8频道播出。

10月20—28日　"华东六省一市轻喜剧电视大赛"在上海电视台播出。

11月10—15日　第三届上海电视节在上海举行。中共中央总书记江泽民为本届电视节题词："友谊的彩带　合作的桥梁——祝贺第三届上海电视节开幕"。来自35个国家和地区的350家电视台、制片公司的1 200名代表参加了电视节。

1991年

1月1日　上海电视台《新闻节目》新辟专栏《三百六十行》开播。

2月6日　上海市广播电视局与市财政局签订了为期两年的第二轮财政综合承包协议。采取超收入和上交财政、超收入和奖励的"双挂钩"办法，体现国家、集体、个人三者利益兼顾的原则。

4月10日　由工商银行浦东分行、中国建设银行浦东分行牵头，全市44家金融机构组成银团，为修建上海广播电视塔工程提供1.5亿元人民币和1 000万美元的贷款，举行合同签字仪式。

4月16日　由上海电视台与美国旧金山西湖投资开发公司合办的华声电视台，在旧金山以66频道正式开播。上海电视台每天提供1小时华语节目，每周一至六19时到20时播出。

4月　上海市广播电视局成立上海有线电视台筹备小组。组长刘冰，副组长叶志康、胡运筹、陈建新。

6月1日　上海市统一供片站成立，向各有线电视台（站）供应录像带。

6月　上海市政府批准上海广播电视塔建设领导小组由倪天增副市长为组长,刘振元副市长为副组长,上海市广播电视局局长龚学平为秘书长。

7月14日　由上海市广播电视局主办的'91万宝路杯上海国际足球邀请赛闭幕。有4支欧洲足坛劲旅和国内2支强队参加。罗马尼亚国家队获冠军,中国奥林匹克队获亚军,这场比赛共收入50万元,全部赠给灾区人民。

7月30日　上海广播电视塔奠基仪式在黄浦江东岸建筑工地隆重举行,陈至立、倪天增等市领导参加。

10月15日　国务院副总理朱镕基在市委副书记、市长黄菊,副市长、电视塔建设领导小组组长倪天增陪同下,视察了上海广播电视塔建设工地,称赞上海市广播电视局自筹资金建塔是一个创举。

12月18日　上海广播电视国际新闻交流中心主体建筑工程破土动工。

1992年

1月1日　上海电视台举行"三百六十行"元旦电视文艺晚会。邀请1991年该专栏报道过的370位在平凡岗位上默默奉献的能人作为嘉宾,参加了晚会。

1月17日　中共中央总书记江泽民在市委书记吴邦国,市委副书记、市长黄菊和南京军区政委史玉孝的陪同下,视察了上海广播电视塔工程建设工地。

2月25—29日　上海电视台小荧星艺术团赴日本长崎访问演出。

3月26日　上海电视台在20频道播出《证券风云录》,记录上海证券市场发展史,共分四集:"历史的螺旋""债券的魅力""股票冲击波""新的地平线"。

4月24日　全国文化系统首家股份有限公司——上海东方明珠股份有限公司成立。该公司由上海广播电视发展总公司、上海电视台、上海人民广播电台和《每周广播电视》报社发起组建的以公有股为主体的股份有限公司。由龚学平担任董事长。

5月20日　上海电视台新闻部召开"实行双向选择、重新聘用"的会议,5月30日止,已有73人应聘上岗,23人变动了工作岗位。

6月10日　为进一步加快改革开放的步伐,上海市广播电视局决定在浦东建立具有独立法人资格的电台和电视台。局长龚学平发布招聘启事,在全局范围内按照"公平竞争,择优聘用"的原则,公开招聘两台台长。

6月28日—7月5日　由中国足协、上海市体委、上海广播电视局联合举办的1992年"万宝路"杯上海国际足球邀请赛，在虹口体育场举行。罗马尼亚队获得冠军，丹麦林彼队获亚军。

7月2日　中共上海市委宣传部同意上海市广播电视局在浦东设立上海浦江之声广播电台、上海电视二台并招聘两台台长。

8月1日　上海市广播电视局召开全局干部大会，宣布经局党委讨论决定：正式聘任穆端正为上海电视二台台长。

8月8日　上海电视台农村台开播。使用14频道，每天播音，从18时开始21时30分结束。设置新闻、专题、综艺等节目。

8月15日　广播电影电视部同意将原上海电视台20频道迁往浦东建立新台，呼号为上海东方电视台（原名上海电视二台），上海浦江之声广播电台易名为上海东方广播电台，呼号为上海东方广播电台。

9月3日　中共上海市委宣传部批示，同意东方电视台设：办公室、报道部、节目部、广告经营部。成立编委会和党总支。

10月　中共十四大召开期间，中共中央总书记江泽民应上海市广播电视局局长龚学平之请，题写了上海东方广播电台、上海东方电视台两台台名。

11月7—12日　第四届上海电视节在上海举行。来自35个国家和地区的428个电视台、制片公司、广播电视设备制造厂商等近700多名外宾和900余名国内来宾参加。

11月17日　中共中央总书记、中央军委主席江泽民在中共上海市委书记吴邦国，市委副书记、上海市市长黄菊，市委副书记王力平等陪同下，视察了正在建设中的上海广播电视塔工地现场。局长龚学平汇报了从元月17日以来各项工程的进展以及市广电局改革措施。

12月24日　中共上海市广播电视局委员会聘任胡运筹为上海有线电视台台长。

12月26日　上海有线电视台正式建台开播。共播出10个频道。除9个转播频道外，自办一个综合频道。

1993年

1月18日　上海东方电视台正式开播。使用20频道每天播出16小时以上，其中自制节目约4小时。

1月22日　旧历年除夕，上海电视台、上海东方电视台在晚新闻节目中播出《邓小平同志与上海各界人士欢渡新春佳节》。

1月28日　东上海国际文化影视公司成立。该公司由中国对外文化交流协会、上海市广播电视局等5个单位合资组建，是中国首家由中央和地方合资经营的大型文化影视有限公司。

3月1日　上海有线电视台制订统一收费办法。经市物价局核准，从3月份开始，每月向每家用户收取收视维护费8元。

3月17—18日　北京、上海、广东3家电视台合作现场直播"'93世界体操单项锦标赛"，开创了地方台联手直播世界重大赛事的途径。

4月21日　上海市广播电视局与上海市财政局签订第三轮财政综合承包协议。试行逐年递减财政预算，拨款和增加事业收入与职工工资待遇挂钩的办法。

4月24—29日　上海东方电视台租用国际通信卫星，成功地报道了在新加坡举行的"汪辜会谈"。上海电台派出记者姜碧苗进行采访，发回新闻报道26篇。

8月11日　上海电视台电视纪录片《十五岁的中学生》、人物传记片《杨振宁》、电教片《汉字天地》。在"中国电视奖"'92社教片评选中获一等奖。

10月16日　上海图文电视信息中心开始试播。每天播出8大类近10万字信息。有证券行情、物资交易、房产交换、人才交流、交通、气象等。该信息中心属局技术中心。

12月12日　上海有线电视台新辟"体育频道"正式开播。这是国内第一个体育电视专用频道。

12月26日　上海有线电视台成立一周年。中共中央政治局委员、上海市委书记吴邦国题词："发展具有中国特色的有线电视事业，满足人民群众精神文化需求。"

1994年

1月14日　上海电视台8频道《漫步香港》专栏节目开播。这档节目是上海电视台和香港电视广播有限公司联合制作的。设"香港速写""古今香港""企业家""情系中华"等小栏目，每周五播出一期，每期30分钟。

1月18日　上海东方电视台开播一周年。中共中央政治局委员、上海市委书记吴邦国题词祝贺："架三色电视长桥、创七色美好未来"。

2月27日　上海教育电视台正式开播。使用26频道，全天播出15小时，台长张德明。

2月　上海市人大十届二次会议决定将"市区全部实现有线电视联网"列入1994年市政府十件实事之一。这是继1992、1993年后，上海有线电视建设再度列为市政府实事项目。

4月14日　上海电视台14频道全面进行节目调整，推出《今日行情》《经济扫描》《千家万户》《案件聚焦》《七彩人生》等13档全新栏目。同时实行频道总监领导下的栏目制片人负责制。

4月20日　1994年是联合国确定的国际家庭年。上海电视台《财经报道》《新闻透视》《英语新闻》节目联手推出40集微型社会调查——《算算家庭经济账》。

6月10日　上海市广播电视局技术中心新体制开始运行。将上海电视台、上海有线电视台、上海电台的技术工作，划到广播电视局技术中心，新建广播技术部、电视制作部、传送播出部、技术保障部。

6月19日　上海电视台8频道调整充实节目。《新闻透视》由每周一期，改为每天一期，时间由半小时改为每次5分钟，紧接在18时30分的新闻节目之后播出；新增《今日印象》《八频道传递》《智力大冲浪》等栏目。

6月25日　上海电视台创新影视制作社诞生。上年，上海电视台原电视剧制作中心改为两个电视剧制作公司，数月后，又有"求索""开拓"两个实行独立制片人制度的电视剧制作社。"创新"社的成立使上海电视台有了五个电视剧制作单位。

10月28日　由上海有线电视台和上海东方广播电台联合创办的有线音乐台正式开播。这是国内第一个音乐电视专用频道。

同日　《每周广播电视》节目报举行40周年纪念座谈会。出版总期数为1 402期，发行量为230万份。

1995年

1月1—5日　上海电视台举办"上海'95中国民族风——全国56个民族

音乐舞蹈邀请展演"活动,现场直播了3台专场晚会。100多位少数民族演员表演了各自民族的100多个歌舞节目。

同月　上海电视台求索电视剧制作社制作的20集电视连续剧《孽债》,播出后收视率达42%。

4月2日　上海电视台电视剧制作二公司摄制的电视剧《逆火》,参加"德国柏林未来奖广播电视大赛",夺得唯一的"柏林亚洲未来奖",这是上海电视台的电视剧(除儿童电视外)首次获国际大奖。

4月21日　上海东方电视台和日本广播协会NHK于北京时间19时至20时联合举办了"亚洲歌坛实况传送",获得成功。举行这样跨国界双向卫星直播的歌星演唱在全国尚属首次。

4月28日　上海广播电视国际新闻交流中心竣工交付使用。

5月1日　上午9时30分,上海东方明珠广播电视塔发射开播,正式投入使用。

5月8日　上海有线电视台和上海电台联合创办的有线戏剧台正式开播。这是国内第一个戏剧电视专用频道。

5月17日　中共中央总书记、国家主席江泽民在中共中央政治局委员、上海市委书记黄菊,副书记市长徐匡迪,副书记陈至立,副市长赵启正、夏克强、龚学平陪同下,视察东方明珠广播电视塔。

8月15日　中共上海市委,上海市人民政府决定撤销上海市广播电视局、上海市电影局,组建上海市广播电影电视局。

9月1日　上海电视台外语台正式开播。这是全国第一家电视外语台。

10月1日　上海有线电视台调整节目,新增设了直播形式的《有视新闻》《财经总汇》和以儿童为收看对象的《小小看新闻》。

10月15日　上海电视台新闻播出中心正式启用。

11月15日　上海有线电视台全市联网用户达150万户。创世界同一城区网络之最。

11月30日　上海东方电视台与上海科技电影制片厂合并。

1996年

1月5日　由上海东方电视台参与策划经营的职业体育俱乐部——上海

东方篮球俱乐部成立。

1月17日　由上海东方电视台参与组建管理的上海东方青春舞蹈团成立。

2月7日　上海有线电视台与上海体育运动技术学院共同组建的排球俱乐部——上海有线电视台排球俱乐部成立。

2月16日　上海电视台、上海美影厂合并，实行"一套班子、一个实体、两块牌子"的体制。

同日　上海电影电视（集团）公司成立。

2月18日　'96春节联欢晚会，由中央电视台、上海东方电视台、陕西电视台首次联合，在北京、上海、西安三个会场通过卫星三地传送，现场直播，获圆满成功。上海电视台参加了《华东六省一市春节文艺晚会》的联播。

同日　以上海电视台小荧星合唱团为主体组成上海少女合唱演奏团，完成赴台湾演出交流任务后回到上海。

3月17日　上海电视台东上海小荧星文化艺术学校成立，吴贻弓任名誉校长、盛重庆兼校长。

3月30日　上海东方电视台33频道开播，共有社教、科技、青少、综艺、体育、动画、影视剧等26个栏目与观众见面。

4月25—26日　俄罗斯总统叶利钦、吉尔吉斯斯坦总统阿卡耶夫、塔吉克斯坦总统拉赫莫诺夫先后参观了东方明珠广播电视塔。

5月1日　上海市庆祝五一国际劳动节，举行《世纪回响》大型歌会。中共中央总书记、国家主席、中央军委主席江泽民和上海市党政领导参加，由中央电视台和上海电视台向全国播出。

5月20日　由上海东方电视台和日本NHK电视台主办、来自亚洲7个国家和地区的电视台歌手参加的《'96亚洲歌坛》主题音乐晚会，在上海广电大厦和外滩两个主、分会场同时举行。

6月24日—7月1日　由上海市广播电影电视局等单位主办的第五届"万宝路"杯上海国际锦标赛在虹口体育场举行。

9月27日　上海电视台外语台日语节目《中日之桥》开播。开创了全国电视新闻、专题类日语节目的先声。

10月7日　为纪念中国工农红军长征胜利60周年，上海电视台社教节目中心承拍的大型系列片《长征·世纪丰碑》举行首播式。上海东方电视台推出与恒通公司联手摄制的大型系列片《世纪·长征》。

11月10—14日　第六届上海电视节在上海举行。来自37个国家和地区700家公司的1 800余名中外来宾参加。

11月13日　全国50多家有线电视台负责人聚集上海有线电视台，交流探讨发展有线电视的经验。

1997年

1月1—4日　上海电视台主办'97"中国风"群星系列晚会，连续四天在8频道直播四台风格各异的大型文艺晚会。

4月28日　上海东方电视台与美国有线电视新闻网（CNN）签署了《东视——CNN关于在新闻领域扩大合作的协定》。即从1997年起上海东方电视台向CNN的《世界报道》提供的英语新闻片，CNN对其选用的"东视新闻"，将不作任何删节而完整播出。至此，上海已有两家电视台的新闻进入美国主流媒体。

7月23日　上海市国有资产管委会委托市广电局监管本系统国有资产保值增值责任书签字仪式举行，标志着上海行政事业性国有资产委托试点工作已正式启动。

12月12日　《世界有线电视》杂志在美国洛杉矶召开年度大会，上海有线电视台被授予"全球最佳有线电视系统奖"。上海有线电视台至97年底已拥有220万户终端用户，是世界上最大的有线电视系统之一。

12月18日　上海电视台《海外影视》开播10周年，举行纪念会。市委副书记龚学平发来贺信。

12月26日　上海有线电视台建台5周年。

同日　中央电视台和上海电视台联袂推出《我们的亚细亚——'98亚洲风》大型文艺晚会。通过卫星直播传送世界120个国家和地区。

1998年

1月1日　中央电视台与上海东方电视台通过卫星双向传送，举办《新春步步高——'98八达岭长城·东方明珠塔登高比赛》活动。

1月10日　上海东方电视台正式启用浦东新建电视大楼。

2月4日　崇明有线电视网络开通,上海有线电视实现了全市大联网。

8月8日　上海电视台建立因特网站（http://www.china stv.com）。

10月29日—11月6日　太平洋广播电视联盟第35届大会在上海举行。上海电视台的纪录片《回到祖先的土地》获亚广联'98年度信息类电视节目大奖。

11月7—12日　第七届上海电视节在上海举行。来自35个国家和地区1 224家公司、3 538位中外来宾参加。节目交易会总成交量3 327部（集）。此外还举行了国际电视学术研讨会,广播电视设备展览会等。

12月31日　由中央电视台与上海电视台共同举办的'99中英双语《五洲风》元旦晚会,首次通过卫星及互联网现场直播,传向世界一百多个国家和地区。国家主席江泽民通过晚会向全世界人民祝福新年。

同日　上海市有线网络有限公司正式挂牌成立。

后　记

说来惭愧,这本书差点难产。

那还是五年前,原上海视觉艺术学院文产学院院长汪天云找到我,说要编一套"文化产业经典案例"丛书,其中一本反映上海广播电视电影文化产业经典案例的书,老领导龚学平点名让我来写,我顿时诚惶诚恐。后来我知道,这套丛书老领导格外重视,他亲任总编辑,并请学校顾问戴平(原上海戏剧学院党委书记)、文产学院副院长刘轶指导我完成此书。

我不敢不领命,因为我是上海电视台培养的,是老领导亲自到我创业的大众影视文化传媒公司视察,并邀我到上海视觉艺术学院担任广编专业学科带头人的。我何德何能?只是一个埋头做事做梦的人而已。毕竟我在老娘家工作奋斗了近20年,电视台最辉煌的岁月,我曾经经历过,虽然那时我始终在第一线工作,但前辈们和同道们创业创新的故事,尤其是老局长邹凡扬、老领导龚学平领着大家解放思想锐意改革的传奇故事也知道一些。甚至我下海尝试电视制播分离的艰苦创业的岁月里,老局长邹凡扬还一次次前来看望我,给予我莫大的鼓励与指导。提携知遇之恩,焉能不报?

但当我击键撰稿之时,我发现我进入了自不量力的难关。上海是中国电影的发祥地,上海人民广播电台的历史已近70年,我对上海电台、电影的产业发展案例所知甚少。虽然改革开放初期,尤其上海电视台的改革创新和产业运作,引领中国媒体改革和文化产业的潮流之先,而且成果显赫,可是我身在电视新闻一线,对当时顶层设计的很多内幕了解甚少。2018年便是上海电视台成立60周年了。60年中,光电视台那么多领导、前辈、同龄人、后起之秀,那么多创业创新的故事,我能面面俱到地如数家珍吗?漏掉谁,或者漏掉一个值得书写的故事,都是一种遗憾和失误。我的能力和才华实在有限。一段时间,我陷入了痛苦挣扎之中。难怪一位我的老同事,也是电视台的才子,说什么也不肯承接交给他撰写另一个经典案例的书。

理解我体谅我的校长顾问戴平老师帮我安排了数次老领导亲自接受我采访的机缘。老领导的记性真好,一五一十地向我讲述了他主政上海电视台新闻部、担任上海电视台台长、上海广播电视局局长时他亲力亲为敢作敢为的一系列励精图治创新改革的故事,不仅讲述了背景、思路,还讲述了不少鲜为人知的细节与曲折艰辛的心路历程,这自然令我脑洞大开。我当然也珍惜这样的采访机会,准备了一些提纲,有的我甚至刨根问底地请教,他自然也直言不讳地答疑,帮我梳理了不少颇为困惑的难题。

因为是命题作文,其主要用途首先是做文产学院的教材,但我又不太甘心仅仅类似教材的偏重于理论的写法,便向戴老师和老领导建议,既然是经典案例,可否择取案例,以讲述故事的方式夹叙夹议,未必面面俱到,但每一个故事相对完整,而且颇为生动。我取了一个书名《冲浪——上海电视创业创新案例》(为丛书体例需要,戴平老师改为《冲浪之歌》)。所以这样取名,是因为在"纪念上海电视50周年:老电视人·口述历史及上海电视栏目志成果发布会"上,全国人大常委会委员龚学平充满深情地说了这样一段话:"上海电视从初创时期每一步的艰苦创业,到腾飞阶段每一次的改革创新,一代一代的电视人以理想与追求、激情与奉献、传承与开拓,书写了上海电视事业不断发展的宏伟篇章。"当然还有一个念想,就是2018年便是上海电视台建台60周年了,如果可以,同时也可作为感恩老娘家的一份小小的献礼,其中内容,虽然以文化产业为主,但以创业创新视角切入,还可适当添加一些上海电视创业维艰的历史故事,为后人留下一点历史的轨迹和前辈的脚印。至于电影、电台部分,我略知点皮毛,加之电影局是后来与广电局合并的,电影产业也是一片大文章,电台则是近几年在文化产业运作方面有一系列成功案例,我就免写了吧。

我的建议得到了老领导的认可,我便开始了收集资料、前期采访、编目提纲,一个一个故事撰写起来。期间得到很多老领导、老同事、老朋友的鼎力支持。

也是我的老领导的穆端正专门借给我东方电视台厚厚的台史,使我得以顺利完成"风从东方来"的章节,陈晓萌赐我一篇他撰写的关于上海电视节来龙去脉的文章,免去了我在撰写这段故事时的烦恼。老台长盛重庆手术初愈如数家珍般给我讲述当年造塔盖楼的精彩故事。小荧星掌门人沈莹和小荧星艺术团团长蔡来艺百忙中接受我采访。刘景锜老法师抱病约见我,直言不讳地给我指正创办《纪录片工作室》的幕后故事。现任上海大学温哥华电影学院常务副院长的蒋为民还特意送我一本她的关于上海电视台改革创新的博士论文供我参阅。李梅、郭大康、沈渊培、唐余琴、何小兰、吴琳、劳有林、李涛、朱黔生、邬志豪、柳遐、冯乔、吴忠伟、高德龙、于洁、石建敏等领导及好友、老同事纷纷帮我出主意,寻资料,配照片。难以回报。令我伤感的是,穆局连书也没看到,就驾鹤西去。

当我写到十来个故事近10万字的时候,写作搁浅了。其中缘故,一则是我这个劳碌命,过于投入广编专业的教学、管理和创作科研项目中,为了急于早出成果、快出成果,大量精力陷了进去,二则是后半段的重头戏,也就是龚学平后任领导的文产经典案例,尤其是朱咏雷、黎瑞刚、裘新、王建军、高韵斐等新锐领导在文化产业的创业创新方面的大动作新故事,我颇为纠结踌躇。后者是主要原因,不是没有案例,而是案例太多,也够经典。从某种意义上,改革开放初期,连文化产业的概念都没有提出,也不敢提出,只是像邹凡扬、龚学平、叶志康、赵凯、薛沛建、金闰珠、盛重庆、穆端正、陈圣来、尹明华、胡运筹、刘文国、滕俊杰、朱咏雷、胡建军、黎瑞刚、王建军、裘新、高韵斐等改革创新的冲浪儿,以吃螃蟹的胆略和搅尽脑汁的智慧,摸着石子过河,冲破市场运作的种种禁区，为中国特色社会主义文化产业披荆斩棘，闯出了一条康庄大道。后来者则是站在前辈的肩上，起点更高，难度更大，因而故事更多，更恢宏，他们的资料自然更多，故事也更透明，但恰恰更难写，因为连风口浪尖上的领军人物，例如黎瑞刚都时不时地给自己翻烧饼。当他重新回到上海广播电视台和SMG的时候，立刻主动推翻了他曾经兴师动众开展的一系列卓有成效的诸如星尚频道、第一财经、新娱乐等小而全的品牌战略，以更恢宏更融合的大小集团合并、东方明珠和百视通两个上市公司合并，从而建立中国第一个文化产业航空母舰东方明珠新媒体股份有限公司的大动作而又一次振聋发聩。时也势矣，很难说，他曾经的改革创新是错的。形势变了，战略也必须改变，而且本书写作的这几年，在智能技术和新媒体的巨大冲击下，传统的主流电视媒体的收视率和经济效益出现泥石流般的大滑坡，老娘家上海广播电视台也未能幸免。因而现任的上海广播电视台党委书记兼董事长王建军和上海广播电视台台长兼上海广播影视集团总裁的高韵斐面临着巨大的挑战和压力，他们采取的一系列自救行动和全媒体转型升级的改革举措，无疑是智能时代新一轮创业创新，其艰难程度，一点不亚于60多年前的建台创业和40年前改革开放初期的创新，从某种意义上讲，广电如何实现"脱胎换骨式"的重塑再造？也是关系到电视事业的生死存亡的严峻考验。这些，我不是不能写，但这些近在眼前或者尚在实验中的创业创新项目，我要么客观地搬运材料和故事，要么凭一己之见解析评述，即便写出来，不免有所偏颇，也是不太负责任。

我自以为我是个做事效率颇高、动笔思维不算迟钝的人，而我这样的拖拖拉拉作风，是我踏上社会从未有过的。按照老领导的脾气，早就要狠狠批评了。我敬佩的戴平老师知道了我的难处，向老领导汇报后，老领导十分体谅，答应我就写前半段，至于后半段的创业创新故事，不妨先沉淀一下，自有后人续写。2017年9月，老领导遇到我，握住我的手，一面鼓励我：这几年在学校干得不错，一面再次表态：书就写前半段吧。我顿时如释重负。恰逢我65岁刚过，学院领导体谅我，卸了我学科带头人职务,除了还要上课,我的精力终于有了富余,于是我又开始了这本书的耕耘。

庆幸的是,电视台30周年、40周年、50周年的时候,台里专门邀请了一帮老电视人,写过很多回忆文章,或者请老电视人口述历史,将很多精彩故事,以图书的形态保存下来。这些功德无量的珍贵资料,给我的编撰提供了很多史实与借鉴。又所幸因为我写作上的延宕及反复修改,未能在台庆60周年前定稿,所以在观摩了台庆60周年纪录片后,适当添加、修订了部分章节和细节。

现在读者看到的当是第八次修改的书稿了。期间,老领导龚学平和戴平、汪天云、俞振伟、刘轶等领导一次次与我当面商讨修改意见,老领导和戴平老师甚至亲自在书稿上落笔修改。戴平老师还将我的初稿发到远在美国的知名学者、原上海视觉艺术学院文产学院副院长俞璟璐教授,俞教授给我写了长达数页的修改意见。这些都令我感之肺腑。于是我在继续投入修改的同时,补写了《"魔都"小荧星——中国少儿艺术教育第一品牌》《那些年,广电造的那些楼》《电视新媒体的前奏——上海有线电视台的悄然崛起》的新章节。

感谢老娘家,感谢前辈们、好友们。

但我还是要检讨的。上海电视台前30年创业创新的精彩故事,不是我这23万字和26个故事能够囊括的,很多领导、前辈、同事的精彩故事,还是会有遗漏。在这里,只能惭愧地致歉了。好在我特意添加了上海电视创业创新大事记(1956—1998),好在还有下部,期待熟悉上海广播电视新的创业创新故事的年轻才俊来完成了。

需要说明的是,本书部分章节,因为有些项目在初创的时候,当时在文化产业方面的用力并不大,或者初衷并非在文化产业运作方面,可是对后来的市场化、产业链运作意义重大,比如有关东方明珠章节、比如《纪录片编辑室》的章节,比如小荧星艺术团的章节,所以我添加了传承与创新,尤其是在文化产业方面的大动作、新动作,按理,这应该是下部书的使命,我先补充了。这固然有所破坏体例,但问题是如果作为文化产业的案例解读，这几个章节，不补写，前面的项目就很难成为文产案例，尤其是《纪录片编辑室》的章节。

因为本人的局限，相关珍贵的照片还是不够完善。

就在我行将结束本书第六稿的修改时，国家广电总局下发了一份《关于推动广播电视和网络视听产业高质量发展的意见》的文件。文件运用了一系列新概念，描绘了一张推动我国广播电视和网络视听产业高质量发展的恢宏蓝图：加快建设广电5G网络，打造集融合媒体传播、智慧广电承载、智能万物互联、移动通信运营、国家公共服务、绿色安全监管于一体的新型国家信息化基础网络，建设国家级云数据中心和超高清节目交换网络及平台。探索建立广播电视和网络视听产业发展联盟，搭建体现广电特色的投融资平台。加快推进融合新媒体资源整合，打造拥有较强实力和竞争力的新型媒体融合集团。积极稳妥开展跨地区、跨行业、跨所有制并购重组，打造综合性产业集团。从而形成融合一体的新时代大视听全产业链市场发展格局，形成文化产业乃至地区国民经济发展的战略高地。

蓝图鼓舞人心，发展永无止境。

感谢上海电视台，感谢上海视觉艺术学院，感谢所有关心、指导、帮助、培养过我的好领导、好前辈、好同事。离开老娘家快20年了，至今回到电视台，依旧回家一般，格外亲。我生命中最宝贵，也是最绚烂的年华是在电视台度过的。

岁月如歌。且以此书谱曲，献给走过60华诞的上海电视台，献给圆我教书育人之梦的上海视觉艺术学院吧。